HR从助理到总监
系列丛书

HR绩效管理 从助理到总监

闫轶卿 著

Performance Management From HR Assistant to HRD

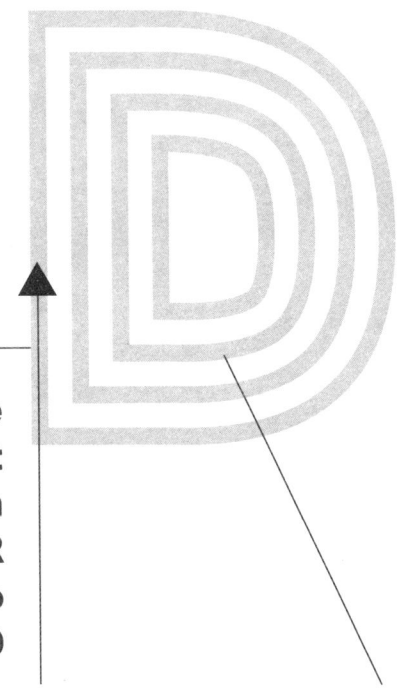

中国法制出版社
CHINA LEGAL PUBLISHING HOUSE

序

继《薪酬管理——从入门到精通》《老HRD手把手教你做人力资源管理》后,这是我写的第三本关于人力资源管理的书。在定位上,这不是一本研究绩效管理理论的书,而是一本分享绩效管理在企业中如何实践应用的书。"从实践中来,再到实践中去",这二十年来,我一直身处企业,亲身走过IT、环保、教育等多个行业,经历过企业从无到有、从小到大的发展过程,也体验过单一业务公司与多元化集团。从专员到副总,从HR管理到业务管理,从单一模块到综合管理,企业平台成就了我,也给予我成长的动力和宝贵的实践经验,我也将这二十年的体会凝聚在书中。每写一本书,都是一种沉浸,一种沉淀,一种升华。

绩效管理,古已有之。近代,随着西方科学技术的发展,绩效管理逐步成为管理学科中重要的一个分支,成为一门独立的科学。时至今日,我们运用的绩效管理理论与理念多来自西方的研究与实践。在改革开放四十年的迅猛发展中,绩效管理已成为中国企业管理的核心问题之一。在本书中,从定义到方法,再到流程，每个绩效管理的关键点，都将以企业实际应用案例来阐释。全书50个案例，既有全景分析，也有方法应用；既能深入理解相关理念，也能联系实际，解决现实问题。

为了梳理思路、方便学习，本书分为三个层面：助理篇——从零起步、经理篇——不断提升、总监篇——全局视角。三篇分别从三个实景案例出发，探讨小微企业、中型企业及大型集团化企业分别面临什么样的管理难题，之后再根据其绩效管理中面对的主要问题，分章展开叙述，希望实景案例也能带动我们共同思考，帮助我们解决企业中的绩效管理难题。

最后，真诚感谢成长路上给予我诸多支持与帮助的同事、朋友及家人！希望所有读到这本书的读者能够从中汲取养分，有启迪，有收获！

闫轶卿

目录

第一篇　助理篇——从零起步

第一章
实景案例：小微企业如何建设绩效管理体系？

1.1　实景案例的主要内容 // 004

1.2　实景案例的要点分析 // 008

1.3　小微企业的绩效管理 // 010

1.4　实景案例的重要启示 // 012

1.5　回顾与总结 // 013

第二章
绩效考核与绩效管理

2.1　理解绩效的真正含义 // 016

2.2　区分绩效考核与管理 // 017

2.3　绩效考核的原则、方法 // 020

2.4　绩效管理的目标、流程 // 022

2.5　回顾与总结 // 024

第三章

绩效管理牵动 HR 管理

3.1 人力资源管理的模块 // 026

3.2 绩效管理与薪酬管理 // 034

3.3 绩效管理与招聘配置 // 035

3.4 绩效管理与员工关系管理 // 037

3.5 回顾与总结 // 038

第四章

绩效考核的主要方法

4.1 目标管理考核方法 // 040

4.2 关键绩效指标考核法 // 048

4.3 平衡计分卡考核方法 // 051

4.4 360 度立体考核方法 // 059

4.5 OKR 最新的考核方法 // 066

4.6 考核方法的综合比较 // 070

4.7 回顾与总结 // 071

第五章

绩效管理的考核量表

5.1 考核量表的构成要素 // 074

5.2 设计有效的考核指标 // 077

5.3 考核指标权重与评估 // 081

5.4 定量考核指标的量化 // 084

5.5 定性考核指标的设计 // 088

5.6 回顾与总结 // 091

第六章
绩效管理的整体流程

6.1 绩效管理的整体流程 // 094

6.2 绩效计划的制订分解 // 096

6.3 绩效过程的管理完善 // 103

6.4 绩效考核的落实实施 // 106

6.5 绩效沟通的双向反馈 // 107

6.6 绩效结果的不同应用 // 110

6.7 回顾与总结 // 115

第二篇　经理篇——不断提升

第七章
实景案例：中型企业如何完善绩效管理体系？

7.1 实景案例的主要内容 // 120

7.2 实景案例的要点分析 // 123

7.3 中型企业的绩效管理 // 126

7.4 实景案例的重要启示 // 128

7.5 回顾与总结 // 129

第八章
管理人员的绩效管理

8.1 管理人员的特点分析 // 132

8.2 管理人员的职位体系 // 136

8.3 管理人员的薪酬管理 // 140

8.4　管理人员的绩效实例 // 145

8.5　回顾与总结 // 152

第九章
销售人员的绩效管理

9.1　销售人员的特点分析 // 154

9.2　销售人员的职位薪酬 // 157

9.3　销售人员的绩效实例 // 160

9.4　回顾与总结 // 165

第十章
技术人员的绩效管理

10.1　技术人员的特点分析 // 168

10.2　技术人员的职位薪酬 // 171

10.3　技术人员的绩效实例 // 176

10.4　回顾与总结 // 179

第十一章
职能人员的绩效管理

11.1　职能人员的特点分析 // 182

11.2　职能人员的职位薪酬 // 186

11.3　职能人员的绩效实例 // 189

11.4　回顾与总结 // 193

第十二章
生产人员的绩效管理

12.1 生产人员的特点分析 // 196

12.2 生产人员的职位薪酬 // 199

12.3 生产人员的绩效实例 // 201

12.4 回顾与总结 // 202

第十三章
绩效管理的法律规范

13.1 劳动法律的相关要求 // 204

13.2 企业制度与绩效管理 // 206

13.3 绩效管理的法律文件 // 214

13.4 回顾与总结 // 216

第三篇 总监篇——全局视角

第十四章
实景案例：大型企业如何变革绩效管理体系？

14.1 实景案例的主要内容 // 220

14.2 实景案例的要点分析 // 222

14.3 大型企业的绩效管理 // 225

14.4 实景案例的重要启示 // 227

14.5 回顾与总结 // 228

第十五章
走出绩效管理的困局

15.1 绩效管理的历史演变 // 230

15.2 评说绩效管理之功劳 // 231

15.3 评说绩效管理之过错 // 233

15.4 客观地评价绩效管理 // 239

15.5 回顾与总结 // 240

第十六章
绩效管理与有效激励

16.1 有效激励的重要思想 // 242

16.2 有效激励的应用实例 // 248

16.3 激励常见的各种方法 // 251

16.4 回顾与总结 // 252

第十七章
短期激励与长期激励

17.1 短期激励的应用特点 // 254

17.2 短期激励的应用方法 // 255

17.3 长期激励的应用特点 // 258

17.4 长期激励的应用方法 // 259

17.5 回顾与总结 // 266

第十八章
非物质激励与企业文化

18.1　非物质激励的重要性 // 268

18.2　非物质激励应用方法 // 272

18.3　企业文化与非物质激励 // 275

18.4　企业文化的激励作用 // 277

18.5　回顾与总结 // 282

第十九章
绩效管理的发展变革

19.1　不断变化的社会环境 // 284

19.2　绩效管理面临的挑战 // 288

19.3　绩效管理的发展趋势 // 290

19.4　回顾与总结 // 293

案例索引

案例 1.1　小微企业如何建设绩效管理体系？// 004

案例 3.1　大企业如何规划人力资源部？// 029

案例 3.2　如何根据不同人员规模规划企业的人力资源部？// 033

案例 4.1　企业绩效目标如何层层分解？// 042

案例 4.2　软件开发工程师的 KPI 如何制定？// 050

案例 4.3　企业管理人员平衡计分卡（BSC）指标如何设计？// 054

案例 4.4　如何对企业管理人员进行 360 度评估？// 061

案例 4.5　员工的 OKR 指标如何制定？// 068

案例 5.1　如何设计销售经理的绩效考核指标？// 080

案例 5.2　如何根据目标设计考核指标的权重？// 081

案例 5.3　考核指标的目标值如何确定？// 084

案例 5.4　企业考核指标如何量化分解？// 086

案例 5.5　企业常用的定性绩效考核指标有哪些？// 088

案例 6.1　如何制订企业年度绩效考核计划？// 096

案例 6.2　如何将绩效考核结果与员工的绩效工资挂钩？// 112

案例 6.3　如何根据员工的绩效考核结果进行年度调薪？// 112

案例 6.4　如何根据员工的绩效考核结果确定劳动关系？// 113

案例 7.1　中型企业如何完善绩效管理体系？// 120

案例 8.1　如何合理配置管理人员的数量？// 137

案例 8.2　管理人员年薪总额如何核定？// 142

案例 8.3　管理人员年薪中基本年薪与效益年薪如何划分？// 143

案例 8.4　非经营管理人员如何核定年薪？// 144

案例 8.5　经营管理人员的年度任务书如何制定？// 149

案例 9.1　销售人员绩效考核指标设计有哪些难点？// 160

案例 9.2　如何核定销售人员底薪？// 161

案例 9.3　如何考核销售人员底薪？// 162

案例 9.4　如何核定销售人员的底薪和提成？// 163

案例 9.5　如何制定销售人员任务书？// 164

案例 10.1　研发类技术人员的薪酬考核结构如何设计？// 174

案例 10.2　技术人员的岗位技能工资如何考核？// 177

案例 10.3　如何设计技术人员项目 KPI 考核指标？// 178

案例 10.4　如何核发技术人员的项目奖金？// 179

案例 11.1　如何设计职能人员的 KPI？// 189

案例 11.2　对职能人员，如何根据考核核发其绩效工资？// 192

案例 11.3　对职能人员，如何根据考核核发其年度奖金？// 193

案例 12.1　对生产人员，如何设计综合性的 KPI？// 201

案例 13.1　企业没有制度是否可以执行绩效考核？// 206

案例 13.2　企业规章制度如何才能合法公示？// 208

案例 13.3　如何制定合规的绩效考核管理制度？// 209

案例 14.1　大型企业如何变革绩效管理体系？// 220

案例 15.1　绩效考核改革失败谁之过？// 233

案例 16.1　什么才是有效的激励方法？// 248

案例 17.1　如何设计员工股权激励方案？// 259

案例 17.2　股权激励中如何选择激励人员和核定股权数量？// 260

案例 17.3　股权激励中如何设计退出机制？// 261

案例 18.1　海底捞的服务真的有"毒"吗？// 268

案例 18.2　没有华为《基本法》是否还有今天的华为？// 277

案例 19.1　一宗可疑疯牛病例如何引发全球经济"蝴蝶效应"？// 284

案例 19.2　一个招聘专员面临的困惑有哪些？// 287

案例 19.3　如何成功从 HR 传统六模块模式转型到 HR 三支柱模式？// 290

01

第一篇

助理篇
——从零起步

第一章

实景案例：
小微企业如何建设绩效管理体系？

- 小微企业实景案例中的启示？
- 小微企业的明确定义是什么？
- 小微企业具有什么样的特点？
- 小微企业 HR 管理中的特点？
- 小微企业如何建设绩效体系？

1.1 实景案例的主要内容

案例 1.1　小微企业如何建设绩效管理体系？

1. 基本情况

A 公司成立近 3 年，性质为有限责任公司，公司注册资金为 100 万元。

A 公司由总经理张某和副总经理李某共同出资创办，公司的股份张某占 60%，李某占 40%。张某和李某为表兄弟关系，李某曾在某大型互联网公司任职，离职后与张某共同创办 A 公司。

A 公司的主要业务为手机移动阅读 App 的开发与运营，公司致力于成为中国手机阅读领域的第一品牌。

2. 行业背景

A 公司所处的行业为互联网行业。该行业的企业以现代新兴的互联网技术为基础，专门从事与网络相关的研发、商业等业务。互联网行业受到国家的高度重视，国家"十二五"规划中明确提出，要加快三网融合、电子商务、电子政务等相关产业发展，全面提高信息化水平。自 2005 年以来，中国的互联网用户正在飞速增长，2015 年中国互联网用户已接近 7 亿，占中国人口的一半。自 2012 年开始，移动互联网的用户数量已经超过 PC 端互联网用户，2016 年移动互联网市场规模已经近 5 万亿。正是在这种背景下，A 公司选择了互联网行业中发展前景比较好的移动互联网应用相关业务。

3. 业务情况

A 公司目前开发的手机阅读 App 在手机阅读软件下载中排前十名。内容主要以畅销书、原创文学作品为主。手机 App 软件保持每月更新版本，软件支持翻页、书签、缩放等功能。经过两年多的发展，公司已经有了稳定且不断增长的用户群，通过售卖电子书获得了一定的收入，但由于人员、房租、网络等成本与费用较高，公司目前仍处于亏损状态。公司拟提升用户数量的增长速度、增加广告业务收入，并计划于两年内申请新三板上市。

4. 组织结构

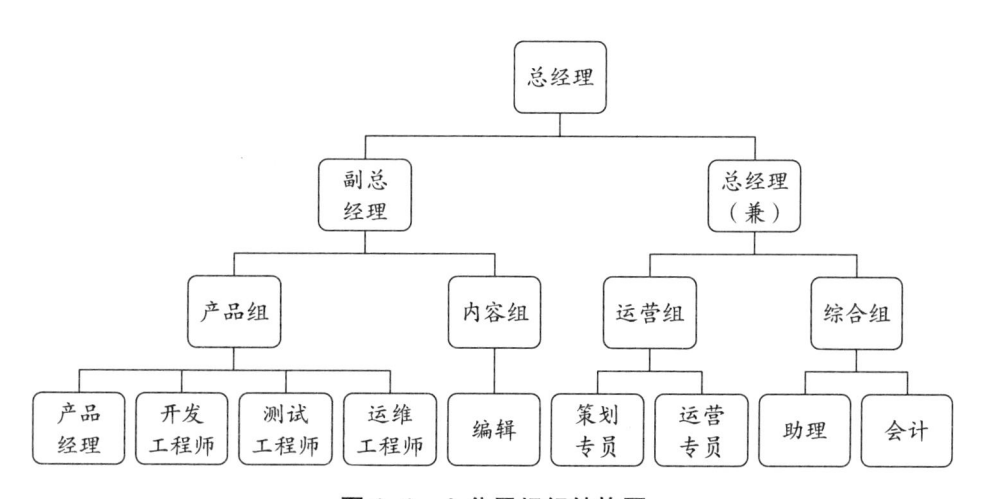

图 1-1　A 公司组织结构图

A 公司的组织结构根据业务情况设置（见图 1-1）。考虑到总经理张某和副总经理李某各自的特长，二人进行了分工。总经理张某销售出身，负责公司的整体管理以及用户运营管理工作；副总经理李某技术出身，负责公司的产品开发及内容编辑管理工作。

A 公司组织结构设置中主要以小组来分类，没有设置部门，由总经理和副总经理直接兼任组长，并带领员工工作。产品组主要负责手机 App 的开发运营工作，内容组主要负责书籍内容的电子编辑工作，运营组主要负责用户的吸纳、用户活动及客服方面，综合组主要负责公司内的综合及财务管理工作。

5. 人员情况

A 公司在成立之初只有创始人张某和李某 2 人，随着业务的发展，逐步招聘了部分员工。目前公司正式在册的员工共 30 多人，分布在产品、内容、运营、综合四个小组，另有部分兼职编辑不计入正式员工。主要人员数量集中在产品组，因为公司主要的业务为手机 App 的开发运营，每个月都要有新的版本发布，其次人员数量分布在内容组和运营组，综合组只有助理和会计各 1 人。

6. 主要问题

A 公司历经两年多的发展，目前面临的问题主要有：

- 盈利问题

由于所处的行业为新兴行业，尤其是 A 公司的业务为手机移动阅读，在这样一个新兴行业的新兴业务中，如何建立良好的业务模式以及如何实现盈利就成为 A 公司发展面临的重要问题。为了发展业务，A 公司在人力资源、网络、办公场地等方面进行了大额的投入，但历经 2 年多，仍未实现盈利。主要的原因在于靠手机用户购买电子书获得的收入不足以支撑成本投入。虽然手机用户在逐年增长，但用户的消费习惯需要培养，大多用户都希望免费阅读，即使购买电子书也希望是以非常低的价格购入，这就造成 A 公司的成本增长大于收入增长。A 公司在新一年发展中计划开拓广告业务，通过用户分析吸引相应的广告商入驻平台，主要目标广告商为图书出版社及营销机构，A 公司希望通过广告收入来增加公司的整体收入，并计划通过 1—2 年的运营实现盈利。

- 资金问题

A 公司创始人张某和李某，经过几年创业，已经在公司投入了大量的资金。以公司目前的人员数量，每年在人工成本、房租、网络费用和业务推广等方面投入的成本大约为 850 万元，但每年的收入只有 200 多万元，存在较大的亏损。公司为了发展业务，仍将持续地投入，包括继续招聘人员、继续扩大用户规模等，这就使公司现金流出现了较大的缺口。A 公司虽然也与一些融资机构进行了接触，但由于业务发展前景、股权分配、股权价格等各种原因，融资仍在商谈之中。A公司在发展中面临重大的资金运营问题，这既影响到公司的进一步业务拓展和投入，甚至有可能会出现现金流断流引发企业业务停滞的紧急情况。

- 人员问题

由于处于创业期，A公司在招聘部分急需的技术人员、运营人员方面，存在较多的困难，主要原因是薪酬福利太低。在互联网业务飞速发展，人才缺口比较大的情况下，A公司所需的产品经理、开发工程师、网络营销人员等正是行业内人才奇缺的岗位，薪酬随着行业的发展更加飞速上涨。A公司自身招聘或培养的部分技术人员在很短的时间就跳槽到更大的互联网企业中，薪资有的能够翻倍，导致A公司出现严重的技术人才短缺。

另外，就是人员流动率高。由于企业规模、薪酬、办公环境等原因，A公司人员流动比较频繁，导致部分业务开展比较缓慢。尤其是年中由于两名核心的技术骨干跳槽，导致App更新一度停止，而且，对用户问题的回复非常迟缓，致使部分用户流失。

- 管理问题

A公司由总经理张某和副总经理李某创办，但在公司发展方向上二人存在异议。销售出身的张某主张尽快扩大用户规模，通过用户积累吸引投资商，使公司走融资上市之路；而技术出身的李某则主张做企业应该踏实发展自身业务，做百年老店，最终要靠自身产品吸引用户，靠自身的收入实现盈利。二人在公司发展思路上的不同导致A公司出现两种管理风格，总经理张某带领的团队激进，副总经理李某带领的团队保守，并且在内部人员的协调上出现一些问题，产品组、内容组和运营组、综合组的人员分为两个阵营。

另外，由于张某和李某是表兄弟关系，同时，张某的妻子也在公司任会计，使得公司在内部管理上也存在一些矛盾，包括李某认为张某将个人私人费用在公司报销、财务管理不透明等。

1.2 实景案例的要点分析

1. 什么是小微企业？

小微企业一般指小型企业、微型企业、家庭作坊式企业、个体工商户，等等。据调查，中国大概有小微企业 5000 多万家。小微企业一般具有产权和经营权高度统一、产品（服务）种类单一、规模和产值较小、从业人员较少等特点。根据小微企业所处的行业或者认定角度的不同，国家对于小微企业也有不同的定义。以软件和信息技术服务行业为例，从业人员 100 人以下或营业收入少于 1000 万元的为小型企业；从业人员 10 人以下或营业收入 50 万元以下的为微型企业。

2. 小微企业有哪些特点？

小微企业一般有以下特点：

- 生存是难点

据统计，我国小微企业平均寿命仅为 2.9 年。小微企业多处于初创期，在这一时期，企业业务刚开始开展，业务模式未定型或者未上规模，盈利少甚至处于亏损状态。这一时期，企业也处于投入期，需要投入资金、人力、设备等来保证生产或运营，但多数小微企业在投入上处于不足状态，进而导致规模扩大受限。小微企业多挣扎在生存的边缘，尽快建立业务模式和盈利模式以保证正常运营、开拓市场、吸引客户，是小微企业的重要难点。

- 资源很有限

多数小微企业在人力、物力、财力上的资源非常有限，一方面，由于小微企业业务还处于尝试和探索期，业务和盈利模式的不稳定导致投入不足；另一方面，小微企业客户量少、收入少，也不足以支撑成本的大额投入。在这个阶段，小微企业多体现出业务量小、资金少、设备少、人员少等多方面资源缺乏的特点。

• 管理不规范

小微企业的所有权和经营权一般高度统一，管理多集中于企业主个人。此外，由于业务发展的限制，小微企业管理往往不规范，表现为缺乏正式的组织形式，业务、经营、财务、人员等方面的管理缺乏规范等。

3. 小微企业 HR 管理有哪些特点？

小微企业受发展阶段的限制，有其特有的管理特点，其中，HR 管理的主要特点有：

• 人员少、流动快

正如本章实景案例所体现的，小微企业的一个主要特点就是人少，少则一两个，至多也就几十个。小微企业之所以人少，主要原因是其正处于初创时期，业务正在启动和发展之中，人员数量自然较少；另外，就是小微企业在人员上正处于一个投入和建设的时期，人员多处于从无到有、从少到多的发展过程中。

人员流动率高是小微企业人员的另一个重要特点。首先，由于小微企业整体业务还在摸索发展中，对于人员的配置也随着业务在不断变化，人员配置的准确性不高；其次，小微企业的各方面条件不是特别具备，比如雇主品牌、薪资、福利、办公环境等，对员工的吸引力有限，进而造成人员的大量流动；最后，小微企业的管理不完善，使得人为因素对企业内人员关系影响较大，成为人员流动的重要原因。

• 一人多岗、职责不清

小微企业的岗位是随着人员配置而不断增加的，在初期人员少、岗位少的情况下，小微企业一般存在因人设岗、一人多岗的现象；而且，由于业务发展处于初级阶段，小微企业创始人一般也无力投入管理中，致使企业岗位配置随意性比较强，工作内容也存在随机分配的现象，岗位职责自然不明确。

• 薪酬绩效无标准

如前所述，小微企业往往所有权与经营权高度集中于创始人手中，在人力资源管理方面，权力自然也比较集中。多数小微企业没有明确的薪酬绩效管理体系，薪酬标准随意性强，薪酬多由创始人确定；也比较缺乏绩效管理，

"员工干得好不好，老板说了算"成为小微企业绩效管理的常见现象。

- 基础管理不规范

造成小微企业基础管理不规范的原因有三。其一，由于业务的不定型，加上人员少，自身又挣扎在生存的边缘，小微企业对管理的需要较少，所以管理问题不是小微企业关注的重点。其二，人力资源人员配置的限制使小微企业无力配置高素质的 HR 管理人员，自然在 HR 的基础管理上不尽规范。其三，家族式小微企业是比较常见的现象，内部虽然人员不多，但多存在亲属、同学等特殊关系，这也给规范管理造成一定的障碍。

1.3 小微企业的绩效管理

以上，我们通过对实景案例的分析，了解了小微企业及其 HR 管理的特点。针对这样的特点，小微企业的绩效管理体系该如何建设呢？我们主要从三个方面提出建议。

1. 先发展后管理

小微企业的重心在于探索与发展业务，在人少、钱少、物少等资源少的情况下，需要集中所有力量尽快建立业务模式，实现盈利。在业务模式建立和盈利实现的过程中，逐步积累管理经验，逐步固化管理流程。因此，对于小微企业而言，要先生存，再发展，之后才能提到管理的问题。绩效体系建设是小微企业管理建设中的一个方面，需要随着业务模式的建立逐步完善。反过来说，在小微企业处于生存期，探索并建立业务模式的阶段，绩效管理与其他管理一同由企业创始人个人来随着业务需要进行决策，是比较现实的方式。

2. 先诊断后建设

随着小微企业的发展，管理者需要从什么时候开始注重绩效管理体系建设呢？

一般地，我们可以从以下三个方面来衡量，判断小微企业是否需要建设绩效管理体系。

第一，人员规模。简单判断就是人员要上规模后才建设。一般地，当人员规模达到100人及以上，或者接近100人时，可以考虑建设绩效管理体系。因为，当人员接近或达到100人时，岗位数量至少达到几十个，部门至少有几个，而且职位层级开始逐步出现高层、中层和员工的划分，这些情况都使得企业仅靠创始人个人已经无法达到管理的要求，同时，企业也具备了进行职位分析、职位评价、职位级别划分、职位系列划分的基础，这使得薪酬、绩效体系的建设成为可能。

第二，外部规范要求。一般地，在企业发展过程中，比较常见的外部规范要求有投资方要求、上市要求等。对于企业发展而言，资金是一个非常重要的资源，在本章的实景案例中，我们可以看到，A企业的发展即将面临巨大的资金缺口。融资是解决资金缺口的重要方式之一，但是，融资可能会使企业面临股权结构变化，影响企业的所有权结构，进而影响经营权。一般地，在新的投资方加入后，会要求企业规范管理，至少要保证财务透明、内部授权机制合理、分工明晰。在这种情况下，企业的管理体系建设与完善就必须提上日程，相应地，作为其中重要组成部分的薪酬绩效管理体系将得到重视。另外，如果企业有上市的计划，则相应的规则要求更加完善，企业内部管理体系的建立与完善更是必然。

第三，企业自身发展需要。当小微企业走出生存困境，建立了业务模式并实现了盈利，企业必然要求继续发展，尽快扩大规模或者提升盈利水平。这时，企业的内部管理成为一种必然的需求，只有企业内部的组织更加有序，才能吸引更多的人才、集合更多的资源。这就要求企业在内部管理流程上更加完善、有效，从粗放式管理走向精细化管理，从随意增长转变为向管理要效益。这时，薪酬绩效管理体系将是企业内部管理体系建设中的重要一环。

3. 先简单后完善

如果小微企业要建设绩效管理体系，该如何进行建设？

即使经判断，小微企业可能在人员规模、外部要求、内部管理等方面达到了绩效管理体系建设的条件或要求，但小微企业在绩效管理体系建设时，还是适宜走"先简单后完善"的路径，因为毕竟小微企业还处在发展中，从整体看其规模还没有达到中型企业的标准，所以绩效管理体系不宜过于复杂。一般来说小微企业可以从以下四个方面入手，来初步建立绩效管理体系：

首先，梳理业务流与岗位职责。小微企业需对关键业务流程进行整理，形成明确的业务管理流程，规范流程中各部门各岗位的职责和要求。另外，梳理部门和岗位职责，这对于后续建设职位体系是重要的基础。

其次，梳理目标体系，明确企业、部门、个人的主要目标。目标体系的梳理可以和部门职责、岗位职责、业务管理流程等相结合，在目标梳理中，也内含了目标的分解过程。在这一过程中，可以梳理出部门、岗位的关键绩效指标（KPI）。

再次，整理薪酬结构。在梳理业务流程、部门职责、岗位职责、目标体系的同时，可以整理薪酬结构，合理、有效的薪酬结构是绩效考核体系建设的基础。

最后，落实绩效考核。根据提炼的关键绩效指标（KPI），结合薪酬结构，可以分步骤、分体系地落实绩效考核。

在此基础上，小微企业可以随着业务的发展不断充实、完善绩效管理体系。

1.4 实景案例的重要启示

通过本章实景案例的分享，我们获得的一个重要启示就是：小微企业要选择合适的时机来建设绩效管理体系。小微企业的创立与发展是一个企业最艰难的过程，虽然科学的管理体系，包括绩效管理体系，会对小微企业的成长和发展产生促进的作用，但在小微企业创立初期，这仍不是主要矛盾，必须要等到企业发展具备相应的基础后，再建设绩效管理体系。所以，对于小微企业来说，这个诊断与建设时机的选择就显得尤为重要。建设得早了，企业不需要，而且容易引起内部管理成本的增加；建设得晚了，绩效管理体系对于人才的激励作用不明显，内部不公平会造成人才流失，起不到促进企业发展的作用。

　　另外，作为本书第一篇的第一章，以实景案例引入，除了有小微企业选择合适时机建设绩效管理体系的启示外，我们也要认识到，绩效管理体系是企业人力资源管理体系，甚至是企业整体管理体系中重要的一个环节。在判断好时机后，如何建设适合于企业发展的绩效管理体系也是不可回避的难点。这不仅需要对企业业务有深入的认识，绩效管理体系自身也有深入的知识、技能需要我们学习和掌握。接下来，我们将分章节对绩效管理的定位、人力资源管理中的绩效管理、绩效考核的主要方法、绩效考核量表的设计、绩效管理的整体流程等各个方面展开阐述。

1.5　回顾与总结

　　本章中，我们引入了一个小企业的实景案例，这个企业的业务属于新兴行业——移动互联网行业，我们从基本情况、行业背景、业务情况、组织结构、人员情况、存在的问题等几个角度对这个企业进行了剖析，可以说，这类小企业在国家倡导的创新创业大背景下，是比较常见的企业，数量也非常之多。在分析这个比较具有代表性的小企业的基础上，我们进一步解析了小微企业的定义、小微企业及其HR管理的特点。最终，重心落在第三方面，那就是小微企业的绩效管理体系建设问题。我们提出小微企业绩效管理体系建设走"先发展后管理""先诊断后建设""先简单后完善"的三步式途径。

第二章
绩效考核与绩效管理

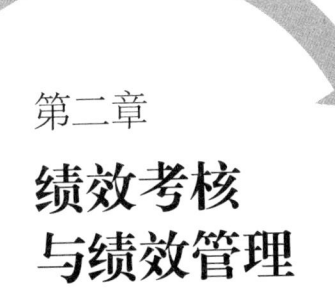

- 如何理解绩效一词的内涵?
- 绩效考核与绩效管理的异同?
- 绩效考核的主要方法有哪些?
- 绩效管理的主要流程是什么?

2.1　理解绩效的真正含义

【思维拓展】中国唐代官员的绩效考核是怎么做的？

唐代，我国封建社会进入鼎盛时期，官员的政绩考核制度日臻完备。《唐六典》规定："考功郎中之职，掌内外文武官吏之考课。"唐代的"考课"，即指官员任期内的政绩考核。唐代明确规定了考核官吏的机构、权属与方式，考核机构由吏部主管，考功郎中负责京官的政绩考核，员外郎负责外派官员的考核。由各部门主管长官根据国家规定的"四善""二十七最"政绩考核标准，对所属官吏进行年度与四年一次的"考课"。"四善"是国家对各级官吏考核的共同标准，"二十七最"则是侧重于官员的职责岗位和不同业务的考核标准。"考课"后根据对官员的考核结果确定等级，并把官员考评的等级与奖惩、任职和晋升等挂钩。唐代相对公平、公正的"考课"，对日后的贞观之治、开元盛世等有莫大的影响。

绩效（Performance），从字面意思上讲，由"绩"和"效"两部分组成：

"绩"即"业绩""成绩"，体现了个人、团队、组织取得的工作结果，如完成的项目、客户的满意、业务的增长，等等。这种工作结果是针对不同层面的目标而言的，包括个人目标、团队目标和企业目标。

"效"即"效果""效益"，包括了个人、团队、组织获得的经济利益，如收入增加、净利润增长、成本控制，等等。这些经济利益也是个人、团队、企业得以生存和发展的根本。

综合起来看，"绩效"是"成绩""效益"，主要指组织或个人在特定时间内目标的实现程度。

其实，关于"绩效"，在日常管理中，还是有一些理解上的分歧。主要集中在"绩效"是行为还是结果、是品德还是能力、是定性还是定量等问题上。我们将在后续的章节中陆续对这些问题展开讨论，相信通过后续逐步深入的分析，能够准确地回答这些问题。

2.2 区分绩效考核与管理

2.2.1 绩效考核与绩效管理的定义

我们先来看一下绩效考核与绩效管理的定义。

1. 绩效考核（Performance Evaluation）

绩效考核是对绩效的评估，主要指运用预定的标准和指标，对组织和个人的绩效达成情况进行评估，并将评估结果用以引导组织或个人未来的工作行为和工作业绩。绩效考核常用的方法包括目标管理法（MBO）、关键绩效指标法（KPI）、平衡积分卡（BSC）、360度考核法、OKR考核法等。

2. 绩效管理（Performance Management）

绩效管理是指组织和个人为了达到绩效目标共同参与绩效计划制订、绩效指标分解、绩效管理落实、绩效考核评价、绩效辅导沟通、绩效结果应用等促进绩效目标提升的持续循环过程。绩效管理的目的是持续提升个人和组织的绩效。

2.2.2 绩效、绩效考核与绩效管理的异同

在了解了绩效以及绩效考核、绩效管理三个概念的基本定义后，我们再来更详细地分析一下它们之间的具体关系：

1. "绩效"与"绩效考核"

绩效其实是一个多维度的概念，它涵盖了组织或个人目标实现的多种变量；从不同的角度看，就会有不同的绩效。另外，绩效是一种行为，也是结果；而且，绩效更多的是以行为者为出发点来看的。

绩效考核是对于绩效的评估，是对于绩效达成情况的评价，绩效考核需要依托于一定的标准才能进行评估，因此，绩效考核与绩效最大的不同就是，绩效是一个多维度的综合体，而绩效考核则需要梳理出相关的依据与标准，并进行评估。两者在出发点上不同，绩效的出发点是行为的发出者，而绩效考核的出发点是行为的评估者。

2. "绩效"与"绩效管理"

绩效在前面已经详细解释过，而绩效管理是一个更加综合的概念，涵盖了绩效计划、绩效考核、绩效辅导、绩效应用以及绩效目标持续提升等，可以看出，绩效管理是一个体系，它不仅将绩效包括在内，而且更重要的是要对绩效进行管理与提升。绩效管理从绩效出发，但其目标不仅仅是评估，而更多地定位于持续改进。所以，绩效与绩效管理最大的不同是静态与动态的区分，也即绩效体现的是目标实现情况，虽然它也是多维度变量，但某一点或某一阶段的绩效是静态的，而绩效管理则是一个持续动态的循环管理过程。

3. "绩效考核"与"绩效管理"

通过以上对绩效与绩效考核、绩效与绩效管理的比较，可以看出，绩效考核与绩效管理有很大的不同。

一是方式不同。绩效考核是单向的，通过确定标准、收集绩效、评估绩效而得出一个结果；但绩效管理则是循环的，从绩效计划出发，通过绩效考核、绩效辅导、绩效应用，再到新的绩效计划，是一个持续动态循环的过程。

二是目标不同。绩效考核的着眼点在于评估，重点在于评价实际绩效与标准之间的关系；但绩效管理的着眼点则在于绩效提升，通过循环管理产生更好的绩效是其目标。

三是参与方不同。绩效考核标准确定后,绩效行为者与绩效评估者在某种程度上应是割裂的,否则无法保证公平性与公正性;但绩效管理则要求绩效行为者在绩效计划制订、绩效考核过程、绩效沟通反馈和绩效结果应用等多个环节都有深度的参与,从而加强自我管理,这与绩效考核是不同的。

从以上对绩效、绩效考核和绩效管理的分析可以看出,它们之间既有联系,又有区别。

从联系的角度看,三者是逐层递进的关系,绩效是基础,绩效考核是方法,绩效管理是体系。绩效考核是绩效管理的一个重要环节,也是绩效管理的核心,绩效考核为绩效管理的整体运行和实施提供了前提和管理依据。

从区别的角度看,绩效考核是针对绩效的评估方法,它只是针对工作目标,采用科学的考评方法,评定员工的工作任务完成情况、员工的工作职责履行程度和员工的发展情况,并且将评定结果反馈给员工;而绩效管理不仅包括绩效考核,更是针对绩效的全面管理,绩效管理强调以体系性的管理来保证企业和个人以最优方法达成目标,绩效管理是对绩效工作进行总体把控的过程。

综合起来,绩效、绩效考核和绩效管理三者的关系如图 2-1 所示。

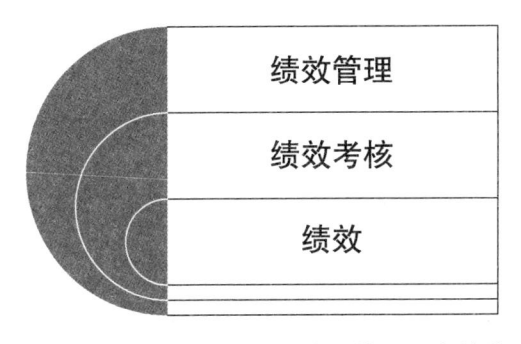

图 2-1 绩效、绩效考核和绩效管理三者的关系

另外,我们也可以将绩效考核与绩效管理的不同,整理成如下表格(见表 2-1):

表 2-1　绩效考核与绩效管理的区别

区分点	绩效考核	绩效管理
方式	单向的 （制定标准—收集结果—评估绩效）	循环的 （计划—分解—落实—评估—反馈—应用—新计划……）
目标	评估绩效	提升绩效
参与方	割裂（被评估者—评估者）	深度参与（被评估者+评估者）

2.3　绩效考核的原则、方法

2.3.1　绩效考核的原则

绩效考核是绩效管理体系的核心环节，是人力资源管理中的核心工作，同时也是企业整体管理中非常重要的一个方面。绩效考核工作从确定标准出发，在考核过程中记录绩效情况，并对绩效的完成情况进行评价。绩效考核的执行关系着绩效管理体系的效度，影响着对员工的激励方式，进而对企业整体的管理、效益产生作用。绩效考核是企业的核心管理环节，必须保证绩效考核的有效性。

一般地，绩效考核需要遵循以下原则：

1. 公开、公平和公正

作为一个评估过程，绩效考核最终要和企业内的个人、团队利益挂钩，所以首要要保证的就是公开、公平和公正。只有坚持这个原则，绩效考核才能真正得到贯彻执行，得到员工的认同，并最终发挥对员工的激励作用。如果不能坚持这一原则，那么不论是在绩效考核标准、数据采集还是在评估方面有失偏颇，都必然会引起员工的不满，不仅仅会导致绩效考核的失效，更会引起企业整体管理的失效以及优秀人才的流失，这会对企业的发展产生负面影响。

2. 以企业发展目标为导向

绩效考核归根结底是企业管理的一个环节、一种手段，不论采取什么先进的理念，引进什么科学的绩效考核方法，都不能脱离企业的实际发展需求。企业在不同的发展阶段会有不同的目标，同时，每个企业受行业、地域、业务、管理者等多种因素的影响，各企业的目标也不尽相同。绩效考核最基本的原则就是围绕企业的发展目标，绩效考核一定要有助于企业目标的实现，才能说是有效的绩效考核。

3. 个性化

随着中国经济的发展，国内企业的人力资源管理水平已经有了长足进步，绩效考核早已揭去神秘的面纱，不再是大型企业的专利，而成为众多中小企业管理的利器。绩效考核的方法更是日趋普及，关键绩效指标、平衡计分卡、360度反馈评估、目标和关键成果等已经成为管理中比较常见的名词，但是，不论有多少成型的绩效考核方法，对企业的管理者和人力资源管理专业人员而言，绩效考核的个性化仍然是一个基本的原则。我们在前面分析过，其实每个企业都是个性化的，就像人一样，千人千面，不能将一套固化的绩效考核套用在企业上，甚至在企业内的不同部门也要考虑绩效考核的个性化。

4. 不断改进提升

作为企业管理中的一个重要环节，绩效考核不应一成不变。企业是在不断成长的，其业务与人员将不断发展变化，只有不断改进提升绩效考核的方式、方法才能更好地配合企业管理的需要，发挥其作为核心管理工具的作用。

2.3.2 绩效考核的主要方法

一般地，企业绩效考核主要的方法有以下几种：
1. 目标管理考核法；
2. 关键绩效指标考核法；
3. 平衡计分卡考核法；

4. 360度考核法；

5. 目标和关键成果考核法；

对绩效考核每一种方法的简介、操作、优缺点等将在第四章中详细展开阐述。

2.4 绩效管理的目标、流程

2.4.1 绩效管理的目标

【思维拓展】怎样将犯人安全送往澳大利亚？

18世纪末，英国人来到澳大利亚，随即宣布澳大利亚为它的领地。可当时英国没有人愿意去荒凉的澳大利亚，这样辽阔的大陆怎么开发呢？英国政府想了一个办法：把罪犯统统发配到澳大利亚。私人船主承包了大规模运送犯人的工作。

为了便于计算，政府以上船的人数为依据支付船主费用。当时运送犯人的船只破旧、简陋，条件十分恶劣。船主为了牟取暴利，上船前尽可能多装犯人。一旦船离岸，船主按人数拿到了钱，就对这些人的死活不闻不问了。他们把生活标准降到最低，致使3年间从英国运到澳大利亚的犯人在船上的死亡率达12%，部分船只死亡率高达37%。英国政府遭受了巨大的经济和人力资源损失，英国民众对此也极为不满。

英国政府开始想办法改善这种状况。在每艘船上派一名监督官员和一名医生，并对犯人的生活标准做了硬性规定，但死亡率仍未下降。有人提出，把船主召集起来进行教育，对一些船主进行严厉制裁，但情况依然没有好转。一位英国议员认为问题出在费用计算依据上，提出不论在英国装了多少人，到澳大利亚上岸时再清点人数，并依此向船主支付运费。于是难题迎刃而解，一段时间以后，运往澳大利亚的罪犯死亡率降到了1%以下，有些运载几百人的船只，经过几个月的航行竟然没有一人死亡。

这个故事提醒我们，每一个问题的解决，必定会有很多有效途径，绩效管理也一样，需要深入理解其核心价值，探索并不断改善具体方法。绩效管理是企业管理中的一个重要环节，作为企业管理者，要能从整体上掌控管理过程，避免因陷入具体绩效考核事务中而迷失大的管理方向。绩效管理体系是企业整体管理体系的重要组成部分，渗透在企业管理的整个过程和各个方面。健康的绩效管理体系不仅可以使企业的经营战略有效落地，还可以提升企业管理的执行力。

在企业实际管理过程中，绩效管理主要目标可以从组织、管理者和员工三个层面来体现。

首先，从企业的角度看，绩效管理的目标为：

- 将战略转化为明确可实施的企业目标；
- 不断提高企业与员工的业绩目标导向；
- 将目标有效地分解给各个业务单元和各个员工；
- 监控目标达成各个环节上的工作情况；
- 实现最有效的资源组织方式，高效率地完成目标；
- 最终实现企业与员工在价值上的双赢。

其次，从企业管理者的角度看，绩效管理的目标为：

- 传达并分解企业的目标；
- 传达对员工的工作期望及工作的衡量标准；
- 了解工作计划的执行情况、员工的工作状况；
- 及时发现问题并纠正绩效偏差；
- 作为目标和业绩提升的有效手段。

最后，从员工的角度看，绩效管理的目标为：

- 明确工作计划与目标；
- 参与企业、部门目标、计划的制定；
- 寻求企业的支持与所需资源；
- 获得及时的反馈，包括评价、指导、认同与奖励；
- 获取工作沟通的机会。

从总体上看，无论企业、管理者还是员工，绩效管理的目标都是提升、分解并达成各级目标，提升并实现各级绩效（如图2-2所示）。

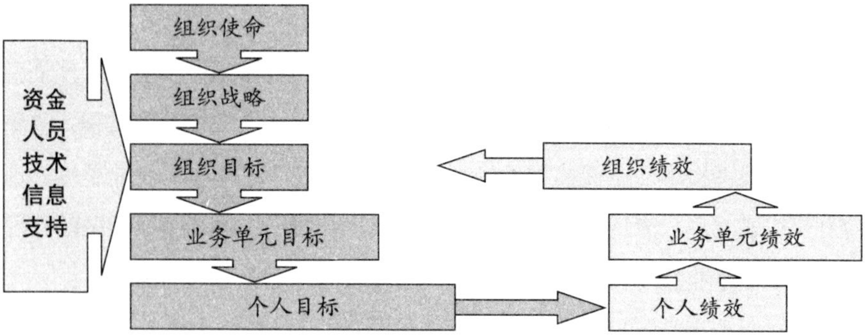

图 2-2　绩效管理的目标

2.4.2　绩效管理的主要流程

从整体上说，绩效管理是一个体系，是以绩效提升为目标的持续循环过程。详细分解绩效管理体系，一般地，我们可以将其分解为五个环节。

1. 绩效计划制订；
2. 绩效过程管理；
3. 绩效考核实施；
4. 绩效沟通反馈；
5. 绩效结果应用。

对以上五个环节的具体内容将在第六章中详细讲述。

2.5　回顾与总结

本章是基础的一章，也是第一篇提纲挈领的一章。本章阐述了绩效的概念，进而对绩效、绩效考核和绩效管理进行了对比与区分。绩效考核与绩效管理虽然在日常企业管理中经常混用，但实际上，它们之间的区别还是比较大的。绩效考核是绩效管理的一个重要环节，绩效管理更具有全局性和整体性。在本章中，我们分两小节分别简要阐述了绩效考核的原则、方法以及绩效管理的目标、流程，这样，可以直观地看到两者的区别，同时，也为后续章节做了铺垫。在后面的章节中，我们还会详细阐述绩效考核与绩效管理。

第三章
绩效管理牵动 HR 管理

- 人力资源管理模块如何划分？
- 各模块的主要工作有何不同？
- 各 HR 模块之间的关系如何？
- 绩效管理与薪酬管理的关系？
- 绩效管理与招聘配置的关系？
- 绩效管理与员工管理的关系？

3.1 人力资源管理的模块

3.1.1 人力资源管理六大模块的划分

通常，企业中的人力资源管理工作可以划分为六大模块，或者说细分为六个方向，即人力资源规划管理、招聘配置管理、培训开发管理、薪酬福利管理、绩效考核管理、员工关系管理（如图 3-1 所示）。

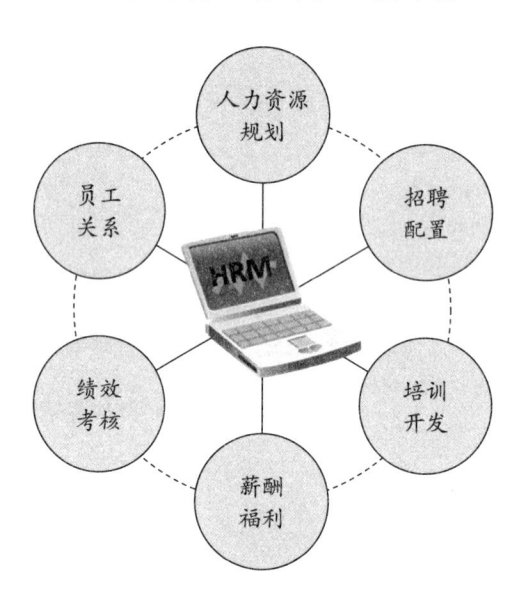

图 3-1 人力资源管理的六大模块

除了六大模块的分法，还可将人力资源管理以人才的选、用、育、留等角度来划分人力资源管理的具体工作内容。

不论以何种角度对人力资源管理工作进行划分，人力资源管理工作都是一个密不可分的整体，虽然具体的各模块工作划分各有侧重点，但是这些模块或方向之间是紧密相连的。任何一个模块工作的缺失或不到位都会影响到整个人力资源管理系统，甚至可能引起失衡。

3.1.2　人力资源管理六大模块的主要工作内容划分

从整体上看，人力资源管理的总体目标是对"人"这一资源进行管理，围绕如何对人进行管理，可将人力资源管理系统细分为六大模块，具体的工作方向细分如下（见表 3-1）：

表 3-1　人力资源管理六大模块主要工作方向

人力资源管理六大模块	主要工作方向
人力资源规划管理模块	人力资源战略规划；组织机构的设置与调整；工作分析、工作评价与岗位设置；职位级别、类别的划分，职位体系管理；人员编制核定；人员供给市场分析；人力资源管理制度的制定与修订；人力资源管理费用预算的编制与调整；人才梯队建设；等等
招聘配置管理模块	招聘需求分析；招聘程序和策略；招聘渠道分析与选择；候选人的邀约；人员甄选实施；背景调查；招聘中的特殊政策应对与应变方案；离职面谈；等等
培训开发管理模块	内部培训需求调查与分析；培训计划的制订与调整；外部培训资源的考察与选择；培训内容的开发与设计；培训的具体组织与实施；培训效果的评估；培训建议的收集与工作改进；等等
薪酬福利管理模块	薪酬策略的制定；薪酬架构的设计；岗位评价与薪酬等级的设置；内外部薪酬调查；薪酬总额计划预算制订与调整；薪酬的核发；薪酬成本统计分析；福利计划的制订与福利项目设计；福利的执行；等等
绩效考核管理模块	绩效管理策略的制定；绩效管理方案的设计与调整；绩效计划的制订与落实；绩效考核的具体实施；绩效管理的沟通面谈；绩效改进方法的跟进与落实；绩效结果的应用；等等
员工关系管理模块	国家和地区最新的劳动法规与政策的掌握；劳动合同管理；员工入职、离职、调动、转正、调岗等的日常管理；特殊员工关系（如劳动纠纷、集体劳动合同、罢工等）的处理；员工信息的保管与更新；员工心理辅导；员工关怀；等等

除了以上人力资源管理的主要工作外，在现实的企业人力资源管理中，可能还会有一些工作，例如：人力资源自身的队伍建设；E-HR 系统（人力资

源管理信息系统）的建设与完善；集体合同的管理；工会的管理；外包人员的管理；集团/总部人力资源管理与分/子公司人力资源管理；人力资源业务外包，等等。这些工作都属于人力资源管理的范围，但并不是每个企业都会遇到，所以没有列入人力资源管理模块的常规工作内容中。

3.1.3 人力资源管理六大模块之间的关系

首先，人力资源管理六大模块各自有其侧重点。人力资源规划管理是对人力资源管理工作的综合指引，它决定了人力资源管理工作的主要目标与方向；招聘配置管理主要是吸引并合理地将人员配置到匹配的岗位上；培训开发管理用以帮助员工胜任工作并发掘员工的最大潜能；薪酬福利管理是激励员工的最有效手段；绩效考核管理可以合理地评价员工的工作产出；员工关系管理得以维护企业和员工的共赢关系。

其次，人力资源管理六个模块之间的关系是密不可分的，它们之间相互衔接、相互作用、相互影响而形成一个整体的体系。人力资源规划是人力资源管理的起始点，通过规划明确了人力资源管理的战略，确定了企业整体架构、人员需求及岗位要求；没有人力资源规划，招聘配置工作就是无源之水、无本之木，只能变成盲目的人员引进，配置也无法做到合理科学，只有以科学的人力资源规划为基础，招聘配置工作才能解决企业的人员吸引、人岗匹配问题；人员引入后是否真的能转化为资源，主要取决于对人才的培训与开发效果，所以培训开发模块的工作又以人力资源规划和招聘配置为基础；人员引进并培训开发后，薪酬福利作为一个激励的关键要素必不可少，薪酬福利也是保留员工的基本要素；在人员的使用中，绩效管理是解决如何用人的问题，合理的绩效管理能够全面评估人员的产出、潜能，主要目标在于帮助人、提高人；最终，员工关系管理，将管理员工形成法律和人性化的具体操作，最终形成一个闭环，帮助企业形成合理化人力资源配置的有效循环。

通过以上两方面的分析，可以看出，人力资源管理六大模块各有侧重点，关系密不可分，任何一个模块的缺失都会影响整个人力资源管理系统。如果不是为了实现更加专业化的管理，人力资源管理其实就是一个专项的工作。从企业和员工的感触上看，人力资源管理也是一个整体，企业和员工会自然地涉及人力资源管理的各个模块、各个环节。所以，综合起来看，人力资源管理是整体性的，不可分割的，即使我们分不同的模块去操作人力资源管理，去落实人力资源管理的各项工作，但从整体上看，人力资源管理所有工作都必须到位，同时要根据不同的情况，不断地调整工作的重点，才能保证人力资源管理整体保持良性运作，并最终实现企业战略目标。

在企业实践操作中，该如何根据企业人员规模来配置人力资源部，实现人力资源六大模块的统一管理呢？下面我们将以实景案例来分享这方面的经验。

案例 3.1　大企业如何规划人力资源部？

当企业人员规模较大时，一般会在企业总部设置人力资源部，人力资源管理人员的配置比例大多在员工数量的 1%—1.5%。这个案例中的人力资源部为总部人力资源部，企业人员规模将近 5000 人。

在规划总部人力资源部时，主要从规划人力资源部整体职责、设置合理的人力资源部组织架构、明确人力资源部的年度人员编制三个方面入手。

首先，要明确人力资源部的部门职责（参见表 3-2）。

表 3-2　人力资源部部门职责书（样本）

部门名称：人力资源部
部门主要目标： 1. 保证公司人力资源管理体系的完整性与规范性； 2. 保证在人员的招聘、选拔、使用、培养、保留、激励等各方面的有效性与及时性； 3. 保证公司、部门、员工三者利益的一致性。
部门职责范围： 1. 公司整体人力资源规划： （1）组织结构的设置：负责公司整体及各部门组织结构的设置，报批； （2）人员编制：负责公司整体人员编制的控制； （3）人工成本总额：负责公司整体人工成本的控制。 2. 人力资源管理制度：负责制定、更新及完善公司整体的人力资源管理制度，保证制度的合法性与规范性。 3. 职位体系：负责制定、完善公司整体的职位体系，落实职位说明书的制定与完善。 4. 干部管理： （1）干部的选拔：制定干部选拔标准，根据公司业务发展严格进行干部选拔工作；

续表

（2）干部的任免：及时对干部层进行任免。 5. 招聘配置管理： （1）人员需求分析：人员计划编制下的人员需求详细分析； （2）招聘渠道管理：招聘渠道的选择、供应商的谈判签约、招聘渠道的维护等； （3）校园招聘：校园招聘的策划、整体管理； （4）人员甄选：面试、笔试、背景调查、其他测试的组织； （5）人员录用：offer 管理，录用通知，录用手续的办理。 6. 薪酬绩效管理： （1）薪资管理：薪资制度的完善、薪资标准的核定、薪资的发放、薪资分析、薪资调查； （2）绩效管理：绩效制度的完善、绩效考核的执行； （3）员工奖惩管理：优秀员工管理等； （4）考勤管理； （5）福利管理：福利制度的完善、福利的执行。 7. 培训开发管理： （1）培训体系：培训体系的建立、课程策划、部分课程的开发； （2）培训日常管理：培训的执行、培训效果评估管理； （3）内部培训师：内部培训师的选拔、日常管理； （4）培训费用：培训费用的控制、培训协议的管理； （5）培训效果评估：评估培训的实际效果。 8. 员工关系管理： （1）劳动合同管理：劳动法规的学习与内部宣讲、劳动合同定期更新、劳动合同的续签、终止、解除等； （2）员工离职管理：离职面谈、相关补偿、离职手续管理等； （3）员工慰问：及时关怀员工，对于有特殊情况或处于困难中的员工给予及时的慰问与帮助； （4）员工活动：组织并实施员工内外部活动，建立积极向上的企业文化； （5）劳动监察、劳动仲裁：社保审计、员工劳动仲裁等。 9. 下属控股子公司及区域平台人力资源的管理： （1）下属控股子公司/区域人力资源政策的学习掌握； （2）下属控股子公司/区域人力资源个性化制度的制定与申报； （3）下属控股子公司/区域整体人力资源管理的监控。 10. 其他： （1）外派人员：外派人员的聘用及日常管理； （2）人事档案的立/销户、日常管理； （3）人才引进、工作居住证、应届毕业生指标申请及接收等的办理； （4）在司档案管理； （5）HR 管理系统的维护。
备注： 本部门职责书每年随部门计划一并制定，报董事会审批后执行。

其次，要在人力资源部职责明确的基础上，构建人力资源部的组织结构图（见图 3-2）。

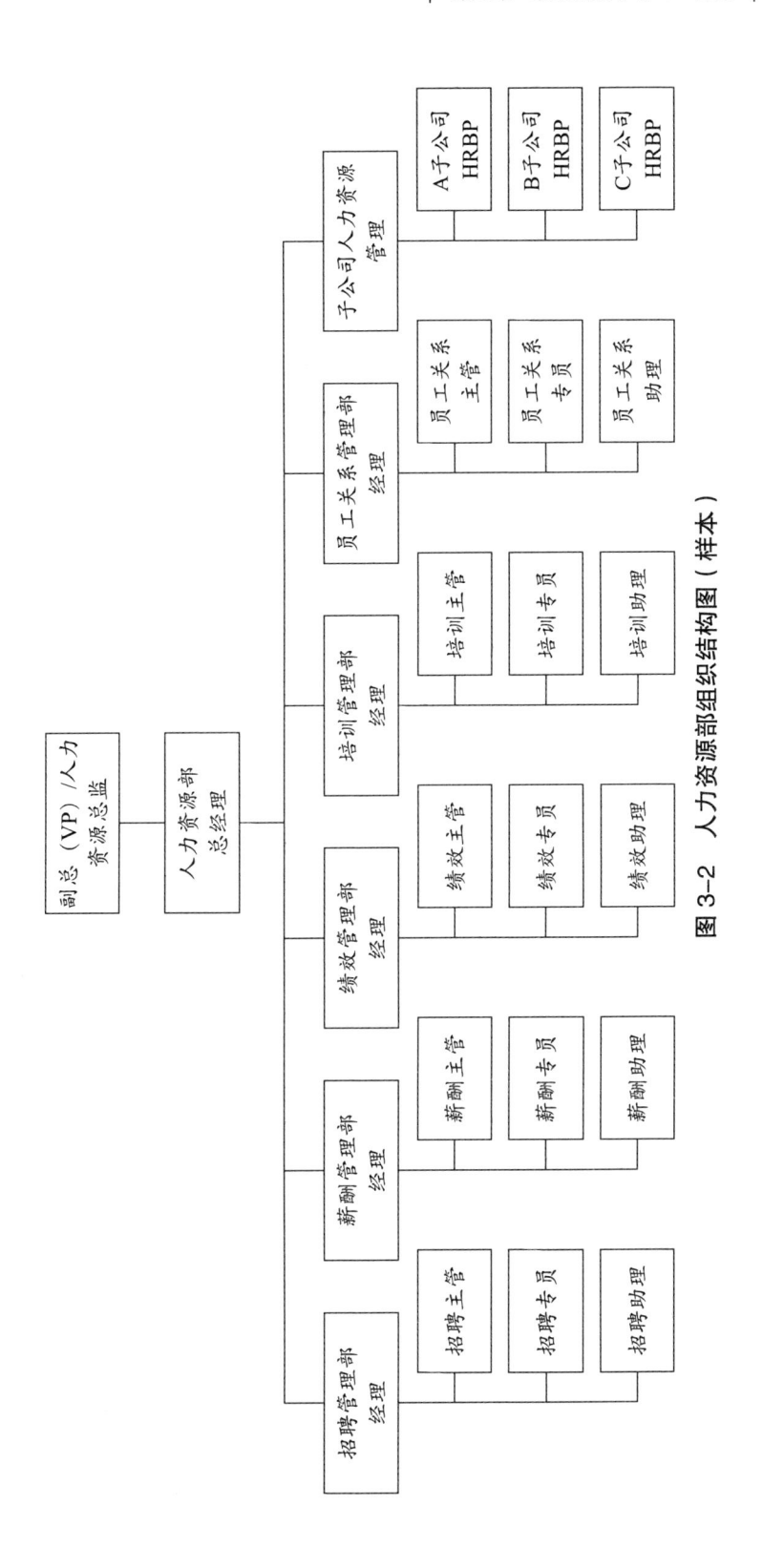

图 3-2　人力资源部组织结构图（样本）

最后，要明确人力资源部的年度人员编制，参见表3-3。

表3-3 人力资源部年度人员编制表（样表）

序号	一级部门	二级部门	职位	职位属性	编制数量
1	人力资源部		主管副总裁	高级管理	1
2	人力资源部		人力资源总监	高级管理	1
3	人力资源部		人力资源部总经理	中级管理	1
4	人力资源部	招聘管理部	招聘管理部经理	初级管理	1
5	人力资源部	招聘管理部	招聘主管	主管级员工	2
6	人力资源部	招聘管理部	招聘专员	专员级员工	5
7	人力资源部	招聘管理部	招聘助理	助理级员工	6
8	人力资源部	薪酬管理部	薪酬管理部经理	初级管理	1
9	人力资源部	薪酬管理部	薪酬主管	主管级员工	1
10	人力资源部	薪酬管理部	薪酬专员	专员级员工	2
11	人力资源部	薪酬管理部	薪酬助理	助理级员工	2
12	人力资源部	绩效管理部	绩效管理部经理	初级管理	1
13	人力资源部	绩效管理部	考核主管	主管级员工	1
14	人力资源部	绩效管理部	考核专员	专员级员工	2
15	人力资源部	绩效管理部	考核助理	助理级员工	2
16	人力资源部	培训管理部	培训管理部经理	初级管理	1
17	人力资源部	培训管理部	培训主管	主管级员工	6
18	人力资源部	培训管理部	培训专员	专员级员工	3
19	人力资源部	培训管理部	培训助理	助理级员工	2
20	人力资源部	员工关系管理部	员工关系管理部经理	初级管理	1
21	人力资源部	员工关系管理部	员工关系主管	主管级员工	1
22	人力资源部	员工关系管理部	员工关系专员	专员级员工	2
23	人力资源部	员工关系管理部	员工关系助理	助理级员工	2
年度总部部门总编制					47
24	A子公司	人力资源部	HRBP	主管级员工	1
25	B子公司	人力资源部	HRBP	专员级员工	2
26	C子公司	人力资源部	HRBP	专员级员工	2
年度子公司部门总编制					5
年度人力资源部总编制合计：					52

案例 3.2　如何根据不同人员规模规划企业的人力资源部？

人力资源部是根据企业人员规模配置的，虽然也有管理模式的影响，但关键因素还是企业人员的数量。当企业创业后逐步发展并扩大人员规模时，人力资源管理人员数量也需要依据企业人员数量的变化来进行配置。以下是企业在人员规模0—1000人时，人力资源管理人员的配置标准（参考表3-4）。

表3-4　不同规模企业人力资源管理人员的配置要求（参考）

序号	人员规模	行政管理人员配置标准	人力资源管理人员配置标准	说明
1	0—50人	行政人事经理1人 行政人事助理兼前台1人 网络管理员1人 司机（公务车/台/人）	行政人事经理1人（兼） 行政人事助理1人	行政、人力资源所有人员合并
2	50—150人	行政人事经理1人 行政助理兼前台1人 网络管理员1人 司机（公务车/台/人）	行政人事经理1人（兼） 人事专员（助理）1—2人（专员或助理根据工作量核定）	行政、人力资源管理人员部分合并
3	150—250人	行政人事经理1人 行政助理1人 前台1人 网络管理员1—2人 司机（公务车/台/人）	行政人事经理1人（兼） 人事专员1—2人 人事助理1人	行政、人力资源管理人员部分合并
4	250—500人	行政经理1人 行政助理2人 前台1—2人 网络管理员1—2人 司机（公务车/台/人）	人事经理1人 人事专员2—4人 人事助理1—2人 （可分模块设置）	行政、人力资源分立
5	500—1000人	行政部经理1人 行政主管1—2人 行政专员或助理2—4人 前台1—2人 网络管理员2—3人 司机（公务车/台/人）	人力资源部经理1人 人事主管1—2人 人事专员4—8人 人事助理2—3人 （可分模块设置）	行政、人力资源分立

3.2 绩效管理与薪酬管理

绩效管理的主要工作侧重于绩效管理策略的制定；绩效管理方案的设计与调整；绩效计划的制订与落实；绩效考核的具体实施；绩效反馈的沟通面谈；绩效改进方法的跟进与落实；绩效结果的应用等方面。

概括来说，绩效管理是对人的工作情况、工作结果进行评价，通过评价体现人在组织中的相对价值或贡献程度，或者说绩效管理是有目的、有组织地对企业日常工作中的人进行观察、记录、分析和评价的一种管理方法。这种评价是从企业的经营目标出发的，主要是评价人在企业中从事的工作与企业目标实现的情况，这种目标的实现有直接的，也有间接的。绩效管理有助于员工认识到工作达成的情况，明确工作绩效改进和提升的方向，进而促进企业最终实现整体的经营目标。

具体来讲，对于企业来说，绩效管理可以客观地衡量员工工作成果与目标的差异，通过比较员工之间的绩效差异，促进绩效改进；可以作为员工培训开发的基础；可以激励员工或者作为人员调整以及薪酬调整的依据，等等。对于员工来说，在绩效管理过程中，他可以深入了解自己的职责和目标，获得上司的赏识，获得说明困难和解释误会的机会，了解与自己有关的各项政策的推行情况，明确自己的发展方向和前景，在对自己有影响的工作评估过程中获得参与感。

从另外一个角度看，绩效管理也是企业战略与企业文化的一部分。在绩效管理过程中会明确企业的整体目标及目标的层层分解，会对企业的目标进行量化，也会明确各个部门和员工的目标。这一过程其实是企业战略的一个落实过程和企业文化的引导过程，绩效管理的指标直接引导了员工的行为，并形成了企业的结果。不同的绩效管理引导，必然会产生不同的结局。绩效管理体系的有效性也成为企业管理者和人力资源管理工作者所关注的要点，不仅仅是关注绩效管理体系中是否有指标，指标是否可量化、可评价，更多的是关注绩效管理后是否真的能够提升企业整体的效率与效益，并引导企业走入良性循环的可持续发展中。

从绩效管理涉及的层面看，绩效管理是人力资源管理中技术难度较大、与企业业务最为紧密的一个模块。绩效管理的结果直接应用于薪酬管理，绩效管理的结果明确了企业培训开发的目标，绩效管理的结果也影响了招聘配置工作，当然，从最直接的结果上看，绩效管理也是员工激励的重要手段。

综合起来看，绩效管理与薪酬管理的关系就很明晰了。绩效管理和薪酬管理之间是一种互相依托的关系，绩效管理是薪酬管理的基础之一，薪酬中的激励性薪酬必须以绩效管理为前提，有了绩效管理的结果，薪酬管理才能完整实施；另外，薪酬管理中的战略、体系设计、结构设计均要参照绩效管理，绩效管理的标准、实施过程自然地融入薪酬管理中，难分彼此，所以绩效管理也是薪酬管理的依据。在几个人力资源管理的模块中，应该说，绩效管理与薪酬管理的关系是最为密切的，尤其是现代企业的人力资源管理中，绩效管理的广泛实施与推陈出新，更强化了薪酬体系与绩效体系互为依托、互相促进、交融一体的关系。

3.3 绩效管理与招聘配置

招聘配置管理中，主要工作是招聘需求分析；招聘程序和策略制订；招聘渠道分析与选择；候选人的邀约；人员甄选实施；背景调查；招聘中的特殊政策应对与应变方案制订；离职面谈等。招聘配置的总体工作是围绕人才引进展开的，"寻找到企业需要的人才并把他们吸引进入企业"以及"将合适的人才放置在企业合适的岗位上"是招聘配置工作的关键。

招聘是人力资源管理的一个比较重要的职能，作为人才引进的源头，招聘工作可以持续不断地给企业提供合适的人力资源；此外，招聘工作更为核心的价值是为企业把好人力资源选拔的关口，找到合适的人，这样，企业就可以大大减少后期的培训开发成本，达到少投入、多产出的效果。更理想的是，这些优质的人力资源可以对企业其他人员形成正面的影响，使企业整体的人才队伍得以优化。还有，当企业能够招聘到高质量的人才时，这些人才会为企业创造更多的效益，使得相同的人工成本投放可以获得更高的产品研发、技术投资的效益，进而增进企业的整体效益。所以，招聘工作在人力资源管理中和企业管理中都具有非常高的重要程度。

人才配置是另一个重要的方面。人才任用讲求的是人岗匹配、适岗适人。找到合适的人才却放到了不合适的岗位与没有找到合适的人才一样会令招聘工作失去意义。招聘到合适的人才并把人才配置到合适的岗位上才能算完成了一次有效的招聘。所以，在很多企业，考查招聘的成功率不只看到岗率，更重要的是看员工的转正率或年度考核通过率。招聘工作和配置工作各自的侧重点不同，招聘工作主要侧重于人员需求分析、渠道选择、人员甄选等一系列程序性的步骤，招聘的关键在于做好人员需求分析，只有有了明确的需求，才能决定渠道与甄选方法，使招聘的目标更加明确。人员配置工作则是贯穿于招聘过程中的另一条线，不仅要在人员需求分析时就考虑岗位配置问题，而且在招聘实施的过程中，也要不断回顾"人岗匹配"的问题，直到最后人员到岗后的跟踪与考核也一样要考虑，所以，招聘与配置不能被视为各自独立的过程或工作模块，而是在人力资源管理中相互影响、相互依赖的两个工作环节。

明确了招聘配置模块的主要工作及之间的关系，下面，我们来分析绩效管理与招聘配置管理的关系。

绩效管理对招聘配置工作有着重要的影响，在现实工作中，绩效考核是人员配置的重要依据，在招聘人才后，配置于岗位是否合适、人才是否能够发挥作用、产生效益，重点还是看绩效考核的结果。绩效考核不仅考查员工的绩效结果，也考查员工适应岗位要求的程度；同时，绩效考核的过程也会给予员工客观的反馈，使其反思自身是否能够满足岗位所提出的能力及业绩要求。从这两个角度看，绩效管理是人员配置的基础，是人员调整的依据；同时，人员的重新配置与调整也为下一轮的绩效管理提供保证。

综合起来看，绩效管理是人员招聘配置管理工作的重要影响因素，招聘配置工作也会对绩效管理产生影响。

3.4 绩效管理与员工关系管理

员工关系管理的主要工作包括国家和地区最新的劳动法规与政策的掌握；劳动合同管理；员工入职、离职、调动、转正、调岗等的日常管理；特殊员工关系（如劳动纠纷、集体劳动合同、罢工等）的处理；员工信息的保管与更新；员工心理辅导；员工关怀等。

员工关系管理是通过科学、合法的手段合理处理劳动者和企业在劳动过程中产生的关系。员工关系管理的最高境界是实现企业和员工的双赢。最基础的层面是要合理保护员工的合法利益，促进企业用工行为规范、合法。

员工关系管理的依据是国家或地区的相关法律、法规、政策及企业的规章制度。员工与企业的关系实质是合同关系、契约关系。在这种契约关系中，双方都要依法合理地要求对方履行义务、行使权利，双方的权利义务原则上须以书面的约定为准，但在实际管理的过程中，由于人这一资源的特殊性，其中夹杂了感情等因素，很多情况不能完全进行量化或约定，所以，员工与企业的关系就变得尤为复杂。

对于企业来说，员工关系管理需要专业的人员在掌握法律法规的基础上，最大限度地维护企业的利益，也即在企业利益与员工利益发生冲突时，企业方会要求人力资源管理人员代表企业、完全维护企业的利益，在这种情况下，员工关系就变成一种不友善甚至是敌对的关系，人力资源管理人员成了员工敌对的主要对象；但是，反过来，人力资源管理人员本身即员工中的一员，其也可能完全从维护员工利益的角度出发，甚至与员工站在一起，与企业敌对，这是企业不可能接受的。所以，在员工关系管理这一模块中，人力资源管理人员应在中间立场上合理合法地维持员工与企业关系的平衡，仅偏向一方是不可能长期维持的，而且最终会将矛盾集中在人力资源管理上，必须要有一种平衡，才能实现企业与员工关系的和谐，以促进企业战略目标的实现，取得企业和员工的双赢！

从绩效管理与员工关系管理的关系看，一方面，在企业的员工关系管理中，绩效管理是非常重要的问题，绝大多数企业与员工的劳动争议归根结底就是绩效考核以及薪酬福利的问题，绩效管理的哪个细节落实不到位都会成为引发劳动争议的导火线，比如绩效计划制订的合理性、绩效考核标准的公平性、绩效数据的准确性、绩效沟通的公开性等；另一方面，员工关系管理也是最终落实绩效管理中关键环节的手段，绩效管理中的绩效计划制订、考核标准、考核结果应用等均需要落实到员工关系管理中的劳动合同签署、劳动合同变更、劳动合同解除、劳动合同终止等细节管理中。因此，绩效管理与员工关系管理有着紧密的关系，有效的绩效管理能够减少劳动争议，有助于塑造良好的企业文化，促进企业与员工建立和谐的劳动关系；员工关系管理有助于促进绩效管理的合法化、规范化，并加强企业与员工之间的契约管理。

3.5 回顾与总结

本章是第一篇中较为宏观的一章，这一章跳出了绩效管理，站在企业人力资源管理的角度来分析绩效管理与人力资源管理其他管理模块的关系。

首先，本章分析了人力资源管理通用模块的划分，这一划分采用了通常意义上的六模块划分法，即人力资源规划管理、招聘配置管理、培训开发管理、薪酬福利管理、绩效考核管理和员工关系管理。在划分的基础上，明确了各模块的主要工作内容以它们之间的关系。这六个模块各自有各自的工作侧重点，但它们之间却是紧密相关、密不可分的，它们共同形成了人力资源管理的有机整体。

绩效管理是人力资源管理中一个重要的、核心的模块，也是企业管理的重要环节和员工激励的重要手段；但同时，绩效管理也不是独立存在的，它依托于人力资源管理其他模块，与其他五个模块之间存在着密切的关系。本章也详细分析了绩效管理与薪酬福利、招聘配置、员工关系等模块之间的紧密关系，分析时都采用了先梳理主要工作内容、主要目标和关键点，进而再阐述它们与绩效管理的关系。

通过这一相对宏观的章节，我们可以跳出绩效管理，综观人力资源管理全局，为轮岗、职业转型、能力提升等做一定的准备；同时，也开阔视野，深入理解绩效管理与人力资源其他管理模块的接口关系，并促进合作层面的提升与工作的融会贯通。

第四章
绩效考核的主要方法

- 绩效考核的主要方法包括哪几种？
- 如何理解目标管理绩效考核方法？
- 如何理解关键绩效指标考核方法？
- 如何理解平衡计分卡考核方法？
- 如何理解360度立体考核方法？
- 如何理解OKR最新的考核方法？
- 各考核方法优劣的比较结果如何？

4.1 目标管理考核方法

4.1.1 目标管理简介

目标管理（Management By Objective，MBO）是指以目标为导向、以人员为中心、以成果为标准，使组织和个人取得最佳业绩的一种管理方法。目标管理强调在企业员工的积极参与下，自上而下地确定工作目标，并在工作中实行"自我控制"，自下而上地保证目标的实现。

目标管理由美国管理大师彼得·德鲁克（Peter F. Drucker）于1954年在《管理实践》中提出，他指出不是有了工作才有目标，而是相反，有了目标才能确定每个人的工作。目标管理的方法在提出后被广泛地应用于企业管理的领域。在美国、欧洲、日本等许多国家和地区得到迅速推广，被公认为是一种加强计划管理的先进科学管理方法。中国于20世纪80年代初开始在企业中逐步推广，并在企业管理中有诸多具体运用。

4.1.2 目标管理的操作方法

作为企业计划管理、绩效管理领域最常见的方法，目标管理有非常具体的操作方法，一般地，目标管理分为三个步骤（见图4-1）。

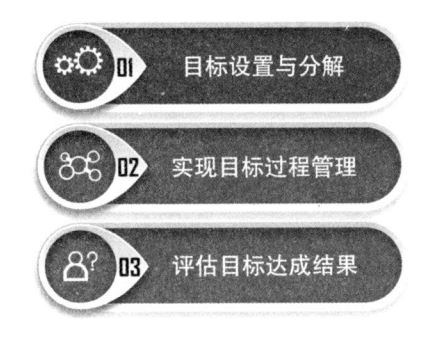

图 4-1　目标管理的三个步骤

目标管理的三个步骤为:(1)目标设置与分解;(2)实现目标过程管理;(3)评估目标达成结果。

1. 目标设置与分解

目标的设置与分解中第一个要点是,什么样的目标是合适的目标?或者说,目标有什么样的标准?

要保证目标可衡量、可执行、可实现,则要求目标设置要达到"SMART"标准(见图 4-2)。

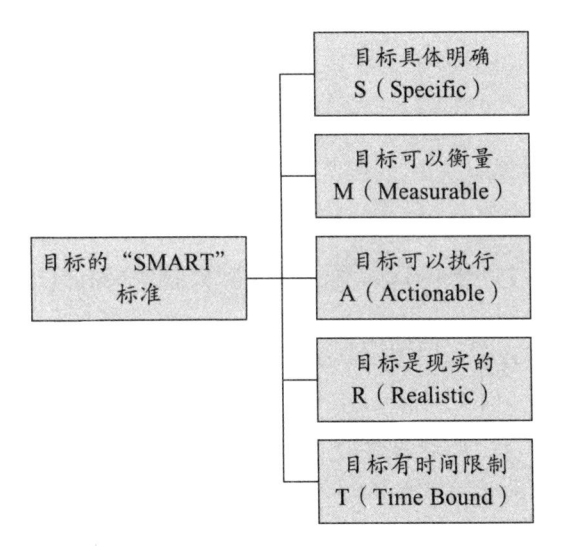

图 4-2　目标的"SMART"标准

目标的"SMART"标准:
- 目标具体明确　S(Specific)
- 目标可以衡量　M(Measurable)
- 目标可以执行　A(Actionable)
- 目标是现实的　R(Realistic)
- 目标有时间限制　T(Time Bound)

目标设置与分解第二个要点是,目标是"自上而下"设置的,还是"自下而上"设置的?

在目标管理中,先由企业管理层预设目标,在预设目标时,企业管理层必须根据企业的使命和发展战略,客观评估内外部环境的机遇和挑战,对企业的优劣势有清醒的认识,同时,还要对企业是否能够完成目标进行客观评估。管理层预设目标后,并不是就确定了目标,管理层还需要就这个目标与下级进行平等的协商,耐心倾听下级的意见。通过沟通,管理层与下级就目标再进行调整。因此,目标可以是上级提出,同下级讨论;也可以由下级提出,上级批准。无论哪种方式,必须共同商量决定。总之,目标设置是一个"自上而下"和"自下而上"结合和反复协商的过程。

目标设置与分解的第三个要点是,目标分解要保证权责一致。

在目标确定后,目标管理强调目标要进行逐层的分解。在这个过程中,需要重新审议组织结构和职责分工,目标管理要求每一个分目标都要有确定的责任主体。因此,目标分解的过程,也是重新审查现有组织结构,根据新的目标分解要求进行调整,明确目标责任者和协调关系的过程。

目标每分解一级,上下级要明确组织的规划和目标,然后共同商定下级的分目标。分目标要具体量化、轻重分明,既要有挑战性,又要可实现。最后,分解到每个部门、每个员工,都要保证分目标和企业的总目标、其他的分目标之间协调一致。

目标分解的过程中,上下级就实现各项目标所需条件以及实现目标后的奖惩均达成一致意见。目标分解后,下级获得相应的资源配置和管理权限,达到权责利统一。上下级就目标及相关的考核形成书面协议书。

📁 案例 4.1　企业绩效目标如何层层分解?

在企业绩效管理中,一个重要的问题是绩效目标的分解。以下我们将以一个实例来阐明企业绩效目标是如何进行分解的。

绩效目标分解示意图：

公司级绩效目标 → 部门分解绩效目标 → 子部门/项目分解绩效目标 → 员工分解绩效目标

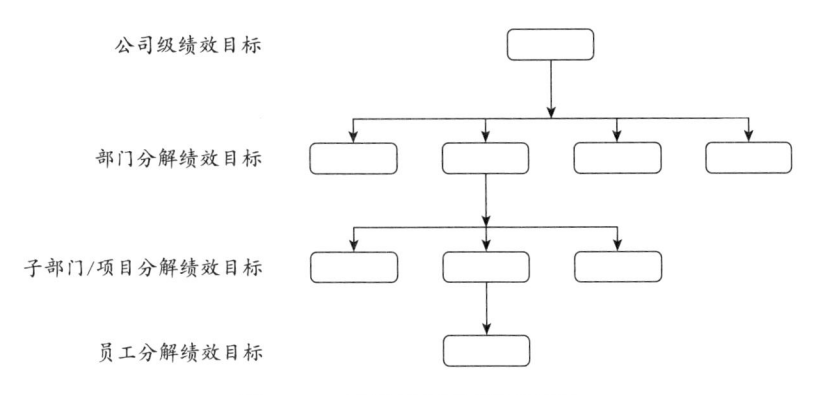

图 4-3　绩效目标分解示意图

绩效目标分解一：

表 4-1　公司级绩效目标

示意图	公司级业务重点	公司级绩效目标
	实现收入增长、扩大市场份额	销售收入增长 30%
	控制成本、保持利润率	实现税后净利润 6500 万元
	实现新产品突破	研发 2 项新产品
	提升产品合格率、提升产品竞争力	产品合格率达到 96%

绩效目标分解二：

表 4-2　部门分解绩效目标

示意图	公司绩效目标	部门分解绩效目标			
		市场销售部	研发部	生产部	……
	销售收入增长 30% 实现税后净利润 6500 万元 研发 2 项新产品 产品合格率达到 96%	1. 销售收入增长 30%； 2. 市场销售成本控制在 2000 万元以内； 3. 开拓新城市 25 个。	1. 研发 2 项新产品； 2. 预研 3 项新产品； 3. 研发成本控制在预算内。	1. 产品出厂合格率达到 96%； 2. 原料采购缺陷率低于 2%； 3. 改进 2 项关键工艺。	

绩效目标分解三：

表4-3　子部门/项目分解绩效目标

示意图	市场销售部	子部门/项目分解绩效目标			
^	^	市场组	销售一组	销售二组	……
	1. 销售收入增长30%； 2. 市场销售成本控制在2000万元以内； 3. 开拓新城市25个。	1. 投入市场宣传费用700万元； 2. 开拓新城市25个； 3. 市场调研新城市30个。	1. 完成销售收入1亿元； 2. 销售成本控制在预算内； 3. 骨干销售人员流失率低于40%。	1. 完成销售收入1.5亿元； 2. 销售成本控制在预算内； 3. 骨干销售人员流失率低于40%。	

绩效目标分解四：

表4-4　员工分解绩效目标

示意图	销售一组绩效目标	员工分解绩效目标			
^	^	员工A	员工B	员工C	……
	1. 完成销售收入1亿元； 2. 销售成本控制在预算内； 3. 骨干销售人员流失率低于40%。	1. 完成销售收入1000万元； 2. 完成大客户关系维护工作； 3. 客户投诉率低于10%。	1. 完成销售收入800万元； 2. 完成大客户关系维护工作； 3. 客户投诉率低于10%。	1. 完成销售收入1200万元； 2. 完成大客户关系维护工作； 3. 客户投诉率低于10%。	

通过以上绩效目标分解的实例，我们可以比较直观地看到绩效目标作为绩效管理的关键环节是如何得到层层分解的。需要注意的有以下几点：

- 绩效目标分解一般是依据组织结构逐层进行分解的。在以上实例中，可以看到是先由公司级绩效目标分解至部门绩效目标，再由部门绩效目标分解至子部门或项目绩效目标，最后再分解至员工绩效目标，每一层的绩效目标都来源于上一层。
- 绩效目标分解的全面性问题。绩效目标的分解过程中，每一层的目标要全部分解到下一层，尤其是一些关键性的业绩指标，一定要分解到对应的部门、子部门或员工。有些企业为了保证上一层绩效目标的达成，往往在向下一层分解时会加量，这也是比较常见的现象。
- 绩效目标可以有更为细致的分解。以上我们举的实例只是直观地看到年度绩效目标的逐层分解，其实，在现实工作中，往往还会就年度绩效目标进行更为细致的分解。例如，销售人员的绩效目标还会从年度绩效目标分解至季度、月度绩效目标；研发项目组的绩效目标会从新产品研发细分为详细的产品研发进度、成本等。
- 绩效目标分解后最终要落实到《绩效考核任务书》上。在绩效计划公布后，绩效目标就要得到层层分解，为了保证绩效计划的落实，绩效目标最终要形成书面的《绩效考核任务书》，并与每层人员签署。《绩效考核任务书》签署的过程也是绩效目标分解，并得到被考核人确认以及承诺落实的重要保证。

2. 实现目标过程管理

在目标设置和分解后，就进入目标实现的过程。在目标设置和分解环节，强调上下级充分沟通，达成一致意见。在目标实现的过程中，同样强调定期检查、及时汇报以及对目标的及时调整。

在目标实现的过程中，企业管理者和下级要重视结果，强调自主、自觉和自治。首先，要进行定期的检查，利用双方接触的机会和信息反馈渠道自然进行；其次，下级要及时汇报进度，便于与上级互相协调、调整资源配置；再次，上级要帮助下级共同解决工作中出现的困难。当出现意外或不可控事件严重影响企业目标实现时，可以通过一定的流程，修订原定的目标。

在目标实现的过程中，需要注意保留相应的工作记录、工作报告和工作数据，为对目标实现进行评估做好准备。

3. 评估目标达成结果

目标设定的周期结束后，企业管理者和下级要就目标达成结果进行客观的评估。一般地，下级要先进行自我评估，就目标达成结果提交书面报告；然后，上下级一起考核目标完成情况，确定与目标相应的奖惩措施；同时，再讨论下一阶段目标，开始新的目标管理循环。如果目标没有达成，上下级应共同分析原因、总结教训，提出下一阶段工作改进的目标，并为下一阶段的目标提出积累经验。

评估目标达成结果的过程，也是上下级共同进行绩效沟通反馈以及对绩效结果进行应用的过程。这部分的详细落实，也可参见本篇《绩效管理的整体流程》一章相关内容。

4.1.3 目标管理的特点

目标管理历经几十年，已经在全世界范围内得到普遍的实施，也产生了巨大的影响。任何工具的使用既有优点，也有不可回避的缺点。在此，我们要客观地认识目标管理的特点，了解其实施中产生的成效及存在的问题，客观分析其优劣势，才能在使用中审时度势、扬长避短。

1. 目标管理的优点

经过以上对目标管理操作方法的分析，可以直观地总结出目标管理的优点。

首先，目标管理使企业目标易于度量并能逐层分解。这种机制对于有明确、可度量目标的企业非常适用，常常会起到立竿见影的效果，同时，对于绩效提升也会产生正面的推动作用。

其次，目标管理明确了企业各级管理层和员工的职责、分工，达到权责统一的管理效果。基于可衡量的目标对企业内各级部门和职位的权力和责任进行划分，避免了互相推诿和职责不清的问题，权责的对等与统一极大地减少了企业的内耗，提升了管理效率与效果。

最后，目标管理强调"自上而下"和"自下而上"的反复沟通，这种尊重与沟通调动了员工的主动性、积极性和创造性。促进了上下级间的意见交流和相互了解，增强了员工自我控制、自我管理的自主性，也促使个人利益和企业利益紧密相连，达到双赢的效果。

2. 目标管理的缺点

同时，目标管理作为一种管理手段，在实际操作中，不可避免会有其缺点，主要体现为：

首先，目标管理会增加企业的管理成本。目标管理强调目标设置与分解过程中的上下反复沟通，强调实施过程中的检查与反馈，也强调周期结束时的评估与沟通，这些都需要企业各级管理层花时间落实执行，必然增加了企业内的管理成本。如果企业内因此变成"文山会海"，必然会大量浪费资源。

其次，在有些发展阶段，企业部门或员工无法制定出合乎标准的目标，这会导致目标管理整体性失效。一方面，企业内的确存在无法量化、无法具体化的目标；另一方面，企业现在面临的可变因素越来越多、变化越来越快，企业内各种资源配置也在不断变化，企业运营的不确定性越来越大，这些都使得企业制定出确定、可实现的目标难度增大。一些新型行业的初创企业负责人，可能在一段时间内都在试错，无法找到确定的企业目标。

最后，目标管理中制定的奖惩规则不一定就与目标设定相匹配，这就很难保证管理的公平性，进而导致达不到目标管理的效果。这与两个因素相关，一个因素是目标的确定性和可衡量性，如果目标缺乏核定标准，之后的评估必然缺乏依据，造成定性或人为因素过多，失去了评价的公平性；另外一个因素则是短期目标与长期目标的关系，目标管理更强调短期目标的实现与即时激励，但对于长期目标缺乏关注，使企业上下形成急功近利的倾向。此外，不断强化权责对等、职责分工的重要性，也造成互相协作的困难。

3. 目标管理的特点分析

通过以上对目标管理的优缺点分析，我们可以看到，作为一个普遍使用的管理工具，尤其是在绩效考核中，作为最常使用的方法，目标管理在目标逐层分解、明确权责、内部平等沟通等方面存在着非常大的优势；但同时，目标管理也存在增加企业管理成本、无法制定出符合标准的目标以及奖惩规则与目标不匹配等劣势。

在企业中实际使用目标管理时，需要对企业实际情况进行客观评估。如果企业有明确、可衡量的目标，内部职责分明且有民主的沟通文化，则比较适合于执行目标管理；但是，如果企业一时无法制定出可衡量的明确目标，工作需要大量的互相协作与配合，或者内部缺乏民主沟通的氛围，则要慎重使用目标管理，只有分步推行、长期坚持、不断完善，才能逐步达到目标管理的效用。

4.2 关键绩效指标考核法

4.2.1 KPI 简介

KPI，即关键绩效指标（Key Performance Indicator），是通过对企业内部流程的输入端、输出端的关键参数进行设置、取样、计算、分析，衡量流程绩效的一种目标式量化管理考核法。

KPI 的理论源于美国管理大师彼得·德鲁克（Peter F. Drucker）于 1954 年在《管理实践》中提出的目标管理，他指出不是有了工作才有目标，而是相反，有了目标才能确定每个人的工作。目标管理的方法在提出后被广泛地应用于企业管理的领域，并且在应用中不断发展成熟，这个过程也意味着企业由粗放式管理逐步进入精细化管理。为了更好地提升企业绩效，在目标管理的基础上，又融入"二八原理"而产生了 KPI。

"二八原理"由意大利经济学家帕累托在 19 世纪末提出，他认为，在任何特定的群体中，重要的因子通常只占少数，而不重要的因子则常占多数，因此，只要控制重要的少数，即能控制全局。反映在数量比例上，大体就是"20%：80%"，也即"重要的少数与琐碎的多数"，简称为"二八原理"。

在目标管理的基础上，结合"二八原理"，KPI 提出将企业的战略目标分解为关键、可操作的主要工作目标，使部门管理者和员工明确部门、岗位的主要职责，并以此为基础，明确关键业绩衡量指标。

4.2.2 KPI 的操作方法

KPI 的操作方法仍基于目标管理的操作方法，即主要步骤仍为：（1）目标设置与分解；（2）实现目标过程管理；（3）评估目标达成结果。只是在目标设置与分解中，引入 KPI 的理念。

首先，要设置企业级的 KPI。在明确企业战略目标的基础上，利用头脑风暴法、鱼骨分析法等各种方法找出企业业务的重点，也就是企业价值评估的重点，然后，根据这些重点找出关键业务领域的关键绩效指标，即企业级 KPI。

其次，部门管理者需要依据企业级 KPI，分析部门绩效驱动因素、关键流程，梳理部门关键绩效指标，设置部门级的 KPI。

再次，部门管理者和员工一起再将部门的 KPI 进一步分解，形成各职位的关键业绩衡量指标。员工级的 KPI 作为员工绩效考核的要素和依据。

除了与目标管理一样的操作要点外，KPI 在操作方法上，关键在于以下两点：

一是如何确定关键绩效指标？

KPI 的要点就在于探索并发现 20% 的关键绩效指标，来撬动并实现 80% 以上的业绩。所以，如何能够找到 20% 的关键绩效指标是重中之重。企业的战略目标在每个阶段，甚至每个年度都会不同，而且，不同的企业领导者也影响着对于战略目标的设定。至于什么才是 20% 的关键绩效指标，每个企业都会有不同的回答。因此，是否是关键绩效指标还需要企业管理者根据企业的战略目标来分析、判断。

二是关键绩效指标是否有标准？

关于 KPI 操作方法的第二个要点是，在实行 KPI 绩效考核时，关键绩效指标在数量、形式上是否有标准？

在目标管理的操作方法中，我们已经分析了目标的"SMART"标准，即 S：目标具体明确（Specific）、M：目标可以衡量（Measurable）、A：目标可以执行（Actionable）、R：目标是现实的（Realistic）、T：目标有时间限制（Time Bound），在实行 KPI 的绩效考核时，"SMART"标准仍然适用。只是在确定符合 20% 原则的情况下，具体每个 KPI 又要符合"SMART"标准。另外，关于 KPI 的数量，也需要本着"二八原理"，尽量精减。数量较少的 KPI 指标更易于分解，也易于操作。

案例 4.2 软件开发工程师的 KPI 如何制定？

在制定 KPI 时，考核指标一定要明确，且数量不宜过多，要紧扣岗位职责。以下是软件开发工程师的 KPI 指标表（见表 4-5）。

表 4-5 软件开发工程师 KPI 指标表

考核指标	指标定义	权重	指标计算方式	考核数据来源
开发进度	项目开发计划完成率	20%	实际完成日期 / 计划完成日期	项目进度表
开发质量	产品开发出错率	30%	《产品测试评价报告》对研发质量测试	质量管理部
开发成本	开发投入工时	20%	实际投入工时 / 计划投入工时	项目进度表
开发规范性	开发文档质量	10%	开发文档完备、书写清楚、提交及时	质量管理部
模块验收	模块验收成功率	20%	实际完成开发模块 / 计划完成开发模块	质量管理部

4.2.3 KPI 的特点

KPI 是在结合"目标管理""二八原理"的基础上形成的更为精细的管理模式，作为一种普遍使用的绩效考核方法，KPI 的特点比较鲜明。

1. KPI 的优点

首先，KPI 使目标更加集中，聚焦于企业关键参数。KPI 是企业战略目标关键指标的层层分解，通过 KPI 指标的指引，使员工绩效行为与企业要求更加贴合，减少偏差，有力地保证了企业战略目标的实现。

其次，KPI 更注重价值与利益。形成 KPI 的过程，其实是对企业核心目标和关键价值的梳理过程。通过逐层的讨论，企业各级管理者和员工就核心目标和关键价值达成一致意见，对企业发展的关键点更加关注，并形成合力。

2. KPI 的缺点

当然，KPI 也不是十全十美，也有不足之处，主要表现为：

首先，KPI 指标的标准和数量比较难界定。虽然 KPI 指标更多的是倾向于量化的指标，但这些量化的指标是否确实能够成为 20% 的关键绩效指标，是否真的能对企业 80% 的绩效产生实质影响，还需要经过企业发展实践的检验，也需要企业管理者的不断探索。

其次，KPI 并不适用于所有的企业和岗位。有的企业在发展阶段或部分岗位是无法找到明确的关键量化业绩指标的，如果过分地依赖这些考核指标，而不考虑多变的其他因素，会导致管理的僵化。

3. KPI 的特点

通过以上对 KPI 优缺点的分析可以看出，作为目标管理的进化，KPI 得到普遍使用与 KPI 使目标更加聚焦于企业关键参数、更注重价值与利益的优点分不开；但同时也要注意，作为一种普遍使用的绩效考核管理工具，KPI 指标的标准、数量难以界定，并不一定适合所有的企业与岗位。

4.3　平衡计分卡考核方法

4.3.1　平衡计分卡简介

平衡计分卡（Balanced Score Card，BSC）是从财务、客户、内部运营、学习与成长四个角度，将组织的战略落实为可操作的衡量指标和目标值的一种绩效管理体系。设计平衡计分卡的目的是要建立"以战略为导向"的绩效管理系统，从而保证企业战略得到有效执行。因此，平衡计分卡也被称为加强企业战略执行力的战略管理工具。

平衡计分卡源自哈佛大学教授 Robert Kaplan 与诺朗顿研究院的执行长

David Norton 于 20 世纪 90 年代初在《未来组织绩效衡量方法》中提出的一种绩效评价体系，主要目标是找出超越传统以财务为主的绩效评价模式，以使组织的战略转变为行动。经过近 30 年的发展，平衡计分卡已经成为企业集团战略管理的重要工具，在企业集团战略规划与执行管理方面发挥着非常重要的作用。

4.3.2 平衡计分卡的操作方法

平衡计分卡的设计主要包括四个方面：财务角度、客户角度、内部运营角度、学习与成长角度。这四个角度分别代表企业股东、客户、员工等主要的利益相关者。每个角度的重要性取决于角度本身和指标的选择是否与公司的远景与战略相一致（见图 4-4）。

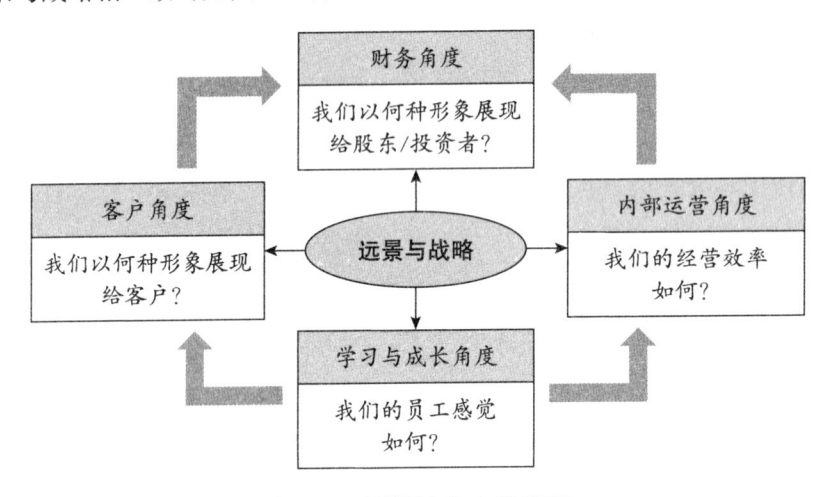

图 4-4 平衡计分卡示意图

在平衡计分卡的每一个角度，都有其核心内容：

第一个角度：财务角度

财务角度的指标，重点关注企业的战略及其实施和执行是否对改善企业盈利做出贡献。财务角度的业绩指标主要关注企业的盈利能力，常见的指标包括主营业务收入、资本报酬率、经济增加值、销售额提高率、现金流量、利润率等。

第二个角度：客户角度

客户角度的指标，重点在于为企业的战略实施确立欲争取的客户和市场，并将企业在这些目标客户和市场中的比率和增长作为衡量指标。客户角度常见的指标包括客户满意度、客户保持率、客户获得率、客户盈利率、目标市场份额、目标市场份额增加率等。企业关注客户角度使企业的管理者能够关注客户和市场战略，从而为企业创造出财务方面的回报。

第三个角度：内部运营角度

内部运营角度的指标，重点在于企业管理者要关注企业战略落实执行的关键内部运营流程。内部运营角度常见的指标包括内部关键流程创新、内部关键流程效率等。这些内部运营关键流程可以帮助企业提升产品和服务价值，用以吸引和保留目标客户，最终提升企业的财务回报。

第四个角度：学习与成长角度

学习与成长角度的指标，重点在于企业管理者要关注员工的学习与成长。学习与成长角度常见的指标包括员工满意度、员工保持率、员工培训投入、员工技能提升等。企业要获得长期的成长和改善，必须投资于员工技术的再造，理顺组织程序和日常工作，如此才能弥补突破性业绩和执行能力之间的差距，在平衡计分卡的前三个角度获得提升。

> **实战经验分享：**
>
> BSC考核系统的建设是一个较为复杂和专业的过程，除了自上而下贯彻BSC四个角度的指标外，还可以从BSC四个角度出发，逐步添加角度。
>
> 第一步，可以将企业战略与财务角度相关联，设定财务目标，并考察财务目标对于企业战略的支撑。
>
> 第二步，增加企业在客户角度的指标，注重"要完成计划财务目标，应如何对待客户"。
>
> 第三步，再增加企业在内部运营和学习与成长角度的指标。在这一步，企业需要明确实现客户价值需要的内部运营流程，确认自身是否具备足够的创新精神以及能否通过学习与成长以合适的方式发展和变革。
>
> 经过上述过程，企业方可确保在BSC四个方面达到平衡，并且保证所有角度都是来源于企业战略。通过重复执行以上步骤，BSC的可操作性也将更有保障。

理解了平衡计分卡的整体思路和四个角度的指标，我们再详解一下平衡计分卡的实施过程，在实施操作方面，平衡计分卡的考核方式也是比较具有难度的，具体步骤包括：

1. 明确企业共同愿景。
2. 明确企业战略目标。
3. 根据企业战略目标制定企业 BSC 四个角度的目标。
4. 根据企业战略目标及企业 BSC 目标，制定事业部 BSC 四个角度的目标。
5. 根据企业战略目标、企业 BSC 目标及事业部 BSC 目标，制定部门 BSC 四个角度的目标。
6. 根据企业战略目标、企业 BSC 目标、事业部 BSC 目标及部门 BSC 目标，制定员工 BSC 四个角度的目标。

平衡计分卡的操作流程如图 4-5 所示。

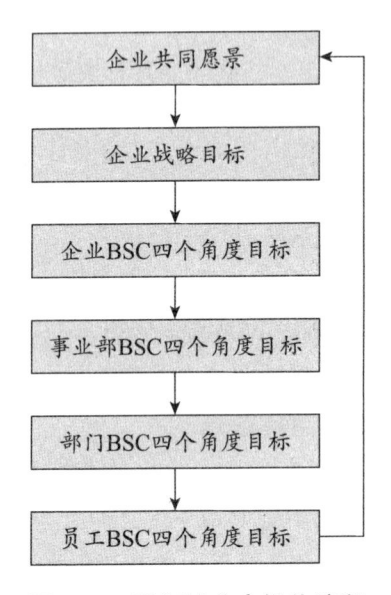

图 4-5　平衡计分卡操作流程

案例 4.3　企业管理人员平衡计分卡（BSC）指标如何设计？

作为战略目标分解的主要手段，平衡计分卡（BSC）考核模式最适合被用于集团化企业管理人员，尤其是经营管理人员。以下是一个企业经营管理人员的年度 BSC 考核指标表（见表 4-6）。

表 4-6　企业经营管理人员 BSC 指标表

职位名称	指标类别	考核指标	权重	指标描述	考核数据来源
事业部总经理	财务指标（40%）	收入	20%	年度收入额（万）	财务部
		利润率	10%	利润占收入比率	财务部
		人工成本	5%	人工成本（万）	财务部
		费用控制	5%	费用控制在预算内	财务部
	客户目标（30%）	年度新增客户数	15%	当年新客户总量	商务部
		市场增长率	10%	当年产品市场增长率	财务部、商务部
		客户满意度	5%	独立的客户满意度调查	客户服务部
	内部管理（15%）	管理制度	5%	企业年度管理制度建设目标	总裁办
		质量管理	5%	ISO9000 体系建设	企管部
		售后服务	5%	售后服务响应落实率	客户服务部
	学习与成长（15%）	员工满意度	5%	员工对企业管理的综合满意度	人力资源部
		员工培训	5%	企业年初规划的培训落实比率	人力资源部
		人才培养	5%	人才培养计划落实完成比率	人力资源部

4.3.3　平衡计分卡的特点

通过以上对平衡计分卡财务角度、客户角度、内部运营角度、学习与成长角度四个角度的分析，可以看到 BSC 是以企业战略为核心，全面关注企业战略实现的四个关键角度。以平衡计分卡为核心思想的考核是一个比较独特的绩效考核体系。

1. 平衡计分卡的优点

第一，平衡计分卡克服了企业只关注财务目标的短期行为，平衡了企业长期战略目标与短期财务目标。

平衡计分卡既关注财务目标，也关注达到财务目标背后的非财务目标，这样，实现了长期目标与短期目标之间的平衡、外部和内部的平衡、结果和过程的平衡以及管理业绩和经营业绩的平衡。

第二，平衡计分卡不仅将企业战略转化为目标，而且还转化为行动。

绩效考核的指标多关注于企业的目标，尤其是财务指标，但对于如何实现财务指标，如何转化为行动却不明晰。平衡计分卡不仅明确了财务目标，而且在客户、业务流程、学习与成长等这些支撑财务目标实现的重要方面进行明确，这也是一种管理理念与工具。只有同时关注财务目标及支撑行动，才能保证企业战略的实现。

第三，平衡计分卡能反映企业的综合经营状况，使企业业绩评价趋于平衡和完善，利于企业长期发展。

平衡计分卡从企业战略出发，关注企业关键角度，尤其是财务、客户、内部运营、学习与成长四个角度的全面经营状况，有助于企业管理水平的提升，使企业在管理与发展中更加平衡，四个角度的均衡也利于企业的健康与不断成长。

第四，平衡计分卡有利于企业各级管理者和员工对于企业目标和战略的沟通和理解。

企业战略目标往往是长期的目标，很难与短期的目标或行动相结合，导致最后成为墙上的口号或企业家心中的梦想，但平衡计分卡强调所有目标从企业战略出发，将企业的远景目标转化为即期的目标与行动，这种思路使企业各级管理者与员工通过四个角度进行的目标分解始终围绕企业战略，有助于对企业级目标及战略的沟通和理解。

第五，平衡计分卡有企业和员工的学习成长和核心能力的培养。

这是其他考核体系难以关注到的，在其他考核体系中，更多的是关注可观察的目标。企业和员工的学习成长及核心能力的培养是企业长期健康发展的根本，在企业发展中，只有关注了长期健康发展的基础，才能保证企业基业长青。

2. 平衡计分卡的缺点

作为一个独特的考核体系，平衡计分卡具有以上所列举的诸多优点，但同时，平衡计分卡也有其不可回避的缺点。

第一，平衡计分卡虽然以企业战略为核心，但是它不适用于企业的战略制定和流程改进。

平衡计分卡运用的前提是，企业已经确立了一致认同的共同愿景与战略目标，且已经建立了关键的运营流程。平衡计分卡无法解决企业共同愿景与战略目标的制定问题，而且它也无法提供企业内部运营流程改进的方案，所以平衡计分卡并不明确如何去做，它只是从四个角度看企业做得怎样。

第二，平衡计分卡指标体系的建立较困难、实施难度大。

平衡计分卡的实施要求企业有明确的企业战略、企业高层管理者具备分解和沟通企业战略的能力和意愿、中层管理者和员工具有创新的能力和意愿。可以说，平衡计分卡体系的建立对于企业来说并不简单。另外，平衡计分卡对传统业绩评价体系的突破就在于它引进了非财务指标，克服了单一依靠财务指标评价的局限性；然而，其他三个方面的非财务指标比较难以收集，需要长期的探索和总结，这也给平衡计分卡的建立与实施造成比较大的困难。

第三，平衡计分卡指标数量过多、各指标权重的分配比较困难。

我们在前面目标管理和 KPI 考核方法中曾提出，考核必须关注关键绩效指标，同时，考核指标要符合"SMART"原则，但是，这在平衡计分卡考核方法中较难做到。平衡计分卡涉及财务、客户、内部运营、学习与成长四个角度的业绩评价指标，按照每个角度 5 个左右指标来说，指标数目就是 20 多个。这些指标互相间的因果关系如何？哪些是关键指标？哪些是次要指标？随着企业内外部环境的变化，哪些指标需要随时变化？这都需要企业慎重考虑。

另外，平衡计分卡中的这些指标还面临各指标权重如何分配的问题。当企业要进行业绩评价并与各级人员的激励机制挂钩时，必须要对各指标有一个定量的权重分配。平衡计分卡各指标的权重分配不仅面临四个角度指标的权重分配，还面临同一角度内各指标权重的分配。更为复杂的是，平衡计分卡还涉及不同的管理层级，这就还可能导致权重的不同。这样，综合起来，指标数量过多、各指标权重分配困难就成为平衡计分卡实施中的一个非常现实的难点。

第四，平衡计分卡部分指标的量化工作难以落实、评估易空洞。

除了面临指标数量多、权重分配难等问题外，平衡计分卡在实施中还面临部分指标难量化的问题，尤其是对于部分很抽象的非财务指标，量化工作非常困难。例如，量化从客户角度选取的客户满意度指标，就需要建立客观的客户满意度调查机制和系统，另外，如何评估客户的满意度也是一个大的问题。再如，量化员工学习与成长角度中的员工满意度指标，往往会在收集和评价员工满意度方面存在较大的分歧。平衡计分卡中非财务指标的难以量化，将使绩效评估不可避免地受更多主观因素影响。

第五，平衡计分卡专业性较强、实施周期长、实施成本大。

平衡计分卡考核体系的建立要求企业从财务、客户、内部运营、学习与成长四个角度考虑战略目标的实施，对每个角度都制定详细而明确的目标和指标，同时，还要在企业中逐层进行分解及落实。使用平衡计分卡考核体系除了要深刻理解企业战略，还需要消耗大量精力和时间将之分解到事业部、部门、员工，并找出恰当的指标。指标可能会多达20个，还要分配恰当的权重，在数据收集及执行考核时，也需要有专业的人员专项执行。综合起来看，平衡计分卡考核系统从建立到执行是一个专业性非常强且十分耗费资源的过程。一般地，平衡计分卡从建立到实施至少需要半年到一年的时间，如果结构复杂或层级较多，则需要更长的时间，对企业来说，这也是一项巨大的成本消耗。

3. 平衡计分卡的特点

通过以上对平衡计分卡优缺点的分析，可以看出，平衡计分卡与其他考核方式最大的不同在于不仅强调财务指标，还关注其他三个角度的指标；而且，平衡计分卡强调所有目标来源于企业的战略。由于平衡计分卡多角度地进行考核，也易造成考核指标过多、难以量化，进而造成企业实施难度大、成本投入高的问题。不同的企业面临不同的竞争环境，需要不同的战略，进而设定不同的目标，因此在是否运用和如何运用平衡计分卡时，要求企业的管理层根据企业的战略、运营的主要业务和外部环境等因素仔细斟酌。

4.4 360度立体考核方法

4.4.1 360度考核简介

360度考核，又称为360度反馈评估（360 Degree Feedback），它是由与被评估人有密切工作关系的人，包括被评估人的上级、同事、下级、外部客户、自身等，多维度对被评估人进行评估的综合评估考核系统。这种评估一般是匿名的，通过评估可以全面、客观地搜集被评估人的工作表现，了解被评估人的优势与不足，并且，可以通过多次评估结果的连续跟踪和记录，帮助被评估人进行科学的自我评价，促进被评估人不断成长。

360度考核方法，自20世纪80年代以来，迅速为国际上的许多企业所采用。在《财富》排名全球1000家大公司中，超过90%的公司应用了360度考核法。很多大的公司都把360度评估模式应用于人力资源管理和开发中。

4.4.2 360度考核的操作方法

360度考核与前几种考核方法的思路都不同，它强调以多种维度对被评估人进行评估，在操作方法上也有独特之处（见图4-6）。

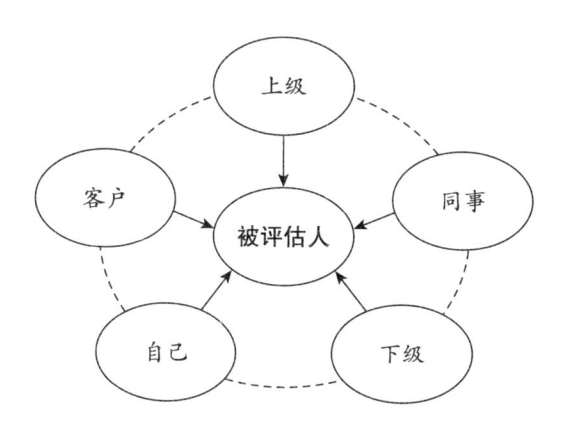

图4-6 360度考核方法示意图

1. 360 度考核的应用对象

360 度考核从多个角度收集信息，使评估结果更准确、更能被接受，这些优点能让企业管理者和员工从中获益，但是，360 度考核一般应用于企业管理人员，尤其是中高级管理人员。调查显示，38% 的企业只针对中高层管理人员使用 360 度考核，23% 和 18% 的企业将其应用于中级和初级管理人员，仅有不到 11% 的企业对普通员工进行 360 度考核。

中高级管理人员具有实行 360 度考核的条件，因为其具有下属、同事、上级、客户等多个维度，尤其是让下属做出相应的评估，可以让员工看到企业中高级管理人员愿意倾听员工的声音、接受员工的意见与建议，并努力进行自我提升。所以，360 度考核也可以促进转变，形成开放、沟通、尊重的企业文化。

2. 360 度考核的评估内容

360 度考核主要应用于企业的中高级管理人员，这种考核主要用于收集多维度的评估信息，评估的内容主要包括被评估人的工作技能、专业知识和工作态度等方面，具体如下：

- 工作技能：考查被评估人完成某项任务的能力或掌握某项技能的程度，如领导能力、影响力、计划能力、决策能力、表达能力、工作分配能力、谈判能力等；
- 专业知识：考查被评估人掌握业务和管理专业知识的程度，如专业表达、行业知识等；
- 工作态度：考查被评估人对待工作的态度，如自信心、责任心、大局观、主动精神、情绪稳定性、抗压力等。

3. 360 度考核的评估方式

360 度考核的评估方式，涉及多个维度，而且一般多应用于中高级管理人员，相比于其他的考核方式，360 度考核能量化的指标数量相对较少，指标也相对更主观一些。因此，360 度考核评估多采用一对一访谈、问卷调查或两种相结合的方式。

- 一对一访谈

一对一访谈即通过面对面个人访谈、交流的方式收集考核评估结果。为了落实访谈，可以根据360度考核的需要，针对不同的维度设计不同的访谈提纲。例如，针对客户角度对中高层管理人员进行的考核，可以制定出"客户对服务的满意度""客户对产品质量的建议""客户对物流的建议"等，然后根据提纲，展开有针对性的访谈。访谈结束后，根据提纲整理各方的评估结果，汇总后形成整体的360度考核评估结果。

- 问卷调查

问卷调查是360度考核中更为常用的一种评估方式。在目前比较成熟的E-HR系统中也有独立的360度考核模块。通常，360度考核的问卷调查内容由被评估者的特定素质（一般包含10个左右指标）的关键行为描述构成，由评估人对评价对象的这些行为的表现进行打分或选择符合程度。当所有的评估结束后，统一将问卷回收，并对问卷结果进行量化分析处理。最后，对被评估人形成综合的360度考核结果。

在问卷调查中，大多数问题为打分或选择符合程度，这样方便量化及数据分析；同时，有些调查问卷中也可以设计部分开放式问题，由评估人用语言表达出评估结果。这样，在问卷结果统计、收集、整理时，需要将量化打分与主观评估的结果分开整理，最后合并形成评估结果。

调查问卷可以是企业根据岗位职责、素质模型、业务计划、企业文化、价值观等自行设计，也可以直接购买成形的专业化问卷，比如企业使用频度较高的领导力测评、管理人员胜任素质评估问卷、管理人员团队管理力测评等。

- 问卷调查与访谈相结合的方式

360度考核可以同时使用问卷调查和一对一访谈两种方式。具体的方式可以是问卷调查为主、一对一访谈作为补充，或者问卷调查与一对一访谈同时展开。问卷调查可容纳大量的信息，但信息的内容往往只能以数据方式显示，一对一访谈的方式可以挖掘更深更细的内容，从而获得更为实在的具体事例。两种方式同时使用，各有优势，可以提升360度考核的评估精准度。

案例4.4　如何对企业管理人员进行360度评估？

对管理人员采取360度考核，上级评价维度、自己评价维度和客户评价维度都是相对比较好选取考核指标的，但下级对上级评价和同事间互评就是360度考核实施中的难点了。在此，我们选取下级对上级考核时采用的领导综合能力评价表和同事间互评时的部门协作满意度互评表作为实例（见表4-7和表4-8）。

表4-7 领导综合能力评价表（下级对上级）

被考核人		部门： 姓名： 职务： 评价区间：	年	月
考核项目		考核内容	分值	得分
工作能力 50%	领导能力	能够有效统驭下属，合理调动和组织下属完成工作	10	
	培养指导	善于开发下属的潜力，并为下属实现工作目标创造条件；善于督促、指导下属开展工作，并帮助下属提高工作技能	10	
	计划能力	能够根据本部门工作目标和任务，有计划有步骤地实施	10	
	决策能力	在责权范围内，能对工作中遇到的问题做出准确的判断和迅速的决策	10	
	激励技巧	善于通过自己的言行激励部下，以提高员工的积极性	10	
工作态度 20%	责任感	工作认真、负责，积极主动，忠于职守	10	
	协作精神	在工作中能积极主动地与其他部门配合，提供便利，不推诿、拖延	10	
团队建设 30%	制度建设	工作制度健全，工作流程清晰	10	
	工作匹配	分工明确、合理，工作具有饱和度，没有人浮于事，忙闲不均的现象	10	
	工作作风	实事求是、处事公平、严于律己、虚心听取采纳员工合理化建议，勇于承担责任	10	
		得分合计：	100	

意见建议：

说明：1. 本表分三大考核项目，每项评价内容满分为10分，共计100分。每项评价内容的评分标准为：优秀：10分，良好：9—8分，合格/称职：7—6分，需改进：5—1分，不称职：0分。

2. 此次评价的意义在于更好地促进管理者改进工作，请大家遵从公平公正的原则进行评分；对合格以下等级的评分请提出改进建议，填写至评分说明栏中。

表 4-8 部门协作满意度互评表

被评价部门：	评价部门：		考核时段：	年 月	
评价项目	评价内容	等级	评分区间	评分说明	得分
工作效率（20分）	经常提前完成工作，能根据需要主动调整、加快进度，能主动在规则范围内改进方法以提高效率及质量	A	20—19分		
	能够按时完成工作，如相关部门需要，能够调整和加快进度	B	18—12分		
	工作效率一般，有时不能实现工作承诺	C	11—6分		
	工作效率较低，经常不能按时完成工作，给相关部门工作进度造成影响	D	5—0分		
协调配合，工作任务承诺的实现（20分）	有积极配合意识，能主动协作工作，能互帮互助，无一例拖延或抵触	A	20—19分		
	尚有配合意识，虽有异议或意见但尚能协作工作、完成任务	B	18—12分		
	配合意识不强，需有人督促，方能协作工作、完成任务	C	11—6分		
	欠缺配合意识，时时督促，亦不能如期完成协作工作	D	5—0分		
团队整体配合度（20分）	所有人员对相关对口部门工作配合好，能够及时协助、配合其他部门工作，积极主动协助其他部门的工作	A	20—19分		
	大部分人员对相关对口部门工作配合好，能够及时协助、配合其他部门工作，积极主动协助其他部门的工作	B	18—12分		
	部门人员对其他部门的工作配合度低，不能对其他部门的工作给予应有的协助	C	11—6分		
	屡犯重复错误，待改进工作未改进，工作很难开展	D	5—0分		
纪律风尚（20分）	全体遵规守纪，无一人次违纪受处罚，无人无事件受到投诉得满分。除考勤制度允许的迟到/早退外，每人次迟到/早退扣1分；其他违纪/通报批评等每人次扣5分；每人次投诉据处理情况酌情扣1—10分；本项扣完为止				

续表

评价项目	评价内容	等级	评分区间	评分说明	得分
工作流程有序性（20分）	每项工作的组织落实都非常合理、有序、流程通畅、高效	A	20—19分		
	工作衔接紧密、职责明确、无"三不管"灰色工作区域	B	18—12分		
	会出现工作分工不明确及工作无人负责的情况	C	11—6分		
	工作流程不固定，很多工作无人负责	D	5—0分		
总分：					

本表说明：1.此表共五项考核内容，总分为100分。2.各项评分需评定部门做出相关评语或改进建议，考核中有重点特殊事项必须加注评价说明，可填写至评分说明栏中，叙述事实可另附页说明。

4.4.3　360度考核的特点

通过以上对360度考核的定义、应用对象、评估内容和评估方式的分析，可以看出，360度考核作为一种全面的考核方法，主要应用于企业的中高级管理人员，独具特点。

1. 360度考核的优点

首先，360度考核最大的优点就是全面性。这种考核方式规避了上级对下级一元考核的缺陷，包括传统考核中评估人极容易发生的"光环效应""居中趋势""偏紧或偏松""个人偏见"和"考核盲点"等现象。360度考核提供了多角度的结果，尤其是增加了同事、下级、客户角度的评估，反映出不同评估者对于同一被评估者不同的看法，使考核评估结果更加全面、客观，也增加了考核结果的可靠性与准确性。

其次，360度考核有助于员工参与，提供了上下级沟通的平台。这种沟通平台打破了传统的上级指挥下级的命令式沟通方式，转而由下级对上级进行评估，可以更好地鼓励员工对管理者提出积极的意见与建议。360度考核法实际上是员工参与管理的一种方式，在一定程度上增加了员工的自主性和对工作的控制，这也有利于平等、尊重式企业文化的建立。此外，让员工积极参与评估，也有利于增加员工的积极性，使员工对企业更有信心、忠诚度更高，增加了员工的凝聚力，提高了员工的工作满意度。

最后，360度考核增加了被评估者对评估结果的可接受性，有利于制订下一步发展计划。研究发现360度评估比单一上级评估更容易让被评估者较全面、客观地了解有关自己优缺点的信息，更容易接受评估结果，因此也更容易采取行动、提升与改善，尤其在个人发展上，增强被评估者改变的动机，可以较大地提升个人发展的主动性。

2. 360度考核的缺点

在分析了360度考核的优点后，来看一下360度的多角度考核带来的一些缺点。

首先，360度考核的成本较高。前面我们已经介绍了360度考核的思路和操作方法，虽然有较为成熟的评估方法，但是毕竟每个企业还是有很多个性化的地方。通常的领导力等可以采用成熟的评估系统，但是，企业还需要根据自身的情况单独制定360度考核中各个维度的具体考核指标，这是比较有专业性和难度的。此外，由于360度考核涉及的维度多、人员数量多，从通知到执行，到数据收集，再到结果汇总，历时周期较长，而且，还需要专业的部门来执行，这一过程必然会给企业带来较高的管理成本。

其次，360度考核的定量评估难度大，定性评估多，会导致平均主义现象。前面已经分析过，虽然360度考核可以采取问卷调查和一对一访谈相结合的形式，但由于调查题目或访谈内容多偏向于定性的问题，在评估中被评估人往往也会以比较居中或模糊的态度来回答。这样，虽然收集了很多数据，做了很多访谈，整体分析后可能出现多名被评估人相互间差异不大的现象，这会导致评估整体性的失效。

最后，360度考核在多维度的权重上不好分配，容易分散考核重心。360度考核强调从上级、同事、下级、客户、自身五个维度进行评估，每个维度评估的重点不同，所以这五个维度各自的权重就需要进行分配，在每个维度中的各个指标又要进行权重的二次分配。由于维度多、评估指标多，结果可能是每个维度、每个指标所占权重较小，这样，就易出现考核方向分散、重点无法突出的问题。

3. 360度考核的特点

综合以上对360度考核的优缺点分析，可以看出，360度考核作为一种独特的考核方法，具有评估全面性强、准确性高、可接受性高和员工参与性高的优点；同时，360度考核也因其自身的因素，具有实施成本高、定量评估难度大以及考核重心分散的缺点。客观地说，360度考核这种多应用于企业中高级管理人员的考核方法，在促进管理者个人发展、评估领导力、内部选拔与晋升、管理团队分析等方面的作用更大一些。

4.5 OKR 最新的考核方法

4.5.1 OKR 简介

OKR，即目标和关键成果考核法（Objectives and Key Results），是一套定义和跟踪目标及其完成情况的管理工具和方法。OKR考核法于1999年由Intel公司发明，后来推广到Oracle、Google、LinkedIn等IT高科技公司，后广泛应用于IT、风险投资、游戏、创意等以项目为主要经营模式的企业。

4.5.2 OKR 考核的操作方法

OKR仍延续目标管理、KPI的方法，但相对目标管理、KPI考核法，也有不同之处。

1. 目标的分解与沟通

OKR首先内含的是目标分解，目标从上至下进行分解，分解的顺序为从公司到部门（或项目组）到个人。

OKR重点在于分解目标时的沟通。OKR强调目标在逐级分解时，一方面减少部门和项目的设置，实行扁平化管理，目标可以直接从公司管理层分解至员工个人。另一方面，在目标分解时，员工个人可以自己想做什么，这和管理者分解的目标不一定完全相同。员工可以先查阅上层的目标，在自己想做的事情范围内找到能对公司目标有利的部分，拿出来和管理者进行讨论，权衡取舍后达成一致。

OKR目标的沟通，可以是员工与管理者一对一的交流，即员工个人和管理者沟通。尤其是初期的目标设定和分解的沟通，需要深入沟通达成一致意见。这种沟通是平等的，既不能员工个人想做什么就做什么，也不能仅是上级指挥什么就做什么，两者需要沟通后得到结合。另外一种目标沟通的方式是全公司目标会议或部门/项目目标会议，由各级管理者参加并阐明目标，经过大家一起评估并共同确定目标。

2. "O"与"KR"的设定

OKR在设定时，与其他考核方式也不同。"O"指目标（Objectives），一般每层"O"的数量不超过5个，每个"O"设置若干KRs，即关键成果（Key Results），原则上KRs也不超过5个。

"O"的设定在上面已经阐述，必须是平等沟通并协商一致的。在沟通中，上级的"O"有可能根据员工的目标进行修改，并不只是从上至下的命令。这样，基层员工的意见可以被采纳，增强了员工工作的动力。

"O"和"KRs"原则上要符合"SMART"准则，以方便对目标和关键成果进行评估。

在以项目为主的企业中，可以设置季度的OKR和年度的OKR。为了保证工作的可执行性，先以季度的OKR为准，年度的OKR可以随着季度OKR实现的情况而进行调整。

OKR一旦制定后，在全企业公开，这样，大家可以看到公司的目标和其他同事的目标。

OKR制定后，原则上以季度为单位进行评分，也可以根据项目进度评分。

OKR季度的回顾，能使管理者和员工都快速明了工作的进展情况，同时，也为下一季度OKR的制定奠定沟通的基础。

"O"和"KRs"是不同的，"O"需要具有一定的挑战性，即跳起来才能够到的目标；"KRs"则是"O"的支撑，需要支持目标的完成，所以应可评估、可量化。

员工、部门/项目组、公司OKR并不相同，员工的OKR是明确员工个人的工作目标，部门/项目组的OKR不是员工个人OKR的合并，而是部门/项目组优先完成的工作目标，公司的OKR是针对高级管理者面向公司而设置的工作目标。

📁 案例4.5 员工的OKR指标如何制定？

公司的OKR决定了团队的OKR，团队的OKR决定了员工的OKR。员工在制定OKR时，应该参考公司和团队的OKR，与上级管理者沟通，使个人的OKR与团队、公司的OKR保持一致。

以下是某互联网公司的OKR制定实例：

公司的季度某一OKR是：××产品季度销量达到××万元。

部门的季度某一OKR是：分析目标用户需求，优化并宣传××产品。

员工的季度目标可以制定为：

O：美化及包装××产品，提高用户对××产品的接受度。

KR1：制作16页产品宣传册一本【××月××日完成】。

KR2：制作分时段弹出窗口图片5份【××月××日完成】。

KR3：将产品销售主页和平台风格统一样式【××月××日完成】。

4.5.3　OKR考核的特点

通过分析OKR考核的定义和操作方法，可以看出OKR考核方法是目标管理、KPI考核法的延续，但在目标设定与分解、考核指标选取上，OKR考核方法又有其独特的特点。

1. OKR 考核的优点

首先，OKR 强调平等沟通。所有的目标设定与分解都是员工与管理者平等沟通并达成一致意见的，通过沟通促使管理者和员工都进行思考，主要目标会随之浮现；此外，经过平等沟通形成的目标会让员工在工作中付出更多的努力。

其次，OKR 指标数量适中、可量化，便于评估与执行。每层的 OKR 数量原则上不超过 5 个，这样，可以使目标的执行更加聚焦，避免目标散乱引起工作方向性偏失。同时，OKR 的量化便于评估，能使管理者和员工沟通更加顺畅，更易于达成一致意见。

最后，OKR 的公示可以让全员理解公司目标并共同努力。OKR 在公司内进行公示，不仅可以让管理者对各级目标更加了解，而且会让员工更加有责任感与使命感，增强员工对企业的凝聚力与归属感。目标的公开透明，也让员工对于公司业务的进展一目了然，可以在后续的 OKR 制定中提出更多的改进建议。

2. OKR 考核的缺点

作为一种新型的考核方法，OKR 有其明显的优点，尤其是在适用于新型的项目型公司时。但是，OKR 也有其缺点。

首先，OKR 不适用于层级过多的企业。由于所有的 OKR 都需要逐级沟通分解，在分解中还要充分沟通达成一致意见，如果企业层级过多，必将是一个漫长、艰苦的过程；而且，反复沟通也会给企业带来巨大的管理成本。

其次，OKR 需要平等沟通的企业文化作为支撑。企业如人，受领导者个人风格、发展历史、环境、业务模式等多因素的影响，每个企业都有不同的企业文化。OKR 考核方法要求各级管理者都能与下属员工平等沟通协商，这在有些企业中根本无法得到执行与落实。

最后，OKR 的指标数量和维度相对单一，更适用于小规模企业或将企业切成小规模管理模块的情形，如项目管理。OKR 指标数量一般不超过 5 个，而且，多以季度或项目进度为周期制定与考核，所以 OKR 是一种小而灵活的考核模式，再加上需要紧密沟通，OKR 更适用于小规模企业或小规模管理模块。

3. OKR 考核的特点

综上，可以看出，OKR 作为一种新型的考核模式，有着平等沟通、指标简单、量化易执行、易于调动全员付出努力等优点，但同时，这种考核方法也有企业层级不宜过多、需要平等沟通的企业文化支撑、指标数量和维度相对单一等局限。总体来看，OKR 这种考核方法更加灵活、尊重个人，比较适用于小规模企业或小规模管理模块。

4.6 考核方法的综合比较

以上我们逐一对五种常见的考核方法进行了分析，经过从定义到操作方法，再到优缺点的对比分析，我们可以将这五种考核方法综合在一起，对其利弊及适用对象进行总结（见表 4-9）。

表 4-9　不同考核方法综合比较表

考核方法	优　点	缺　点	适用对象
目标管理考核法	目标层层分解、目标进行沟通、目标 SMART 标准	目标选取不一定能完全量化、目标选取过程容易失控	适用于大多数企业
KPI 考核法	目标选取精准、指标量化细致	量化指标评价需要提供大量数据支持	适用于大多数企业，尤其适用于目标可量化的岗位
BSC 考核法（平衡计分卡）	从企业战略目标出发，从财务、客户、内部运营、学习与成长四个维度考核、利于平衡长期和短期利益	维度多、指标数量大，实施成本高、部分指标难量化、角度间和指标间权重难分配	适用于企业集团贯彻以企业战略为核心的绩效评估
360 度考核法	从上级、同事、下级、客户、自己多角度全面考核	评估成本高、数据分析量大、定量化难	适用于企业中高管理人员全方位评估
OKR 考核法	平等沟通、指标数量少、易于执行、公开透明	沟通量大、需要文化支撑、指标维度单一	适用于规模较小的企业或者采用项目管理制的企业

除了以上我们分析的五种常见的考核方法以外，还有内部排序法、内部比较法、等级评定法等考核方法。不论哪种考核方法，都有优点，也都有不可回避的局限性。企业在人力资源管理实践中，在建设绩效管理体系时，对于绩效考核方法，要注意仔细研究每种考核方法的优缺点及适用企业和岗位，再结合企业实际情况进行选择。另外，在同一企业内，不同的发展阶段，或者针对不同的岗位，考核方式不是固定不变的，需要根据企业发展需要和不同的岗位类型进行考核方法的组合，才能建立适用于企业的个性化的绩效管理体系。

4.7 回顾与总结

在本章中，我们主要分析了五种常见的考核方法，它们是目标管理考核法、KPI 考核法、BSC（平衡计分卡）考核法、360 度考核法、OKR 考核法。

对于每种考核方法，我们都详细介绍了定义、操作方法，并分析了其优缺点和特点。最后一节，我们将五种考核方法进行了汇总，并综合比较五种考核方法的优缺点和适用对象。

五种考核方法的核心与根源都是目标管理考核法，只是在指标选取角度、选取方式、沟通方式等方面加以改进。KPI 考核法在目标管理的基础上，强调指标数量的精减与量化；BSC（平衡计分卡）在目标管理的基础上，强调以企业战略目标为核心，从四个角度选取指标；360 度考核在目标管理的基础上，强调从五个维度选取指标；OKR 在目标管理的基础上，强调目标的平等沟通、指标精减、缩短周期、指标量化。

最后，还是要强调，每种考核方法都有利有弊，既有优点，又有局限性。企业在实践使用中不能一概而论、不能一刀切，一定要根据企业实际情况做出适合的选择。

第五章
绩效管理的考核量表

- 考核量表构成的要素是什么?
- 如何设计出有效的考核指标?
- 对考核指标的权重如何设计?
- 如何选择考核指标评分规则?
- 量化考核指标如何设计评估?
- 定性考核指标如何设计评估?

5.1 考核量表的构成要素

5.1.1 考核量表定义

考核量表,又称绩效考核表,是进行工作评价和统计的表格,考核量表中不仅包括绩效考核的基本信息、绩效考核的指标、权重等,还内含了绩效考核的流程。考核量表是绩效考核的核心体现,考核量表也是绩效管理中的一个关键因素。

5.1.2 考核量表样表

一张完善的绩效考核量表是绩效考核成功执行的关键。下面以一张考核量表的样表为基础(见表5-1),共同分析考核量表构成的关键要素。

表 5-1 考核量表样表

考核周期	年 月 日至 年 月 日										
部门			职位		考核人			被考核人			
序号	部门绩效考核指标	职位绩效考核指标	指标权重	指标定义	目标值	评价方法	评分规则	数据来源	实际完成情况	考核评分	
										自评	上级评分

续表

序号	部门绩效考核指标	职位绩效考核指标	指标权重	指标定义	目标值	评价方法	评分规则	数据来源	实际完成情况	考核评分	
										自评	上级评分
							考核分数合计：				
考核补充说明：											
考核人	签字：　　　日期：				被考核人		签字：　　　日期：				

5.1.3 考核量表构成要素分析

表 5-1 是常见的、典型的考核量表。我们以此为基础来分析一下考核量表的关键构成要素。从整体上说，考核量表可以划分为三个大的部分，即基本信息部分、核心部分、补充及确认部分。

1. 基本信息部分

基本信息部分主要是明确考核量表相关的基本信息。一般包括的要素有：考核周期、部门、职位、考核人、被考核人等。各企业可以根据实际情况再补充其他的基本信息，如事业部、二级部门、项目组、职位类别等。

2. 核心部分

核心部分是考核量表的关键。一般包括的要素有：序号、部门绩效考核指标、职位绩效考核指标、指标权重、指标定义、目标值、评价方法、评分规则、数据来源、实际完成情况、考核评分（自评、上级评分）及考核分数合计等。这部分要素比较多，又可以细分为三类：

- 考核指标

考核指标可以依据不同的考核方法来设定，我们将在后续小节详细分析考核指标选取的过程。考核指标可以分为部门绩效考核指标和职位绩效考核指标。

- 考核指标的解释

指标权重、指标定义、目标值、评估方法、评分规则、数据来源等均是对职位绩效考核指标的详细解释。

- ◇ 指标权重：指以100分为基准，对每个指标占100分比重的划分；
- ◇ 指标定义：指对绩效考核指标的精确定义，避免产生分歧；
- ◇ 目标值：指绩效考核指标的目标完成值，这将会成为分母，来衡量实际完成的比例；
- ◇ 评价方法：指绩效考核时评价指标完成情况所用的方法，一般包括数据分析、面谈、调查问卷等方法；
- ◇ 评分规则：指绩效考核评价时的计算规则，后续我们会再详细阐述；
- ◇ 数据来源：指绩效考核评价时的数据来源，一般包括来自哪个部门、来自哪个渠道或来自哪个负责人等。

- 完成情况及评分

完成情况及评分部分是考核周期结束后，根据前部分的规定，在明确指标定义、清晰评价方法的基础上，根据规定的数据来源收集数据，被考核人和考核人分别以目标值为基础，对实际完成情况评分后将每个指标评分乘以相应的权重，并最终计算出考核分数。

3. 补充及确认部分

考核量表的第三个部分就是补充及确认部分，这部分看似无用，但却是考核量表不可或缺的部分，同时，也是考核量表中非常具有法律价值的部分。原则上，指标确定并考核评分后，如果没有考核人和被考核人的签字确认，该考核量表是不具有法律效力的。

考核补充说明可就考核量表以上的部分进行说明，例如，该被考核人的直属上级暂缺岗，由上上级代为评价等；也可以说明总分加减分变化原因、考核依据、考核指标变更等。如果没有补充说明，此项也可以空缺。

考核人和被考核人的签字确认是考核量表的最终完结，签字前考核量表的信息必须完整、清晰，不得缺项或随意涂改，也要提醒签字人对内容的核实，如有异议，可以先沟通后签字。双方签字确认后，考核量表即生效，人力资源绩效管理相关人员可以将之作为绩效考核的依据。

5.2　设计有效的考核指标

【思维拓展】如何有效保护大厦？

美国华盛顿广场有名的杰弗逊纪念大厦，因年深日久，墙面出现裂纹。为能保护好这幢大厦，有关专家进行了专门研讨。

最初大家认为损害建筑物表面的元凶是侵蚀的酸雨。专家们进一步研究，却发现对墙体侵蚀最直接的原因，是每天冲洗墙壁所含的清洁剂对建筑物有酸蚀作用。而每天为什么要冲洗墙壁呢？是因为墙壁上每天都有大量的鸟粪。为什么会有那么多鸟粪呢？因为大厦周围聚集了很多的燕子。为什么会有那么多燕子呢？因为墙上有很多燕子爱吃的蜘蛛。为什么会有那么多蜘蛛呢？因为大厦四周有蜘蛛喜欢吃的飞虫。为什么有这么多飞虫呢？因为飞虫在这里繁殖特别快。而飞虫在这里繁殖特别快的原因，是这里的尘埃最适宜飞虫繁殖。为什么这里最适宜飞虫繁殖呢？因为开着的窗阳光充足，大量飞虫聚集在此，超常繁殖……

为了彻底解决这个问题，专家们经过了多轮调查、研讨，并且专门设计了多套复杂而又详尽的维护方案，但最终由大厦的清洁工提出的一个很简单的解决办法，即拉上整幢大厦的窗帘，使所有问题迎刃而解。此前专家们设计的一套套维护方案也就成为一纸空文。

《第五项修炼》的作者彼得·圣吉提出，解决问题的方案有的是"根本解"，有的是"症状解"。"症状解"只能消除问题的症状，问题没有得到根本解决，往往还加深了问题的副作用。"根本解"是根本的解决方式，只有通过系统思考，看到问题的整体，才能发现"根本解"。

在绩效考核量表中，最核心的就是考核指标。"根本解"的有效的考核指标，需要契合企业的战略、紧密围绕企业的经营目标，同时也不能脱离具体的职位职责。考核指标的选取与制定最终要保证员工个人、部门及企业目标的实现。

5.2.1　考核指标的来源

绩效考核指标主要的来源包括：

1. 企业目标

即绩效考核指标来源于企业的目标，这一目标可能是经营目标，也可能是管理目标。通过目标管理，从企业级分解至部门级，再由部门级分解至员工级。

2. 职位职责

即绩效考核指标来源于每个岗位的《岗位说明书》，尤其是其中的岗位职责，包括岗位的职责范围、职责权限等。

3. 行业标准

即绩效考核指标来源于行业的标准要求，例如，产品合格率达到某一比例、返厂率低于某一比例等。

4. 其他

除了以上分析的来源外，绩效考核指标还可能来源于客户的要求、股东的要求、地区性政策的要求等。

5.2.2　考核指标的选取框架

分析了绩效考核指标的来源后，再来看如何选取适当的绩效考核指标，这是绩效管理中重要的一环。绩效考核是"指挥棒",不仅可以直接影响每个员工、部门的工作行为与关注目标,而且,最终会影响企业的目标是否能够实现,所以绩效考核指标的选择是管理科学也是管理艺术。在企业管理实践中,一定要把绩效考核指标聚焦于影响企业目标实现的关键业务领域,从中再选取关键绩效指标,以起到"指挥棒"的作用。

考核指标一般遵循考核指标确定框架来选取(见表5-2)。

表 5-2　考核指标确定表

部门			职位	
类别	绩效考核指标1	绩效考核指标2	绩效考核指标3	绩效考核指标4
考核指标名称				
考核指标定义				
考核指标设立目的				
考核指标计算公式				
考核指标数据来源				
考核指标数据收集				
考核指标统计周期				
考核指标统计方式				
相关联考核指标				
补充说明				
……				

从表5-2可以看出,在选取绩效考核指标过程中,需要逐一回答一些问题,并将这些问题的答案整理入考核指标确定表,经审核后,就可以形成完善的绩效考核指标。需要回答的问题一般包括:

- 绩效考核指标的名称是什么？（名称需要确定、简洁，无疑义）
- 如何精确定义绩效考核指标？（进行详细解释，使其清晰明了）
- 绩效考核指标设立的主要目的是什么？（有直接目标，也有间接目标）
- 绩效考核指标是如何计算的？（最好有明确的计算公式）
- 绩效考核指标的数据有哪些来源？（来源的清晰性也决定了数据的准确性）
- 绩效考核指标的数据如何进行收集？（明确收集渠道、收集方式）
- 绩效考核指标的统计周期如何计算？（统计周期决定了数据的起止点）
- 绩效考核指标采取什么样的统计方式？（明确统计方式有助于提升计算准确性）
- 绩效考核指标有哪些关联的其他指标？（很多考核指标具有内在关联性）
- 绩效考核指标有哪些补充的说明？（对特殊性、调整等进行解释或补充）
- ……

案例 5.1　如何设计销售经理的绩效考核指标？

在绩效考核指标选取框架的指引下，我们以一个企业常见的职位——销售经理为例，来分析应如何科学合理地设计考核指标（见表 5-3）。

表 5-3　销售经理的考核指标设计表

部　门	销售部		职　位	销售经理
类　别	绩效考核指标1	绩效考核指标2	绩效考核指标3	绩效考核指标4
考核指标名称	销售合同额	销售费用	销售回款率	……
考核指标定义	指合同主体双方盖章生效的主营业务产品销售合同金额	指销售经理因销售业务发生的费用（费用类别见财务规定）	指销售经理负责签订的销售合同收回客户付款的比率	……
考核指标设立目的	考查销售人员业务量	考查销售人员费用支出情况	考查销售人员催收客户款项情况	……
考核指标计算公式	合同金额累加	合规费用累加	实际回款/应收回款	……
考核指标数据来源	商务部合同管理专员	财务部会计	财务部会计	……
考核指标数据收集	合同管理专员提供	会计提供	会计提供	……

续表

类　　别	绩效考核指标1	绩效考核指标2	绩效考核指标3	绩效考核指标4
考核指标统计周期	季度、半年、年度	季度、半年、年度	季度、半年、年度	……
考核指标统计方式	累加	累加	计算比率	……
相关联考核指标	销售成本、销售毛利	销售合同额、销售毛利	销售合同额、回款额	……
补充说明	非销售合同不计	部分费用需要提前审批后方可支出	过期应收需要计算坏账预提	……
……			……	

5.3　考核指标权重与评估

5.3.1　考核指标的权重

选择了有效的考核指标后，考核指标的权重设计也非常重要，因为权重决定了某项指标的重要程度，也是"指挥棒"的重要组成部分。权重大的指标，必然会指引被考核人投入更多的精力去完成；而权重小的指标，往往会被执行者所忽视。

考核权重的设计，第一个因素就是绩效考核指标在整个评估体系中的相对重要性。此外，还要考虑企业或部门发展战略的要求，紧密结合企业的经营目标。考核指标权重的设计不是一成不变的，更要避免平均主义，根据客观实际情况调整和完善。

下面以一个实例来分析考核指标权重的设计思路。

📁 **案例 5.2** 如何根据目标设计考核指标的权重？

在设计考核指标权重时，需要综合考虑企业目标、部门重点目标。在这个实例中（见表5-4），销售一部当年的目标是以新产品拓展为主，所以在考核指标权重上，首先，将50%的权重放在销售额指标上，因为，对于新产品来说，尽快提升销售额是最重要的工作。其次，将30%的权重放在市场占有率指标上，这是要求部门尽快提升产品的市场占有率。这两项指标占考核权重的80%，也说明这两项是部门工作的重中之重。

表5-4 销售部考核指标权重设计（一）

部门	销售一部			
考核指标	指标定义	权重	指标计算方式	考核数据来源
销售额	所有产品的销售额	50%	所有产品合同额合计	财务部
市场占有率	产品市场占有率	30%	公司产品销售额/市场同类产品销售额	市场部
销售毛利	销售产品的毛利	10%	销售额－成本	财务部
回款率	销售产品的收款率	10%	实际收款/应收款项	商务部

再看另外一个销售部年度考核指标权重的设计（见表5-5）。销售二部是一个老部门，当年的目标是公司传统产品的销售，而且销售二部负责的产品是公司主要的利润来源。因此，销售二部的考核指标虽然与销售一部相同，但权重却与销售一部完全不同。首先，将40%的权重放在销售毛利指标上，对于成熟产品来说，保证利润是第一位的；其次，将30%的权重放在销售额上，要求部门同时关注成熟产品的销量；最后，将20%的权重放在回款率上，这是要求部门关注回款，保证公司有正常的现金流。

表5-5 销售部考核指标权重设计（二）

部门	销售二部			
考核指标	指标定义	权重	指标计算方式	考核数据来源
销售毛利	销售产品的毛利	40%	销售额－成本	财务部
销售额	所有产品的销售额	30%	所有产品合同额合计	财务部
回款率	销售产品的收款率	20%	实际收款/应收款项	商务部
市场占有率	产品市场占有率	10%	公司产品销售额/市场同类产品销售额	市场部

5.3.2 考核指标的评分规则

考核指标的权重设计完毕后，考核指标的评分规则也是一个重要的方面。考核指标常见的评分规则包括绝对比例法、相对比例法、递增比例法、递减比例法、分段计算法、等级评定法等，具体方法如表5-6所示。

表5-6 考核指标评分规则汇总表

评分规则	具体解释	示例
绝对比例法	按照实际值/目标值×目标分数来计算	实际完成任务额（80万元）/目标任务额（100万元）×100分
相对比例法	设置上下限，再计算完成比例	实际完成任务额（50万元）低于底线60万元，则计0分；实际完成任务额（80万元）高于底线，则按"实际完成任务额（80万元）/目标任务额（100万元）×100分"计算
递增比例法	以目标值（满分）为基准，每多X%计某一固定分	完成年度销售任务100万元为满分；目标每超过10万元计5分
递减比例法	以目标值（满分）为基准，每少Y%计某一固定分	完成年度销售任务100万元为满分；目标每差5万元扣1分
分段计算法	根据不同阶段设计不同的计算比例	实际完成任务额（50万元）低于底线60万元，则计0分；实际完成任务额（120万元）高于目标值（100万元）则计100分；底线和目标值之间按完成比例计算分数
等级评定法	按照等级对应评分	优秀：10分；良好：8分；及格：6分；较差：4分；很差：0分
排序法	按照顺序从前到后排序	第一：张某；第二：李某；第三：赵某；第四：王某……
分类法	按照类型对应评分	提前30天完成项目：12分；计划时间完成项目：10分；推迟30天完成项目：6分；推迟50天完成项目：0分

续表

评分规则	具体解释	示例
加分法	每出现一次行为加固定分数	客户每有一个 5 分评价，则加 0.5 分
扣分法	每出现一次行为减固定分数	客户每有一次普通投诉，则扣 1 分；客户每有一次重大投诉，则扣 5 分

需要注意的是，在这些考核指标评分规则中，不要追求绝对的公平。每一种规则都各有利弊，需要根据不同的 KPI 来选择合适的评分规则。评分规则也内含了考核的"指挥棒"作用，不同的规则会指引不同的工作行为，需要在使用中不断调整。

案例 5.3　考核指标的目标值如何确定？

不论采取何种考核指标评分规则，目标值都是关键。在设定考核指标目标值时，目标值是分母，其设定是否科学对于绩效考核指标有实质性的影响，所以设定时要注意技巧。以下是企业管理实践的一些实例：

目标值可以设为单一的固定目标值（如销售额达到 100 万元），可以设为范围目标值（如销售额达到本年的 120% 及以上），还可以设为分段目标值（如销售额最低不低于 80 万元，高于 100 万元时可以提成等）。

另外，目标值在设定时可是绝对值（如销售额、毛利率、回款额等），可以是相对值（如销售额增长率、费用降低率、客户满意度、回款率等），还可以是复合目标值（如销售增长率大于 15% 且销售额不低于 100 万元，销售额 =A 产品销售额 ×50%+B 产品 ×50% 等）。

5.4　定量考核指标的量化

5.4.1　定量绩效考核指标量化方法

在绩效考核指标中，主要的一类是可以量化的绩效考核指标。为了保证考核的公平性与公正性，原则上，应尽量将绩效考核指标进行量化。绩效考核指标常见的量化方法如表 5-7 所示。

表 5-7　绩效考核指标量化方法表

量化方法	解释	举例	适用对象
数字量化法	主要指用数字进行量化	数量（数额）：如销售额、毛利额、收入额、生产量等 百分比：如项目开发完成率、利润率等 频率：如周转次数、工作频度等	数量能量化的指标
质量量化法	主要是对工作质量的指标进行量化	如产品合格率、产品测试通过率、质量评审通过率、客户满意度、产品准确率等	质量能量化的指标
成本量化法	主要是从企业经营成本角度进行指标量化	如费用控制率、预算准确率、成本节约率、投资回报率等	成本能量化的指标
时间量化法	主要从时间进度角度进行指标量化	如产品开发完成时间、服务响应时间、项目验收最迟完成日期等	时间能量化的指标
结果量化法	主要从完成任务的结果角度进行指标量化	如年度累计利润、累计投入人工等	结果能量化的指标
行为量化法	主要从完成任务的行为角度进行指标量化	如服务公司数量、招聘完成人数、培训完成数量等	行为能量化的指标

这些绩效考核指标量化的方法可以单独使用，也可以结合使用。例如，"半年内完成销售目标额的 60%" 即为数量量化法和时间量化法的结合使用。

通常使用的量化绩效考核是企业从经营目标出发，利用科学的考核指标分解方法对考核指标进行量化分解的过程。

在绩效考核指标量化的过程中，也需要注意指标量化的适度，并不是量化得越细致越好。所有的管理都是有成本的，绩效考核指标量化得过于细致会导致数据收集数量和难度的加大。另外，并不是所有的绩效考核指标都能量化，强行量化不能量化的指标，会导致绩效考核指标的偏差或失效。

要认真分析绩效考核指标量化后的考核价值，企业的管理并非必须量化才能管理好。

5.4.2　企业经营目标逐级量化

企业经营目标的逐级量化，是绩效考核指标量化的一种常见方法。企业经营目标要想做好逐级量化，关键在于做好经营目标及职责分解，提炼出企业当期成功的关键业务领域和关键价值点，之后再逐级分解。接下来以一个实例来分析企业级经营目标如何量化分解至部门经营目标。

📁 **案例 5.4**　企业考核指标如何量化分解？

企业年度经营目标源自企业的长期发展战略，是对企业经营年度预期和规划的结果。企业年度经营目标在企业级制定，并按照层级逐级进行分解，第一步即从企业级分解至部门级（如图5-1）。

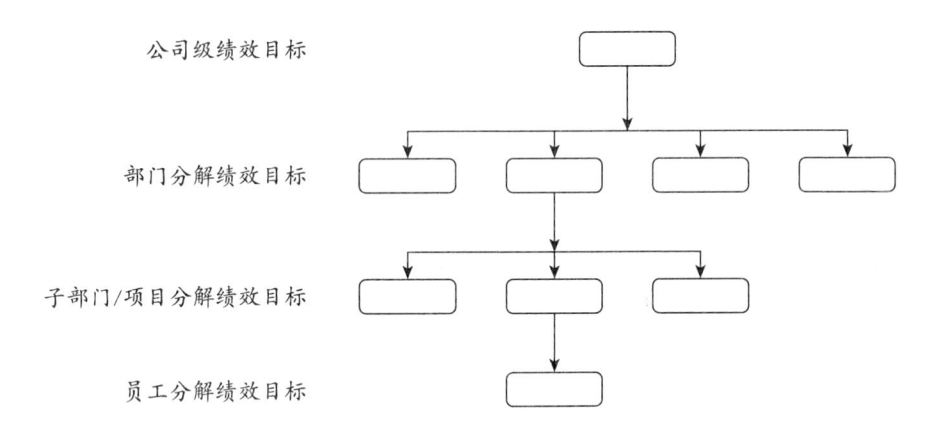

图 5-1　绩效目标层层分解图

从另外一个维度看，企业年度经营目标又根据目标的不同类型，划分为市场目标、销售目标、财务目标、研发目标、生产目标、运营目标以及管理目标等（如图5-2所示）。

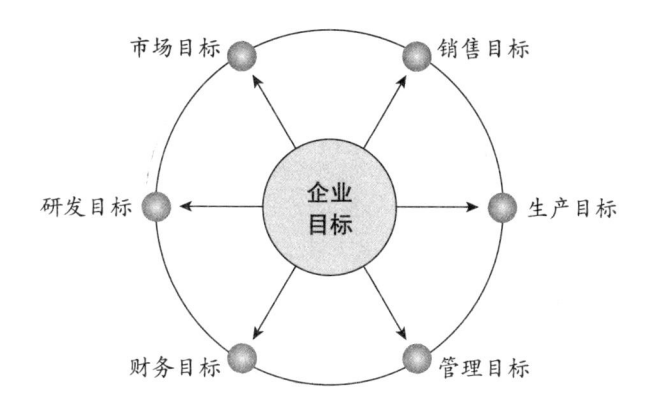

图 5-2 企业年度经营目标分类图

企业年度经营目标的量化，在明确了级别分解与类别后，可以形成企业年度经营目标分解表（见表 5-8）。

表 5-8 企业年度经营目标分解表

经营目标	目标细分	目标分解	责任承担部门
市场目标	市场占有率	市场占有率达到 X%	品牌市场部
	品牌知名度	百度指数提升 X%	
销售目标	销售收入	年销售收入达到 XXX 万元	销售部
	销售毛利率	销售毛利率达到 X%	销售部
研发目标	新产品研发	新产品研发 X 个以上	研发部
	技术改造	技术改造项目 X 个以上	研发部
生产目标	产量	A 产品生产数量 X 个；B 产品生产数量 Y 个	生产部
	出厂合格率	出厂合格率达到 X%	生产部
	生产事故	不出现重大生产事故 一般生产事故不超过 X 次	生产部
财务目标	利润额	利润额达到 X 万元	财务部
	成本控制	成本控制在 X 万元以内	财务部
	经营费用控制	经营费用控制在 X 万元以内	财务部
管理目标	客户投诉率	客户投诉率低于 X%	客户服务部
	培训计划落实率	实际组织培训次数 / 计划培训次数	人力资源部
	员工满意度	员工满意度达到 X%	人力资源部

企业年度经营目标通过以上对层级和类型的分解，形成了目标分解表。根据目标分解表，各部门可以明确从企业分解到部门的年度经营目标，部门可再根据部门职责，除承担企业分解的年度经营目标外，可对部门目标再进一步分解至二级/小部门/项目，再分解至员工个人。这种分解需要注意时间维度的分解，包括年度、季度甚至月度目标；另外就是空间维度的分解，包括公司经营目标、部门经营目标等。

5.5 定性考核指标的设计

除了定量绩效考核指标，另外一类就是定性绩效考核指标。定性绩效考核指标原则上是以考核者的主观评价来确定的。为了保证定性考核的准确性，绩效考核中可以要求考核人根据对被考核人在考核周期内不同的表现特征、记录或观察其日常工作行为，并综合收集各个角度的反馈评价信息，来对被考核人进行定性评价。此外，随着企业绩效管理的不断成熟，也可以根据企业绩效考核指标的实际情况，对定性绩效考核指标的具体行为进行分类量化，接下来以一个实例来展示企业实践中常见的定性绩效考核指标及行为分类量化的方法。

案例 5.5 企业常用的定性绩效考核指标有哪些？

一般地，企业常见的定性绩效考核指标多使用于管理岗位或职能服务岗位，比如领导能力、合作意识、成本控制等（见表 5-9）。

表 5-9 企业常见的定性绩效考核指标表

定性指标	考核要点	评价标准	参考分值
领导能力	战略规划 影响力 工作业绩	战略规划完善、准确，业务有明确发展目标，团队对战略目标有高度认同，工作绩效显著	10
		战略规划基本准确，业务发展目标基本明确，团队对战略目标基本认同，能达到工作绩效	8
		战略规划不清晰，业务发展只有短期目标，团队对短期目标基本认同，基本能达到短期工作绩效	6

续表

定性指标	考核要点	评价标准	参考分值
		战略规划不清晰，业务发展目标模糊，团队对目标基本不认同，不能达到短期工作绩效	4
		战略规划不清晰，业务发展目标模糊，团队对目标不认同，不能达到工作绩效	2
管理能力	规章制度建设 团队建设 团队执行力	部门管理规范，部门经常完善制度并进行培训，团队严格遵照公司制度执行	10
		部门管理比较规范，基本上能够严格遵照公司制度	8
		部门管理一般，制度执行力一般	6
		部门管理混乱，公司制度没有约束力	4
		部门管理特别混乱	2
合作意识	跨部门之间合作是否良好	部门间合作非常好，主动承担责任，相关部门评价高	10
		部门间合作比较好，偶尔有配合支持不到位的现象	8
		部门合作意识一般，和相关部门合作存在推诿、"踢球"现象	6
		部门合作意识较差，很多合作事情互相推诿	4
		部门之间合作没有任何配合和支持	2
成本控制	日常管理成本控制意识	严格控制成本，符合公司财务预算控制要求	10
		成本意识较好，偶尔有浪费的支出	8
		成本意识一般，制度执行力一般	6
		成本意识较差，成本浪费严重	4
		经常浪费成本，不顾公司的预算要求	2
团队执行力	团队总体任务完成的效果和执行力	团队执行有力，目标清晰，责任分配到位	10
		团队中多数任务能够达到预期目标	8
		执行力一般，很多任务无法达到预期效果	6
		团队执行力较差，绝大多数任务没有达到预期效果	4
		团队基本没执行力，多数工作目标无法达成	2
员工风气	团队内部和谐、不拉帮结派	部门风气好，团结，经理做事公道	10
		部门风气比较好，极个别人有风气不正现象	8
		部门风气一般，少数人员有风气不正现象	6
		部门局部成员存在拉帮结派现象	4
		存在钩心斗角、拉帮结派和阳奉阴违的行为	2

续表

定性指标	考核要点	评价标准	参考分值
团队敬业精神	团队工作饱和度、团队协作	团队敬业,有重大任务积极主动加班加点完成,顾全公司的利益	10
		团队中多数人员工作敬业,个别人较差	8
		部门敬业精神一般	6
		多数工作员工应付了事	4
		员工对所有工作都表面应付	2
团队工作效率	团队工作效率是否高	团队效率高,没有"磨洋工"的员工	10
		效率高互相支持,个别人有"磨洋工"的现象	8
		工作效率一般,很多工作"磨洋工"	6
		工作效率较差,多数工作"磨洋工"	4
		工作效率特别差,所有工作都在"磨洋工"	2
服务意识	是否具有为内外部客户进行服务的意识	优秀的服务意识,客户满意度非常高,经常获得客户表扬	10
		良好的服务意识,客户满意度较高,偶尔获得客户表扬	8
		服务意识一般,客户满意度一般,很少获得客户表扬	6
		服务意识较差,客户满意度低,有一般客户投诉	4
		服务意识非常差,客户满意度非常低,出现重大客户投诉	2
团队士气	团队是否团结、是否积极向上	部门士气旺盛,员工对公司未来充满信心	10
		部门多数人员士气旺盛,充满斗志	8
		部门士气一般,部分人员对公司信心不足	6
		部门士气较差,员工对公司未来信心不足	4
		部门士气很差,员工对公司未来没有信心	2

需要注意的是,在企业选择定性绩效考核指标时,要考虑其数量不宜过多,因为定性考核指标相对主观,为了确保考核的客观公正性,应尽力避免人为评价色彩。另外,即使是使用定性绩效考核指标,也可以结合工作记录、工作行为观察、调查问卷等手段,以保证定性评价的客观性。

5.6 回顾与总结

考核量表是绩效管理体系中绩效考核环节最为重要的执行环节，也可以说是整个绩效考核体系的眼睛。本书用一章的篇幅来详细阐述绩效考核量表。

本章先从绩效考核量表的样表出发，详细分析了绩效考核量表的关键要素，其核心是考核指标。之后，又分节围绕绩效考核指标的选取、权重、评分规则进行详细分析。实践工作中，这部分是重难点，包括"如何紧扣目标选取合适的绩效考核指标？""如何根据经营目标设计不同的权重？"和"如何在评分中设计目标值？"等，均以实际案例的形式进行阐述。

定量与定性、分解与评估是绩效考核指标的另一个关键。"定量绩效考核指标有哪些量化的方法？""企业经营目标如何分级、分类进行量化分解？""企业有哪些常见的定性绩效考核指标？"等，是本章后面两小节阐述的内容。在明确了绩效考核量表构成要素、绩效考核指标关键点后，定量与定性分析有助于更加深入地认识绩效考核指标，对于灵活运用、落地实操具有指导作用。

第六章
绩效管理的整体流程

- 绩效管理的整体流程是什么?
- 绩效计划如何科学合理制订?
- 绩效过程如何落实加强管理?
- 绩效考核如何进行具体实施?
- 绩效沟通如何保证双向反馈?
- 绩效结果如何加强应用效果?

6.1 绩效管理的整体流程

从整体上说,绩效管理是一个体系,是以提升绩效为目标的持续循环过程。一般地,绩效管理体系可以分解为五个主要环节,即:
- 绩效计划制订;
- 绩效过程管理;
- 绩效考核实施;
- 绩效沟通反馈;
- 绩效结果应用。

以上五个环节可以直观地形成如下绩效管理体系图(见图6-1)。

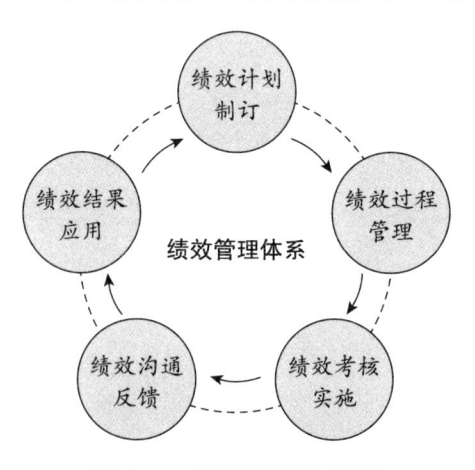

图6-1 绩效管理体系图

绩效计划制订是绩效管理体系的开始环节,也是绩效管理体系最关键的环节。绩效计划制订工作包括绩效管理的周期、绩效管理的范围、绩效目标的确定、详细绩效指标的规范、绩效指标衡量标准、各绩效指标的权重、绩效指标的分解、绩效结果的应用方式、绩效计划的公示与布达等。可以说，绩效计划制订是使整体绩效管理工作有序进行的基础，不能制订合理的绩效计划就谈不上有效的绩效管理。其中很关键的是各级管理层、各级员工根据整体绩效目标及详细要求，结合自身部门与岗位要求而进行的目标细化与分解。在目标细化与分解过程中，不仅要保证整体绩效目标的全部分解，而且要结合部门设置与岗位职责落实行动计划，以保证绩效目标实现的可控性。

绩效过程管理是在绩效计划制订和绩效指标分解后，进入具体执行过程中，不断收集、反馈与绩效相关的数据，并随时检查绩效行动计划的执行情况。在执行过程中，保留工作报告、工作记录，追踪工作进展的情况。

绩效考核实施是绩效管理体系中的一个核心环节，在这个环节，会对绩效目标的实现情况进行评价。绩效考核的评价标准来源于绩效计划与绩效指标分解，一方面要比对目标的实现程度，另一方面，要严格遵循绩效计划中的标准进行衡量。绩效考核是对既已形成结果的评价，所以客观、公平、公正是最基本的要求。

绩效沟通反馈是绩效管理体系的重要环节，往往也是容易被管理者忽视的一个环节。绩效管理最终的目标是提升工作结果，提升是一个不断循环的过程，绩效沟通反馈不仅要将直观的绩效考核结果与被考核者进行沟通，更重要的是，沟通工作过程中的成绩与不足，提升优势、寻找差距、明确改进方向，为下一个周期绩效计划的制订、绩效指标的分解奠定基础。

绩效结果应用是绩效管理体系的最后一个环节，也是绩效管理取得成效的关键环节。绩效结果应用将绩效考核的结果与被考核者的利益挂钩，实施奖惩。绩效结果应用中除了各种激励方式的有效使用外，更重要的还是要根据绩效计划兑现承诺，如果在这一环节不能实现对员工的激励与约束，整体绩效管理体系将不能取得成效。

6.2 绩效计划的制订分解

绩效计划的制订是绩效管理体系的基础，同时，绩效计划也决定着绩效管理整体体系的方向与完备性。前面介绍过，绩效计划制订工作包括绩效管理的周期、绩效管理的范围、绩效目标的确定、详细绩效指标的规范、绩效指标衡量标准、各绩效指标的权重、绩效指标的分解、绩效结果的应用方式、绩效计划的公示与布达等。

以下将通过企业绩效计划实例进行分析。

📁 案例 6.1 如何制订企业年度绩效考核计划？

下面，是一个企业年度绩效计划的实例。

××公司××××年度绩效考核计划

为确保公司经营目标的顺利达成，且以科学的绩效管理激发员工工作积极性，特制订本计划。

一、绩效考核的原则

1. "三公"客观的原则：即"公开、公平、公正和客观"的原则。在绩效考核中，公司公开考核目标、考核原则及考核各项标准，在考核执行过程中公平对待所有被考核者，公正客观地执行考核，以事实为依据，不做主观臆断。

2. 充分沟通的原则：在考核执行过程中，要将沟通作为重要的一环来执行。考核者与被考核者不仅要在工作进展过程中进行沟通，更要在考核周期结束后，把考核结果反馈给被考核者，同时听取被考核者对考核结果的意见，进而对考核结果存在的问题及时修正或做出合理解释。

3. 结果导向的原则：公司考核执行结果导向，强调以业绩结果为主导，同时兼顾能力、态度及团队的贡献等因素。

二、绩效考核的周期

绩效考核周期分为以下三类：

1. 年度：绩效考核计划周期为自然年度，即本年1月1日至12月31日。考核执行期为次年第一个月，即1月1日至31日。

2. 半年度：执行半年绩效考核的周期分为上半年（即1月1日至6月30日）和下半年（即7月1日至12月31日）。考核执行期为半年结束后的15天，即7月1日至15日或次年1月1日至15日。

3. 季度：执行季度绩效考核的周期分为四个季度，即第一季度（1月1日至3月31日）、第二季度（4月1日至6月30日）、第三季度（7月1日至9月30日）、第四季度（10月1日至12月31日）。考核执行期为次季度第一周。

三、绩效考核的范围

本绩效考核计划覆盖公司全体员工，具体包括：

1. 公司总经理、副总经理；
2. 公司部门经理、副经理；
3. 公司各部门下属员工。

四、绩效考核的指标及权重

（一）公司总经理、副总经理

公司总经理、副总经理实行年度考核制。年度考核指标及权重如下：

表6-1　公司总经理、副总经理年度考核指标及权重

指标类别	具体指标	所占权重	数据来源
业绩指标	以当年签订的经营责任书为准（董事会下达）	70%	财务报表
管理指标	管理制度执行	10%	董事会考察
	员工队伍建设	10%	董事会考察
	管理者素质	10%	董事会考察

（二）公司部门经理、副经理

公司部门经理、副经理实行半年度考核制。半年度考核指标及权重如下：

表 6-2 公司部门经理、副经理半年度考核指标及权重

指标类别	具体指标	所占权重	数据来源
业绩指标	部门半年度经营任务完成率	60%	财务报表
	半年度工作计划执行率	10%	上级考察
管理指标	员工队伍建设	15%	上级考察
	管理者素质	15%	上级考察

（三）公司各部门下属员工

公司各部门下属员工实行季度考核制。季度考核指标及权重如下：

表 6-3 公司各部门下属员工季度考核指标及权重

指标类别	具体指标	所占权重	数据来源
业绩指标	季度任务完成率	70%	财务报表
	季度工作计划执行率	10%	上级考察
态度指标	上级交办其他事项	10%	上级考察
	工作态度	10%	上级考察

五、绩效考核的评分

（一）业绩指标

原则上所有以财务报表为基准的业绩指标，均须由财务部出具的财务报表计算。计算方法以"实际达成数/计划达成数"来计算完成率，之后再乘以相应的权重。

（二）非业绩指标

非业绩指标或业绩指标中以上级考察为主的项目，评分原则如下：

从高分到低分将考核结果分为五档，分别为优秀、良好、合格、需改进和较差。优秀100—90分；良好89—80分；合格79—70分；需改进69—60分；较差59分及以下。

每个等级的评分原则如下：

1. 优秀：该项工作绩效大大超越常规标准要求。例如，完成任务的数量、质量显著超出规定的标准，得到来自客户的高度评价，给公司带来预期外的较大收益等。

2. 良好：该项工作绩效超出常规标准要求。例如，严格按照规定的时间要求完成任务，获得客户的满意，超过公司预期目标。

3. 合格：该项工作绩效达到常规标准要求。例如，基本上达到规定的时间、数量、质量等工作标准，没有客户不满意，达到公司预期目标。

4. 需改进：该项工作绩效勉强达到常规标准要求，但有小错误，需要改进。例如，偶有小的疏漏，偶尔有客户的投诉，并没有给公司造成较大的不良影响。

5. 较差：该项工作绩效远未达到正常工作标准的要求。例如，工作中出现较大的失误，未完成任务比例较高，经常有投诉发生，给公司造成较大的损失或不良影响。

六、绩效考核的结果应用

1. 绩效工资的发放：根据考核前确定的经营责任书或任务书核定发放绩效工资。

2. 奖金的发放：根据考核前确定的经营任务或业绩任务，发放超额奖金。

3. 岗位工资的调整：根据绩效考核总体评分对岗位工资进行调整，只有整体绩效评分达到良好及以上的人员方可按级调整岗位工资。

4. 岗位的调整：根据业务发展和个人业绩情况对岗位进行调整，原则上应对整体绩效评分低于合格的人员进行岗位调整。

5. 劳动合同的调整：凡整体绩效评分为较差的（员工级两个季度均为较差、部门经理级半年考核为较差）必须解除劳动合同。副总经理级以上的人员由董事会结合年度考核及聘期进行调整。

6. 股权的调整：根据股权协议中对于业绩的约定进行调整。

7. 额外奖励计划的调整：根据公司年度整体经营情况确定的额外奖励计划调整。

七、绩效考核的面谈沟通

1. 绩效考核的面谈沟通由直属上级发起并执行。

2. 绩效考核评分结束后，直属上级与被考核者本人沟通计划目标、工作执行过程、绩效评分结果及绩效考核结果应用等，并指出不足，提出新的目标要求。

3. 被考核者同时就绩效考核评分结果及结果应用发表意见，同时反省不足，确定改进计划。

4. 绩效考核面谈沟通结束后，双方在《绩效考核面谈表》上签字确认。

5. 如一方或双方有异议的，提交上级及人力资源部统一处理。

八、绩效考核的执行流程

1. 绩效考核数据收集：各级人员考核期结束后，由人力资源部负责考核指标信息的汇总收集并提供给相应的考核者。各部门应在考核期的最后3个工作日内，将各部门人员的工作总结、工作计划提交人力资源部。财务部在考核期结束后3个工作日内，将各部门业绩考核数据提交人力资源部。

2. 绩效考核评分：各级考核者的直属上级在取得各被考核人员的绩效考核数据及相关信息资料后，依据评分原则进行评分。

3. 绩效考核数据整理：各级考核者的直属上级对于被考核人员的绩效考核评分进行整理，并签字确认。

4. 绩效考核面谈沟通：各级考核者的直属上级与被考核人员进行面谈沟通，被考核人员签字确认，人力资源部回收所有绩效考核评分结果及相关资料。

5. 考核结果汇总及审批：人力资源部统一汇总考核评估结果，部门经理级及以下的考核结果报总经理审批，副总经理级及以上的考核结果报董事会审批。

6. 考核结果应用：人力资源部将审批后的考核结果应用，并予以执行。

九、其他

1. 本绩效考核计划由人力资源部制订并解释。

2. 本绩效考核计划经董事会、总经理审批后执行。

通过以上企业年度绩效考核计划的实例可以看出，绩效计划是整体绩效管理实施的核心，在绩效计划中企业各级管理者对考核周期内员工工作目标、工作内容、工作完成具体要求、评价标准、激励手段等进行明确说明并且与员工达成一致。绩效计划的主要内容梳理如下：

1. 绩效考核原则

虽然绩效考核原则有些务虚，但这往往是企业核心价值观的体现。有些企业强调结果为导向，有些则以全面为导向，可以说，绩效考核原则是整体绩效管理的"指挥棒"，影响着绩效管理的整体定位。

2. 绩效考核周期

绩效考核周期可以根据不同的岗位区分，也可以根据不同的职位级别区分。本节所举的实例就是以职位层次划分的，分为高、中、基三层，分别设置一年、半年、季度的考核周期。

3. 绩效考核范围

绩效考核的范围决定了哪些职位或人员参与考核，在有些企业也许一个绩效考核计划无法覆盖所有的人员，可以再细分不同的岗位类别制订不同的绩效考核计划。

4. 绩效考核指标

绩效考核指标是绩效计划中关键的点，从以上实例中可以看出绩效指标及权重比较笼统，这是因为绩效指标会因不同岗位、不同周期而不同，往往在绩效计划后，还会和每个管理者、员工签订不同的《绩效考核任务书》等。绩效计划中的绩效考核指标仅是某一类岗位通用的框架。

5. 绩效考核评分

绩效考核评分与以上绩效考核指标的性质类同，在绩效计划中仅明确通用的绩效考核评分标准即可，绩效考核评分的进一步细化及详细权重的调整可以在每个管理者、员工的《绩效考核任务书》中进行。

6. 绩效考核结果应用

绩效考核结果应用是将所有考核周期、考核范围内的绩效考核结果应用进行公布，具体到不同岗位、不同人员和不同的绩效考核结果会有不同的应用，但原则上应在绩效计划的框架内。

7. 绩效考核沟通

绩效考核沟通正为越来越多的企业管理者所重视，因为，本质上绩效考核不仅仅是为了核发绩效工资和奖金，更主要的是为企业下一阶段目标的达成做铺垫，激励员工与企业共同发展，达到双赢的效果。如果仅仅是考核者单向的执行和落实绩效考核，这个双赢的目标就无法达到。

可以说，明确了以上七个方面，就已经是一个基本完善的绩效计划了。绩效计划制订和最终公布的过程其实是一个自上而下和自下而上反复的沟通过程。最终验证绩效计划有效性的标准是企业目标与部门、员工目标一致，考核指标与权重由不同责任主体承担，绩效标准定义清晰并得到相关人员的承诺认可。

绩效计划制订的最后一环，是要保证整体绩效管理的有效实施，从以上实例可以分析出一般情况下绩效计划落实的整体流程（见图6-1）。

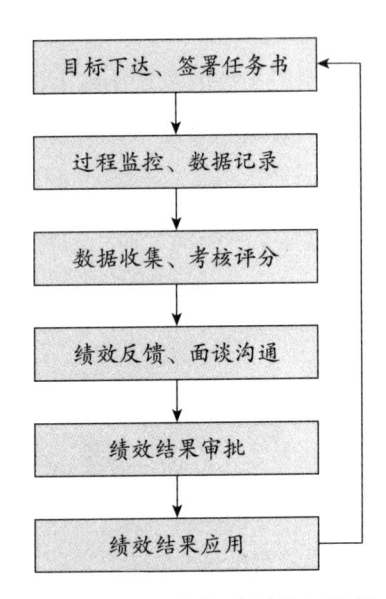

目标下达、签署任务书
↓
过程监控、数据记录
↓
数据收集、考核评分
↓
绩效反馈、面谈沟通
↓
绩效结果审批
↓
绩效结果应用

图6-1 绩效考核计划执行流程

6.3 绩效过程的管理完善

绩效过程管理是在绩效计划制订和绩效指标分解后，进入具体执行过程中，不断收集、反馈与绩效相关的数据，并随时检查绩效行动计划的执行情况。在执行过程中，要保留工作报告、工作记录，追踪工作进展的情况。

6.3.1 工作记录

工作记录是对员工主要工作表现和结果的记录。工作记录可以帮助管理者客观地看待员工工作过程和工作结果，及时将工作的关键节点进行观察和记录。随着记录，管理者会对员工的表现更加深入了解和熟悉，并根据需要提供辅导。此外，观察与记录也可以成为后续绩效考核执行的原始依据，避免主观臆断。一般地，员工工作记录表如下（见表6-4）。

表 6-4　员工工作记录表

序号	记录工作事件	记录时间	记录人	备注

6.3.2 工作报告

工作报告是管理者通常采用的管理方法之一，管理者可以以书面、邮件等方式提交工作报告，也可以通过日例会、周例会、月例会等形式来进行工作反馈。通过工作报告，管理者可以及时地掌握员工工作进展情况，同时，也可以将之作为后续绩效考核的相关依据。以下两种形式比较常见：工作周报表和月度述职报告。

表 6-5　工作周报表

部门：		员工：				时间：	年	月	日至	月	日
序号	工作内容	时间	周一	周二	周三	周四	周五	周六	周日	工作完成情况	实施人
1		计划									
		实际									
2		计划									
		实际									
3		计划									
		实际									
4		计划									
		实际									
5		计划									
		实际									

月度述职报告

姓名：　　　　　　　　　　　　　　职位：

述职周期：　　年　月　日　至　　年　月　日

目标回顾：

完成的主要任务和目标达成情况：

工作中的主要困难及资源需求：

对工作的积极建议：

述职人：

日期：

6.3.3 相关数据

相关数据一般指企业内其他部门对于员工工作过程或阶段性的结果所给予的数据。最常见的有财务相关数据、商务相关数据、客服相关数据等。这些相关的数据，以固定的周期提供给部门，供部门及时了解工作进展情况。以下是一个销售数据周报表实例（见表6-6）。

表6-6 销售数据周报表

类别	本周	上周	变化率	月累计
合同额				
收入额				
到期应收额				
回款额				
销售费用				

6.3.4 外部反馈

外部反馈主要指企业外部人员，如客户、供应商、合作伙伴等，对企业的工作结果给予的反馈。这种反馈可能是在交流合作过程中自然反映的，也可能是企业定期主动收集的，当然也包括因企业产品服务提供中产生问题而引起的客户投诉、纠纷等。

6.3.5 其他

除了以上比较常见的工作记录、工作报告、相关数据及外部反馈外，有些企业为了能够全面、细致地观察员工工作进展情况，还会增加交叉检查、现场观察等方法。

6.4 绩效考核的落实实施

绩效考核的落实实施,是绩效管理中非常重要的一个环节。绩效考核的实施一般包括以下几个重要的方面(见图6-2):

1. 绩效数据收集;
2. 绩效考核评分;
3. 考核数据整理;
4. 数据汇总审批。

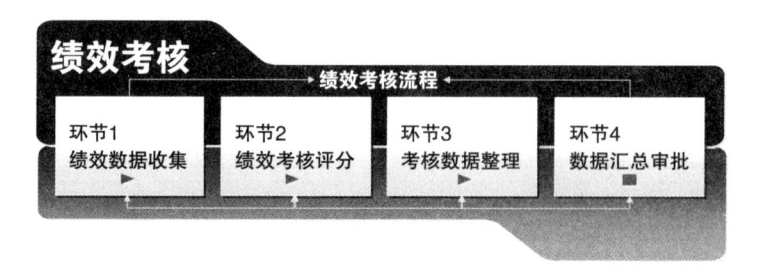

图 6-2 绩效考核实施主要环节

第一个环节:绩效数据收集

一般地,在考核期结束后,HR部门或专门的绩效管理部门会发起与考核指标相关的数据收集。考核数据收集的依据是绩效管理制度、绩效计划及绩效考核任务书中相关的内容。考核数据会涉及多个部门、多个层面。绩效考核数据收集的方式可以是表格、邮件等,一般规范性强的公司会要求对绩效考核数据进行书面签字确认。

第二个环节:绩效考核评分

绩效考核评分不仅包括被考核者的自评,也包括直属上级、上上级及相关人员的评分。评分人员和评分标准均由绩效管理制度、绩效计划及绩效考核任务书中相关内容约定。绩效考核评分者依据考核实际数据与标准之间的比较而进行评价。在这个环节中,往往会出现评价的主观性问题。

第三个环节：考核数据整理

绩效考核评分后要对绩效考核的数据进行整理，这个环节的工作往往也是由 HR 部门或专门的绩效管理部门执行。绩效考核数据的整理不仅是第三方进行的数据核对，还有对考核评分结果的系统整理，以形成部门内、部门间、公司等层面的横向、纵向数据对比。

第四个环节：数据汇总审批

最后一个环节是考核结果汇总及审批，在这个环节，往往已经对考核结果进行了核对与沟通，形成了初步的结果。将考核结果进行汇总和审批的过程其实也是对考核结果的微调过程，尤其是执行强制分布或末位淘汰等考核机制时。

综合起来看，绩效考核的落实实施是与之前的绩效计划制订和绩效过程管理密切相关的，是之前工作的延续；而且，这个环节也是一个需要进行细致和反复沟通的过程，是整体绩效管理中最为关键的一环。这个环节的客观、公正会直接影响到后续的绩效面谈沟通与绩效结果应用。

6.5　绩效沟通的双向反馈

6.5.1　绩效考核面谈

绩效考核面谈主要是员工的上级与员工就绩效考核情况进行沟通，主要沟通的内容包括：

- 回顾工作目标；
- 分析上一阶段主要的工作成果及存在的问题；
- 了解员工对于绩效考核结果的意见；
- 告知绩效考核结果运用方式；
- 沟通员工个人发展计划；
- 明确下一阶段的工作目标；
- 其他。

绩效考核面谈一般会有标准的绩效考核面谈表（见表 6-7）。

表 6-7　绩效考核面谈表

员工姓名		部门		职位		属性	
面谈人				考核周期			
面谈问题	面谈记录							
本考核周期的目标回顾							
本考核周期内取得的成果							
本考核周期内存在的问题							
考核结果及运用							
员工对于考核结果的意见与建议							
员工下一阶段的发展计划							
下一考核周期的目标							
其他							
绩效面谈分析/意见与建议：								
面谈人签字：					日期：			

6.5.2　绩效改进计划

通过绩效考核及绩效面谈，除了当期应用绩效考核的结果外，更主要的是推进下一期工作目标的提升与更好达成，一般地，会有针对性地制定《绩效改进计划书》。

绩效改进计划书

一、基本信息：
姓名：　　　　　　　　部门：　　　　　　　　职位：
入职时间：　　　　　　考核周期：　　　　　　直属上级：
二、考核期业绩综述：
1. 任务目标：

2. 实际业绩：

3. 如业绩未达标，说明未达标的原因：

三、下一阶段绩效改进计划：
1. 任务目标：

2. 绩效改进计划：
提升业绩的具体方法：

请提出需公司、部门提供的资源支持：

四、个人业绩承诺：

本人签名：　　　　　　日期：

6.5.3　绩效面谈沟通的注意事项

绩效沟通是绩效管理的核心，没有沟通的绩效管理是无效的管理。

绩效沟通指考核者与被考核者就绩效考评反映出的问题以及考核机制本身存在的问题进行沟通，共同寻求问题根源和绩效改进策略，为员工绩效持续改善和提高提供客观依据。

绩效沟通主要体现方式是绩效面谈，为使绩效面谈更为有效，企业管理者应注意：

绩效面谈之前要周密策划精心准备。对敏感度高，与员工切身利益密切相关的访谈话题，管理者更要花足够多的时间进行周密准备：

（1）明确面谈目的：与员工协商制订面谈计划（包括面谈目的、面谈日期、面谈时间、面谈地点、面谈主题等方面）；

（2）将面谈计划提前告诉员工，让员工做好准备，包括心理准备和必要的其他准备；

（3）面谈人员准备：要认真收集整理和分析员工绩效考核成绩等与员工绩效相关的工作记录或业绩证明材料；

（4）面谈人员准备好面谈提纲及主要问题清单，打印好《绩效考核面谈表》；

（5）面谈前的问题思考：员工绩效出现问题的根源在哪里？绩效改进路径怎么设计？

在正式面谈中访谈者必须认真倾听员工的意见，必要时进行充分讨论，要鼓励员工充分发表自己的意见和建议，要让员工做好绩效自我评价，分析员工认知的差异。

绩效面谈之后，双方应达成一致认可的绩效改进目标及具体行动计划，且后续工作中要以此为依据跟踪员工绩效改进情况。

6.6　绩效结果的不同应用

6.6.1　绩效结果应用的不同内容

在实施绩效考核后，绩效考核结果的运用也是一个关键的环节，只有运用了考核结果，才能保证绩效考核的激励性与公正性，绩效考核结果一般应用于薪酬、培训、岗位调整、奖惩、劳动关系、股权六个方面（见表6-8）。

表 6-8 绩效考核结果应用

应用方面	具体应用方法	备　注
员工薪酬	绩效工资的核发 奖金的核发 福利增减	可以根据不同岗位设置
员工培训	技能培训 知识培训 意识培训	
岗位调整	岗位升级 岗位降级 岗位轮换 岗位调动	
员工奖惩	正面荣誉 负面批评	可以分不同范围
劳动关系	解除劳动合同 劳动合同续签 劳动合同终止	
员工股权	股权的增加 股权的减少	

实战经验分享：

　　绩效考核结束后，结果应用是考验绩效考核作为激励手段能否达到企业目标的重要环节。绩效考核结果应用的方式很多，既可以单一使用，也可以组合使用。另外，也要结合企业的现阶段目标采取有导向性的应用方式，例如，企业处于快速发展期时，绩效考核结果多采取"绩效、奖金"+"培训"的模式，以鼓励员工通过更好的绩效获得利益和个人能力的双重提升。

6.6.2 绩效考核与绩效工资

📁 **案例 6.2** 如何将绩效考核结果与员工的绩效工资挂钩?

企业执行绩效考核,最直接影响的就是绩效工资,这也是绩效考核结果应用中最重要的用途。绩效工资是企业薪酬结构中与业绩挂钩并动态浮动的部分,绩效工资增强了薪酬的激励作用,而且,绩效工资与绩效考核结果的联动程度也反映出企业对员工的激励程度。下面以一个直观的案例来看员工绩效考核结果与绩效工资的关系(见表6-9)。

表6-9 绩效考核结果与绩效工资的关系

等级	绩效考核分数范围(X)	考核评价	绩效工资发放比例
A	100<X	业绩优秀	绩效工资×X÷100
B	90<X≤100	业绩良好	绩效工资×100%
C	75<X≤90	达到合格	绩效工资×70%
D	60<X≤75	勉强合格 勉强达标	绩效工资×50%
E	X≤60	严重不足 无法胜任	绩效工资×0

6.6.3 绩效考核与薪酬调整

📁 **案例 6.3** 如何根据员工的绩效考核结果进行年度调薪?

除了绩效工资外,绩效考核结果应用最常见的就是薪资调整,尤其是年度调薪往往要参考年度周期内的绩效考核结果来确定。以下是一个实际的应用案例(见表6-10)。

表 6-10　员工年度考核调薪矩阵表

业绩＼能力	不合格	合格	良好	优秀
不合格	0%	3%	5%	8%
合格	3%	5%	8%	10%
良好	5%	8%	10%	15%
优秀	8%	10%	15%	30%

在以上表格中，根据员工年度绩效考核中的业绩项和能力项分别对应不同的年度调薪比例，可以分为几种情况：

1. 业绩或能力都不合格的，不仅没有加薪，而且应予以辞退；
2. 业绩或能力有一项合格的，仅可以少量加薪，这是为了弥补通货膨胀而进行的加薪，一般与CPI的涨幅相近，例如3%左右；
3. 业绩或能力有一项良好，但另一项不合格的，可以少量加薪，如5%；
4. 业绩或能力有一项优秀，但另一项不合格的，适度加薪，如8%；
5. 业绩和能力都合格的，可以少量加薪，如5%；
6. 业绩或能力有一项良好，另一项也能合格的，适度加薪，如8%；
7. 业绩或能力有一项优秀，另一项也能合格的，加大加薪力度，如10%；
8. 业绩或能力都良好的，加大加薪力度，如10%；
9. 业绩或能力有一项优秀，另一项也能良好的，加大加薪力度，如15%；
10. 业绩或能力都优秀的，是公司的核心人才，应重点加薪，如30%，甚至更高。

从上面这个应用案例可以看出，对于员工年度调薪，企业对员工绩效考核中的业绩和能力两个维度都有期望值，最好的员工是业绩和能力兼备的员工，但往往在现实中，业绩与能力不一定能同时兼备，在某一项上有所欠缺。所以在年度调薪时，对于业绩和能力一项优秀，但另一项却欠缺的，要予以均衡。

6.6.4　绩效考核与劳动关系

案例 6.4　如何根据员工的绩效考核结果确定劳动关系？

在企业中，绩效考核结果应用的另外一个方面就是劳动关系。企业管理者需要通过绩效考核结果来确定是否保留员工。以下是一个年度绩效考核结果与劳动关系应用的案例（见表6-11）。

表 6-11 绩效考核结果与劳动关系

等级	绩效考核分数范围（X）	考核评价	劳动关系处理
A	100<X	业绩优秀	连续两年，续签无固定期限合同
B	90<X≤100	业绩良好	连续两年，优先考虑续签无固定期限合同
C	75<X≤90	达到合格	正常签署劳动合同
D	60<X≤75	勉强合格 勉强达标	签署绩效改进协议书 劳动合同到期不续签
E	X≤60	严重不足 无法胜任	解除劳动关系

在这个案例中，劳动关系，尤其是劳动合同关系的处理与绩效考核结果的应用结合起来。劳动合同关系常见的有解除、续签、变更、无固定期限等方式，绩效考核结果越优秀，企业越希望保留该员工；绩效考核结果越差，企业越希望淘汰该员工。

6.6.5 绩效考核与其他应用

除了绩效工资、薪酬调整、劳动关系这三类常见的绩效考核结果应用外，绩效考核结果还可以应用在岗位调整、员工培训、员工奖惩、员工股权等方面。

绩效考核的结果，可以为岗位调整提供一定的参考，但需要依据岗位不同而具体区分绩效考核的项目。如果员工某方面的绩效非常突出，可以通过晋升、岗位调整等让其承担更多的责任；如果员工在某方面的绩效较差，说明部分工作能力欠缺，需要判断是否能够胜任目前岗位，如不胜任，则需要对其岗位进行调整。

根据绩效考核结果对员工的岗位进行调整，其实也是对员工岗位任职资格的评估过程。例如，对某一岗位的资格认证，可以依据年度绩效考核的结果来判断，如果员工绩效考核结果优秀，次年可以调任任职资格更高的岗位，反之亦然。

绩效考核结果还可以作为岗位培训开发需求的判断依据。员工绩效考核结果不好，其中的原因之一可能是知识、技能的某一方面欠缺。企业可以根据绩效考核结果及时做出判断，明确岗位培训需求，组织员工参加相关培训。

除了绩效工资、薪酬调整、劳动关系等直接的应用外，以上所列举的岗位调整、任职资格调整、员工培训等这类应用，依据员工的绩效考核结果判断，可以有效地克服盲目性，避免了职位体系建设、任职资格管理和员工培训与企业绩效脱节的现象。

6.7　回顾与总结

本章我们从绩效计划制订、绩效过程管理、绩效考核实施、绩效沟通反馈、绩效结果应用五个方面详细分析了绩效管理体系。

在绩效计划制订中，本章以一个企业年度绩效计划实例为引导，梳理了绩效计划的关键要素；另外，在这个环节中，还有一个重要的点就是绩效目标的分解，本章以一个企业四级（企业、部门、子部门、员工）为例展现了绩效目标如何进行逐层详细分解。

在绩效过程管理中，最重要的就是要在日常工作执行中保留相关的工作记录、报告、数据以及相关反馈，只有完善的绩效过程管理，才能为后续的绩效管理环节打下基础。

绩效考核实施是绩效管理的核心部分，又细分为绩效数据收集、绩效考核评分、考核数据整理和数据汇总审批4个小的执行环节。

绩效沟通反馈强调在沟通前要做充足的准备，提纲式的绩效沟通面谈是比较有效的执行方式。

绩效结果应用是绩效管理最终落地，与企业员工个人利益挂钩的一个环节，本章主要分析了绩效工资、薪酬调整、劳动关系调整方面的应用，这是企业绩效考核结果最常见的应用，此外，绩效考核结果还可以应用在岗位调整、任职资格管理和员工培训等更多方面。

02

第二篇

经理篇
——不断提升

第七章

实景案例：
中型企业如何完善绩效管理体系？

- 中型企业实景案例中的启示？
- 中型企业的明确定义是什么？
- 中型企业具有什么样的特点？
- 中型企业 HR 管理中的难点？
- 中型企业如何完善绩效体系？

7.1 实景案例的主要内容

案例 7.1　中型企业如何完善绩效管理体系？

1. 基本情况

C 公司成立于 2009 年，性质为股份有限公司，公司注册资金 8000 万元。

C 公司由海外归国人员、总经理赵某带领的团队创立，历经多年发展，目前公司已经上市。

C 公司的主要业务为医疗器械的研发、生产与销售，公司致力于成为中国高端医疗器械的供应商，为人类健康做出贡献。

2. 行业背景

C 公司所处的行业为医疗行业中的子行业——医疗器械行业。该行业是多学科交叉、知识密集、资金密集的高科技产业。中国医疗机构有器械升级换代的需求，自 20 世纪 90 年代以来，中国医疗器械行业一直保持着快速的发展和增长。随着国家支持力度的加大和经济全球化的进程，中国医疗器械行业取得突飞猛进的发展。2016 年，医疗仪器设备和器械制造行业实现业务收入 2765.47 亿元，利润 318.49 亿元，医疗器械成为医疗行业中增速最快的子行业。正是在这种背景下，C 公司选择了医疗行业中发展前景比较好的医疗器械业务。

3. 业务情况

C公司自创立起就组建了高端研发团队，拥有多项专利技术，具备较强的技术研发能力，C公司的医疗器械产品具备与国外同等产品竞争的优势。随着研发产品的成熟，C公司在国内建设了专业的医疗器械生产厂，加快了产业化的过程。经过多年的积累，已经形成了集研发、生产、销售于一体的业务模式。业务收入达到近3亿元，利润9000多万元。随着上市，C公司迎来了一个快速的发展期。

4. 组织结构

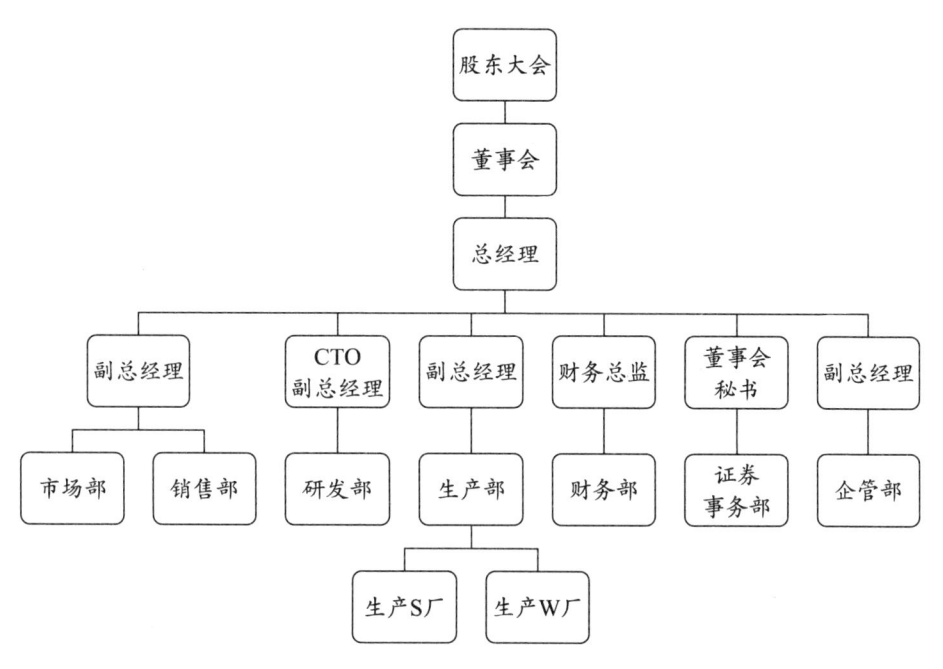

图 7-1　C 公司组织结构图

C公司的组织结构根据业务情况所设置（见图7-1）。整体上实行董事会管理下的总经理负责制，共有7个部门，分别是市场部、销售部、研发部、生产部、财务部、证券事务部和企管部，设置副总经理管理一至两个部门。

由一名副总经理负责公司产品的市场和销售工作，销售部又划分为北方、华东、华南、西部4个大区，分别设有大区经理。研发部由副总经理兼公司的 CTO 管理，主要负责研究创新产品以及产品的应用情况调查。C 公司在华东和华南各有一家生产厂，由生产部负责统一管理。财务总监管理财务部，负责公司的日常财务工作以及公司的上市财报工作。董事会秘书由董事会直接管理，负责对外信息发布、证券事务及投资者关系维护工作。企管部为职能综合管理部门，其中包括了印信管理、人力资源管理、行政管理、后勤管理等综合管理工作。

5. 人员情况

C 公司历经多年发展后上市，目前人员有 400 多人，其中技术研发人员 90 多人（占 22%）；市场销售人员 90 多人（占 24%）；生产人员 140 多人（占 35%）；管理人员 40 多人（占 9%）；职能服务人员 40 多人（占 10%）。

技术研发人员主要集中在北京总部，以高学历、归国留学人员为主。市场销售人员分布于 4 个大区，办公地点集中于北京、上海、广州、成都 4 个分公司。生产人员主要在华东厂（90 多人），华南厂（50 多人）。管理人员和职能服务人员主要集中在北京总部。

6. 主要问题

C 公司历经创业、发展到上市，目前面临的问题主要有：

- 业绩增长要求

公司历经上市前的准备到上市，使 C 公司由一家私人公司成长为一家公众公司。上市不仅要求 C 公司的管理规范与透明，另外，还要求公司要有持续的收入和利润增长。以 C 公司目前的研发能力、生产能力和销售能力，想要收入和利润不断增长，需要综合考虑新产品研发、生产规模扩大以及销售额的提高等多个方面。C 公司在募集资金的使用中也提出要并购上下游企业、从国外引进高端产品、建设新生产线等方面，来综合提升收入和利润。总之，对于 C 公司来说，要想将企业做大做强，这是亟待解决的问题。

- 创业团队问题

上市以后，创业团队的问题更加凸显，主要体现在：有的创业元老位于企业很高的职位上，但其能力的提升明显达不到企业发展对职位的要求；有的创业元老认为历经多年的奋斗，终于上市了，只想有更好的待遇、更轻松的工作，已经无心再谋求发展；有的创业元老希望上市后尽快兑现股票收益，实现财务自由之后就离开企业。

另外，就是新引进人才与原创业团队的矛盾问题。创业元老认为新引进的人才待遇过高，而且只懂通用的管理规则，不了解企业现实情况；而新引进的人才认为与创业元老无法交流，觉得创业元老不具备职业经理人的基本素质。

如何解决好创业团队的问题？如何能让创业团队适应企业进一步发展的需要？如何让创业团队中不适应企业发展的人员平稳退出？如何使新引进人才与创业团队进行融合？等等，这些涉及创业团队的问题成为 C 公司上市后面临的很重要的问题。

- 内部管理问题

在企业创立初期，管理更多的是靠创业团队自身的全心付出以及互相协助，但是，随着企业的发展、人员的增长，尤其是上市以后业务增长的需求，C 公司管理层感到公司内部的管理问题越来越多，主要包括：内部运作效率下降，出现部门间互相推诿、人浮于事、内部流程过长的现象；内部制度不健全，有的部门负责人权限过大，有的工作处理没有依据；没有完善的薪酬和绩效考核办法，薪酬有内部失衡的现象，无法明确衡量工作绩效的好坏等。总体看，C 公司管理层认为企业发展到现有规模需要提升管理水平，需要从依靠个人管理转变到依靠制度管理，只有突破管理瓶颈，企业才能进一步发展，做大做强。

7.2 实景案例的要点分析

1. 什么是中型企业？

中型企业一般指人员或产值达到一定规模的企业。根据中型企业所处的行业或者认定角度的不同，国家对于中型企业也有不同的定义。以工业为例，中型企业一般指人员在 300 人以上 1000 人以下，营业收入在 2000 万元以上 4 亿元以下。中型企业脱离了小微企业，在规模上、产值上已经达到一定的标准，但是，之所以说其是中型企业，就是规模、产值的体量并不够大。

2. 中型企业有哪些特点？

中型企业一般有以下特点：

- 发展是难点

中型企业已经渡过初创阶段，建立了自身的业务模式，多数企业在达到中型规模时，已经实现盈利，发展快的已经上市，正如本章中所提及的实景案例。不论是否上市，中型企业虽然在人员和产值上达到一定的规模，但仍然面临非常多的竞争，尽快做大做强、尽快发展，仍是中型企业面临的最大难点。中型企业选择的发展之路往往也是一个重要的转折点，选择好了，能够快速发展，成为大型企业；但是如果发展之路的选择出了问题，便可能面临快速的衰败与死亡。是专注单一业务，还是多元化发展？是靠内生性增长发展，还是外延并购式发展？是靠销售带动发展，还是靠研发新产品带动发展？中型企业在发展、做大做强的路上仍有很多问题需要面对与解决。

- 团队要成长

中型企业的一个特点是在团队上已经有了一定的积累，从创业起历经发展，人员已经达到一定的规模，至少有几百人。大多数中型企业的核心团队仍是初创团队，即创业时搭建的原始团队。这个原始团队或者以家族关系为主，或者以同学、战友、同事等亲近关系为主，以纯粹职业经理人搭建原始团队的中型企业比较少见。随着企业从创业开始发展成中型规模，原始团队成员多占据企业的核心管理层职位，但是，中型企业在做大做强的发展需求下，需要团队也随之有较大的提升、成长，能够适应企业发展的需求，这对于原始团队是一个很大的挑战。另外一个方面，采取多元化或并购策略发展的中型企业往往倾向于引入更加专业的人才，这也会对原始团队造成冲击。

- 管理要提升

多数企业在发展到中型前，其原创团队主要将精力放在业务模式建立和业务发展的求生存阶段，为了保证有限资源的有效利用，企业的所有权和经营权高度统一，管理多集中于企业负责人个人手中，缺乏正式的组织形式，业务、经营、财务、人员等方面的管理往往缺乏规范。待企业成长为中型企业后，尤其是个别企业上市后，企业负责人会发现个人精力非常有限，无法对企业的各块管理都做到面面俱到。人多了、部门多了，反而效率下降、效益下降。对企业负责人来说，管理规范性、授权、团队建设等几个关键问题亟待解决，向管理要效益已经提上日程。

3. 中型企业 HR 管理有哪些难点？

中型企业在其发展阶段除了有综合性的特点外，HR 管理的难点主要集中在以下方面：

- 解决新老矛盾

在本章的实景案例中可以看到，中型企业由于业务的发展需求，需要团队成长。体现在 HR 管理中，一方面就是新人才引进的问题。由于中型企业在业务发展和管理规范上有双重的需求，所以往往比较青睐成熟、大型企业的职业经理人，因为这类人才既有大型企业的业务经验，又能带来大型企业的规范管理。HR 需要建设招聘渠道寻访这类人才，同时，在这类人才引进时，要在薪酬激励上有相应的政策，否则很难吸引这类人才。招聘企业发展需要的中高端人才是中型企业 HR 管理的一个难点。

另一方面就是原始创业团队的管理问题，也即如何让不符合企业发展的原始团队成员和平退出。如何既发挥原始团队的作用，又能够让新引进人才平稳落地，这是中型企业 HR 管理的另一个难点。

总之，在核心团队的建设和管理上，中型企业 HR 需要处理好新老矛盾。

- HR 基础管理要规范

企业在人员规模小的时候，HR 的规范管理很难提上日程，但是，随着企业人员规模的不断扩大，当达到几百人时，企业已经建立健全了组织结构，有了部门、职位、等级的划分，相对地，各职位的分工也已经细化到专业程度，这样，对于 HR 基础管理的规范性要求就越来越强。包括职位体系明确、岗位职责细分、工作流程规范明确、劳动合同内容合法且签订及时、员工入职及离职手续的及时办理、员工薪酬发放规范、员工社保公积金的规范、员工转正手续规范、员工绩效考核标准清晰、员工调薪或调岗的规范、员工解除劳动合同的规范、员工日常考勤管理的规范等。当企业人员规模达到几百人时，如果 HR 基础管理不能规范，小则员工会有不满，大则可能引发集体劳动仲裁，都会对企业利益、名誉造成重大损害。

- 薪酬绩效体系要完善

企业在规模小的时候，主要精力集中在业务发展上，往往所有权与经营权高度集中于创始人手中，在人力资源管理上，自然权力也比较集中。多数小企业没有明确的薪酬绩效管理体系，薪酬标准随意性强，薪酬多由创始人确定；也比较缺乏绩效管理，"员工干得好不好，老板说了算"成为小企业绩效管理的常见现象。有些企业这样的薪酬绩效管理机制甚至一直延续到中型规模，这不仅会造成内部的不公平，尤其是在新人才引进后，在薪酬绩效管理机制上不能协调好新老的矛盾，就会造成核心团队的不团结，甚至是人心涣散、集体离职，这会对正在寻求发展的中型企业造成重创。在现实的企业管理中，这种例子并不鲜见。

7.3　中型企业的绩效管理

通过以上对实景案例的分析，介绍了中型企业的特点和 HR 管理的难点。面对这样的特点和难点，中型企业的绩效管理体系该如何有针对性地进行完善呢？下面主要从三方面提出建议：

1. 先引进后改造

前面分析过，中型企业人员规模达到几百人时，企业已经建立健全了组织结构，有了部门、职位、等级的划分，相对地，各职位的分工也已经细化到专业程度，这也具备了薪酬绩效体系建设的基础。虽然各岗位人员数量还需要在发展中逐步增加，但整体管理体系已经初具规模，可以借鉴同行业或相近行业大型企业的成熟经验。因此，在中型企业的绩效体系建设上，不一定需要从头自行建设，可以一次性使用咨询公司或引进有经验 HR 管理人员，引进一套成熟的绩效管理体系。在引进成熟绩效管理体系的基础上，结合中型企业的实际情况，进行部分个性化的改造。这样，既避免了在建设中重复走弯路，又能够适应企业的个性化。

2. 绩效体系细化

引进成熟绩效管理体系后，另一项重要的工作，就是要在企业中进行绩效管理体系的细化、落地工作，主要包括以下几方面：

- 根据不同岗位系列进行绩效管理的细化

在本章的实景案例中，可以根据其组织结构及人员配置情况，将 C 企业的岗位划分为管理系列、销售系列、技术系列、生产系列和职能系列 5 大系列。这 5 个岗位系列中，每个系列的岗位都有其岗位特性，可以根据不同系列岗位的特性制定不同的绩效管理办法，来对整个绩效管理体系进行细化。在本篇中，我们还会针对这 5 类岗位的绩效管理分章展开叙述。

- 根据不同绩效考核的周期进行绩效管理的细化

绩效考核有不同的周期，一般划分为月度、季度、半年、年度、3 年等不同的考核周期。中型企业在绩效管理体系的建设中，可以从绩效考核周期这个角度来对绩效管理进行细化。开发出适用于企业发展的不同周期绩效管理办法。考核周期可以结合考核岗位不同而选取，在每类岗位绩效考核体系搭建时，可以同时考虑选择合适的考核周期。

- 根据不同用途进行绩效管理的细化

中型企业在绩效管理细化中的第三个维度，就是根据不同的用途对绩效管理进行细化。在人力资源管理中，绩效考核需要适用不同的需求，比较常见的有发薪、转正、调薪、评优、升迁等，针对不同的用途对于绩效管理办法进行细化，才能保证绩效管理体系的有效性。不同用途的绩效考核模式可以结合不同岗位设计，也可以从通用的角度统一设计，例如，转正考核办法、评优评估办法等。

3. 发展中再完善

中型企业的绩效管理体系面临着企业的发展问题。在前面的案例中也分析过，中型企业面临更多的竞争，对于快速发展、做大做强有着强烈的发展需求，所以，在引进成熟的绩效管理体系并进行改造、根据企业情况进行细化之后，绩效管理体系还需要随着中型企业发展的过程而不断提升与完善。绩效管理体系的建设是一个持续、不断改进的过程，不能一蹴而就。完善的过程中，除了要不断地从不同维度对现有绩效管理体系进行深入细化外，还可以随着企业并购等引入新的绩效管理体系，将新的绩效管理体系与原有绩效管理体系进行整合等。

7.4 实景案例的重要启示

通过本章的实例可以看出，中型企业绩效管理体系的完善中，最重要的就是绩效体系的细化，尤其是需要根据岗位设计绩效考核体系。

一般地，企业中常见的 5 种岗位为管理岗位、销售岗位、技术岗位、职能岗位和生产岗位（见表 7-1）。

表 7-1 企业中常见的 5 种岗位

岗位类别	定义	实例岗位
管理人员	指承担经营管理指标的企业管理人员。	总经理、副总经理
销售人员	指承担企业产品销售工作的人员。	销售经理、销售代表
技术人员	指承担企业技术研发、技术实施的人员。	项目经理、研发工程师
职能人员	指承担企业内务管理的人员。	会计、人力资源主管
生产人员	指承担企业产品生产的人员。	生产主管、生产工人

针对这 5 种常见的岗位，企业经常采用的薪酬、绩效考核体系见表 7-2。

表 7-2 企业各岗位通行的薪酬绩效制度

岗位类别	主要薪酬考核制度	主要工资构成	核心绩效考核要素	绩效考核指标示例
管理人员	年薪制	基本年薪 + 效益年薪 + 奖金	业绩 + 管理	年度净利润
销售人员	提成制	基本工资 + 业绩工资 + 奖金（底薪 + 提成 + 奖金）	业绩	销售额
技术人员	技能工资制	基本工资 + 技能工资 + 奖金	技能 + 项目	项目验收率
职能人员	岗位工资制	基本工资 + 岗位工资 + 奖金	岗位技能	服务满意度
生产人员	计件工资制	基本工资 + 计件工资 + 奖金	技能 + 计件	合格产量

根据以上两个表，可以简单地了解企业典型岗位及通行的薪酬制度和绩效考核制度，后续章节将就每一个岗位系列的典型薪酬考核制度，结合岗位的特点，进行详细分析。

7.5 回顾与总结

本章是第二篇的起始章，以中型企业为实例，来分析中型企业的定义、特点，进而分析了中型企业 HR 管理的难点。中型企业由于发展的需要和团队的成长，管理提升成为刚需，相应地，绩效管理体系也亟待提升与规范。作为中型企业，由于业务已经基本成型、人员也有了一定的规模，绩效管理体系的提升与规范在某种程度上，就是绩效管理体系的细化。本章明确了中型企业绩效管理体系细化的重点在于围绕岗位进行细化，其中也结合考虑考核的周期和考核的用途。

受行业、业务、管理、发展历史等不同因素的影响，每个企业的岗位都不尽相同，这里主要梳理出 5 类常见的岗位：管理、销售、技术、职能、生产。后续章节将对这 5 类岗位的绩效管理体系进行详细分析，为中型企业绩效管理体系的建设与细化提供思路。

第八章
管理人员的绩效管理

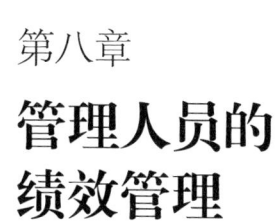

- 管理岗位具备什么样的特点?
- 管理人员如何进行科学配置?
- 如何建设管理类的职位体系?
- 管理岗位通常采用何种薪酬?
- 如何设计管理岗位绩效体系?

8.1 管理人员的特点分析

8.1.1 管理和管理人员

管理是在特定的环境下，对组织所拥有的资源进行有效的计划、组织、领导和控制，以便达成既定的组织目标的过程。"科学管理之父"泰罗认为，管理就是指挥他人用最好的办法去工作。管理的主体可能是一个国家或者一个单位。一般地，管理的方法为计划、组织、领导、控制等。

管理人员指在一个组织中负责对人力、物力、财力等资源进行计划、组织、领导和控制的人员，管理人员通过他人来完成工作，做决策、分配资源、指导他人的行为来达到工作的目标。

8.1.2 管理人员的分类

管理人员分类主要从两个角度看，一是从层级来看，管理人员分为高级管理人员、中级管理人员和初级管理人员；二是从专业来看，不同的企业根据工作内容划分不同的管理人员，例如，管理人员可分为市场管理人员、销售管理人员、研发管理人员、生产管理人员、财务管理人员、人事管理人员、行政管理人员等。

最常见的划分方法，就是根据不同层级来划分管理人员，不同层级管理人员的主要职责和典型称呼见表8-1。

表 8-1　不同层级的管理人员

类　　型	主要职责	典型称呼
高层管理人员	制定企业的总目标、总战略 掌握企业战略并评价整个企业的绩效 代表企业并以"官方"的身份出现	总裁、总经理、CEO、COO、副总裁、副总经理等
中层管理人员	贯彻执行高层管理人员所制定的重大决策 监督和协调基层管理人员的工作	部门经理、部门副经理、分公司经理、区域经理等
基层管理人员	给下属作业人员分派具体工作任务 直接指挥和监督现场作业活动 保证各项任务的有效完成	项目经理、领班、主管等

第二个维度，就是从管理人员从事的专业方向来划分管理人员，企业中常见专业管理人员的主要职责和典型称呼见表 8-2。

表 8-2　不同专业的管理人员

专　　业	主要职责	典型称呼
综合管理人员	负责全面或某一业务领域的全面管理	总裁、总经理、CEO、事业部总经理、分公司总经理等
运营管理人员	负责企业的运营专业管理	COO、运营副总裁、运营总监、运营部经理、运营主管等
市场管理人员	负责企业的市场专业管理	市场副总裁、市场总监、市场部经理、市场主管等
销售管理人员	负责企业的销售专业管理	销售副总裁、销售总监、销售部经理、大区销售经理等
研发管理人员	负责企业的产品研发专业管理	CTO、研发总监、研发部经理、研发项目经理等
开发管理人员	负责企业的产品开发专业管理	开发总监、开发部经理、开发项目经理等
生产管理人员	负责企业的产品生产管理	生产副总裁、生产总监、生产部经理、厂长、生产主管、领班等
售后管理人员	负责企业的售后专业管理	售后总监、售后部经理、售后主管等
财务管理人员	负责企业的财务专业管理	CFO、财务总监、财务部经理等
人力资源管理人员	负责企业的人力资源专业管理	CHO、人力资源总监、人力资源部经理等

续表

专　业	主要职责	典型称呼
证券管理人员	负责企业的证券专业管理	董事会秘书、证券部经理等
法务管理人员	负责企业的法律事务专业管理	法务总监、法务部经理等
商务管理人员	负责企业的商务专业管理	商务总监、商务部经理等
信息管理人员	负责企业的内部信息系统专业管理	信息总监、信息部经理等
行政管理人员	负责企业的行政专业管理	行政总监、行政部经理等
后勤管理人员	负责企业的后勤专业管理	后勤总监、后勤部经理等

8.1.3　管理人员的素质模型

管理人员的主要工作就是通过他人来完成工作，通过做决策、分配资源、指导他人的行为来达到工作的目标。从这个角度看，管理人员的通用素质要求就是要能够保证这一职责的实现，以下是企业常见的管理人员通用素质模型（见表8-3）。

表8-3　管理人员的通用素质模型

素质项目	具体解释
专业知识	掌握本专业及其他相关性的专业，对各知识点能够融会贯通、熟练运用
领导能力	理解组织目标，激励员工，通过沟通、授权等影响员工，实现组织目标
创新能力	用新的思想、方法，解决问题，提高绩效
识人用人	组建团队，慧眼识才，能够激励下属
计划能力	区分轻重缓急，提出组织在未来一个阶段内要达到的目标和实现途径
决策能力	根据形势，做出及时、恰当的决策，选择最优方案，并采取行动
沟通能力	能与他人有效地沟通信息，善于倾听，具有影响力和说服力
团队精神	协作意识强、尊重他人，注重全体成员的凝聚力
责任心强	有大局观，平衡团队利益与个人利益，勇于承担责任
诚实正直	为人诚实守信，能够做到言而有信；处理问题公平、客观，为人正直

8.1.4 管理人员的任职资格

要担任企业的管理人员,个人知识、经验、技能等各方面的综合素质必须满足更高的要求。一般地,企业各级管理人员的任职资格均从知识、经验、技能等多方面来要求,具体框架参照表8-4。

表 8-4 管理人员的任职资格

职位名称	类别	任职资格描述
高级管理人员（如总经理等）	知识	本科以上学历,相关专业,掌握专业管理知识和全面深入的企业管理相关知识
	经验	10年以上相关工作经验,丰富的企业管理实践经验
	技能	具有高瞻远瞩的战略布局能力;具有大局观和全局意识;具有推动企业变更和创新能力;具有卓越的团队领导力;善于搭建和培养团队;具有良好的沟通协调能力;为人正直;责任感强;具有丰富的社会人脉资源等
中级管理人员（如部门经理等）	知识	本科以上学历,相关专业,掌握专业管理知识和全面的企业管理相关知识
	经验	5年以上相关工作经验,丰富的企业管理实践经验
	技能	职业化管理意识强;具有相关业务领域的管理能力;执行力强;具有团队领导力;勇于担当;具有大局观和全局意识;具有良好的沟通和协调能力
初级管理人员（如项目经理等）	知识	本科以上学历,相关专业,掌握专业管理知识和部分企业管理相关知识
	经验	3年以上相关工作经验
	技能	执行力强;具有职业化管理意识;具有相关业务领域执行能力;具有团队领导意识;勇于担当;具有良好的沟通和协调能力

> **实战经验分享：**
>
> 本节中所阐述的管理人员特点，包括分类、素质模型和任职资格等，均是根据企业通常的需求归纳的。具体到每个企业，由于企业所处行业、所处发展阶段、业务、团队等多方面的差异，企业与企业间的管理人员特点会有非常大的差异。例如，管理人员分类中，专业管理人员并不是每个企业都会设置每类管理人员，当实际管理没有需求时，就不配置相应专业的管理人员；或者，可能会合并某些专业，形成综合性的管理人员等。因此，本节阐述的管理人员特点仅供参考，在实践工作中使用时，还需要根据企业的实际情况进行修改与调整。

8.2 管理人员的职位体系

管理人员按照级别一般分为初级、中级和高级管理人员，按照专业类别分，可以分为综合管理、销售管理、技术管理等。在建设管理人员职位体系时，可以同时从职位级别和专业类别两个维度考虑，形成企业的管理人员职位体系（见表8-5）。

表8-5 管理人员职位体系

职位层级	职位等级	综合管理	销售管理	技术管理	生产管理	职能管理			
						财务管理	HR管理	法务管理	行政管理
高级	M1	总裁							
	M2	副总裁	销售副总裁	CTO	生产副总裁	CFO	CHO		
中级	M3	事业部总经理	销售总监	技术总监	生产总监	财务总监	HR总监	法务总监	行政总监
	M4		销售部经理	技术部经理	生产部经理	财务部经理	HR部经理	法务部经理	行政部经理

续表

职位层级	职位等级	综合管理	销售管理	技术管理	生产管理	职能管理			
						财务管理	HR管理	法务管理	行政管理
初级	M5		销售经理	技术主管	厂长	财务主管	HR主管	法务主管	行政主管

在管理人员职位体系中，可以根据企业管理职位对层级进行细化，例如，不仅可以将层级划分为初级、中级、高级三级，还可以将每一级进行细化，在表 8-5 的示例中，就将管理人员职级细分为 M1 至 M5，共 5 等。职位等级也可以进一步细化，但一般中大型企业管理人员职位等级多分为 5 等至 9 等。

案例 8.1　如何合理配置管理人员的数量？

关于管理人员在企业中的配置比例与数量，主要有两种思路：一是根据传统的管理跨度来配置管理人员；二是随着新型产业发展而倡导的扁平化组织结构模式下对于管理人员的减少配置。

先来看传统的根据管理跨度配置管理人员的方式。

管理跨度指管理人员有效监督、管理其直接下属的人数，管理跨度是有限的。当下属人数不足时，会出现管理人员管理不饱和的现象，但当下属人数超过这个限度时，会存在管理人员对下属监督指导不足的问题，导致效率下降，因此，管理人员要根据指导下属的人数来进行配置，这就形成了有层次的管理结构。

传统的管理学家研究证明，一位管理者有效管理下属的跨度限制在 3—7 名下属。管理跨度的影响因素包括管理者自身的管理能力、下属的自我管理成熟度、工作的标准化程度以及管理条件等。管理跨度越大，管理层级越少，管理人员数量越少；反之，管理跨度越小，管理层级越多，管理人员数量越多。下面，我们来看两个实例。

第一个实例以管理跨度为 4 人来测算一个企业有 2000 名员工时所需要的管理人员（如图 8-1）。从图中可以看出，管理层需要设置六层（含员工一层），管理人员的数量为 666 人，占员工人数的 33.3%，占总人数的 24.98%。

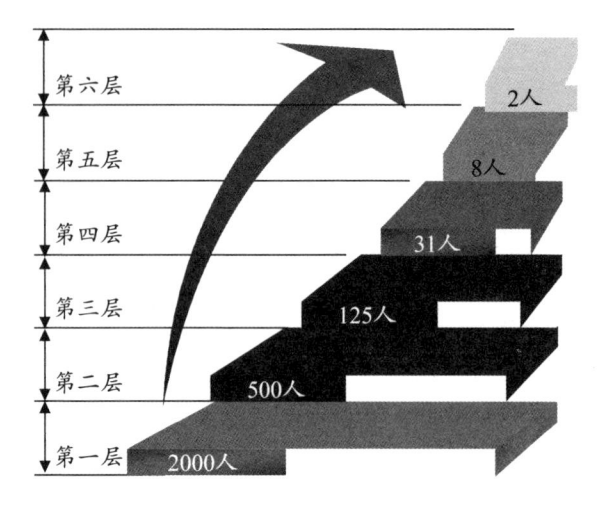

图 8-1 用管理跨度测算管理人员（一）

再看第二个实例，以管理跨度为 8 人来测算一个企业有 2000 名员工时所需要的管理人员（见图 8-2）。从图中可以看出，管理层需要设置四层（含员工一层），比管理跨度是 4 人时减少了两层管理层。管理人员的数量为 285 人，比管理跨度是 4 人时的管理人员 666 人减少了 381 人，占员工人数的 14.25%，占总人数的 12.47%。

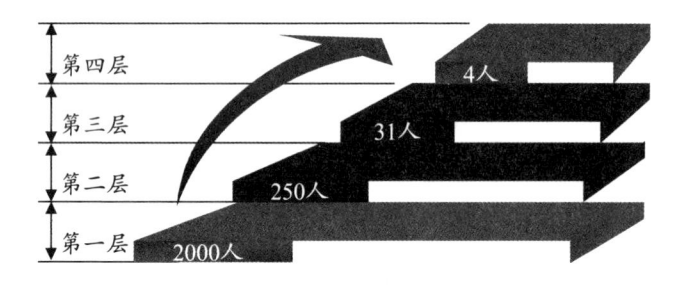

图 8-2 用管理跨度测算管理人员（二）

以上两个实例说明管理跨度的选择对于企业管理层级和管理人员设置的重大影响。一般地，企业管理实践从多以 6 人管理跨度为配置管理人员的基准，可以以 6 人管理跨度再看一下一个有 2000 名员工的企业如何配置管理层和管理人员数量（见图 8-3）。从图中可以看出，管理层设置为五层（含员工一层），管理人员的数量为 400 人，占员工人数的 20%，占总人数的 16.67%。

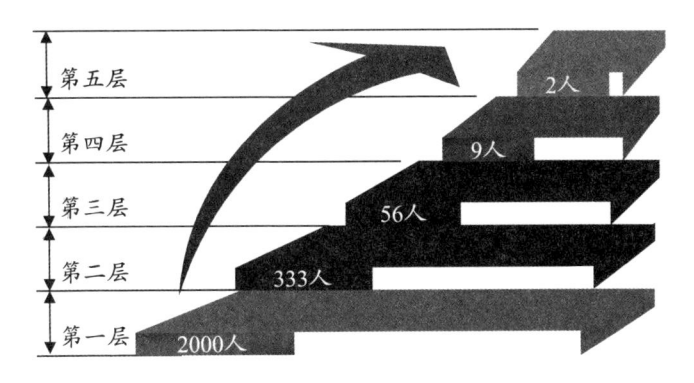

图 8-3　用管理跨度测算管理人员（三）

以上就是传统的通过管理跨度来设置管理层级和管理人员数量的思路。目前，绝大多数企业、机构等组织仍采用这种模式，这种模式形成了组织内金字塔型的管理结构。

近年来，随着信息产业的发展，新型产业应运而生，随之，人们的生活模式、沟通模式等都产生了重大的转变。一种新型的管理模式——扁平化管理，正在很多现代企业中逐步流行。

与传统根据管理跨度配置管理层级和管理人员数量的思路不同，扁平化管理是指企业中减少管理层级、提升管理效率的一种管理方式。扁平化管理结构，包括矩阵式结构、团队式结构、网络式结构等，强调以工作流程为中心、信息充分交流、企业内资源权力的适当授权。扁平化管理主要是针对传统的金字塔式层级管理的弊端，包括其随着企业规模的扩大，管理成本不断增高、沟通协调难度大、管理僵化、无法对市场需求及时做出反应等问题。

在扁平化管理的实例中，相信最为知名的就是 Google 公司。Google 员工为知识型员工，因而 Google 采用小团队管理方式。每个小团队自行管理，并与其他小团队进行合作，管理者在 Google 更多的角色是观点收集者，而不是决策者。在这种小团队的管理模式下，员工能更多地探索、创新，拥有平等感及工作的自主权，同时，也降低了企业内部的协调成本和管理成本。

另外，国内知名的案例就是海尔的去中心化。海尔裁掉中层管理人员 1 万人，减少管理层，降低管理成本。海尔用"员工创客化"，将庞大的员工队伍变成若干"微小组织"。海尔期望这种变革使企业适应互联网时代的到来，减少企业与客户的间隔,增加企业的市场适应力。

从以上案例可以看出,随着信息化、互联网的发展,扁平化管理正在成为一种可实现的趋势。同时,需要注意的是,企业在实行或变革为扁平化管理时,一定要有充足的论证与准备。扁平化的管理不仅需要具备信息处理、沟通方式、管理方式等硬性的条件,还要具备思想转变、企业文化适应等软性条件。

8.3 管理人员的薪酬管理

8.3.1 管理人员常用的薪酬结构

管理人员通过计划、组织、领导、控制等方式来使他人完成工作。在企业中,管理人员掌握着企业的发展方向,操控着具体执行,是企业的核心成员;同时,管理人员也是企业中薪酬水平较高的人员。一般地,在企业中,管理人员的薪酬结构包括以下几个方面:

1. 基本薪资

基本薪资是保障管理人员基本生活的薪资。这一部分一般不会太高,职级、职等间差别不会太大。有的企业在设置基本薪资时,只确定一个或几个固定的值。

2. 职能薪资

职能薪资是按照管理人员职位任职能力而确定的薪资。各级职位任职能力的差别较大,因而职能薪资可能会有较大的差异。在确定职能薪资时,主要的参考依据是职位任职资格以及职级/职等的设置。

3. 绩效薪资

绩效薪资是按照管理人员的绩效而确定的薪资。绩效薪资又可以分为不同的类别,例如,月度绩效、季度绩效、年度绩效、超额奖金等。绩效薪资的设置与管理人员的职位、管辖范围所产生的绩效有直接的关系。

4. 长期激励

长期激励是针对短期激励（包括基本薪资、职能薪资、绩效薪资等）而言的，主要目标是激励管理人员长期为企业服务，同时，共享企业的发展成果。长期激励的主要方式包括股票、期权、合伙人制度、内部创业制度等模式。

5. 激励性福利

激励性福利是针对保障性福利而言的。保障性福利指保障员工基本工作生活所需的福利，通常包括社会保险、住房公积金、工作午餐、交通补贴等。而激励性福利，则一般是为了给员工提供更多更好的福利，以激励和保留员工。针对管理人员的激励性福利，各企业根据自身的情况在设置上各有千秋，通常比较多见的有带薪旅游、学费报销、配置公车、住房补贴、医疗保险等。

以上 5 类管理人员常用的薪酬结构可以简单归纳为以下表格（见表 8-6）。

表 8-6 管理人员常用薪酬结构

薪酬结构	主要形式	主要作用
基本薪资	基本工资	保障管理人员的基本生活
职能薪资	岗位工资、职能工资、职级工资等	区分管理人员不同的任职能力
绩效薪资	月度绩效、季度绩效、年薪绩效、超额奖金等	根据绩效确定薪资
长期激励	股票、期权、合伙制、内部创业等	激励管理人员长期服务并共享收益
激励性福利	带薪旅游、学费报销、配置公车、住房补贴、医疗保险等	为管理人员提供更好的保障

8.3.2 管理人员的年薪制

管理人员一般在企业主要承担经营和管理的职责，为了能够对管理人员进行有效的激励和约束，使管理者的所得与责任和贡献相匹配，一般地，企业会采用年薪制的薪酬模式。年薪制是一种以年度为单位，根据企业的经营规模、经营业绩、管理水平等确定并支付给管理者的工资制度。

年薪制中的年薪，企业一般会包括管理人员常用薪酬结构中的基本薪资、职能薪资和绩效薪资三部分，而不包括长期激励和激励性福利。有个别企业会将后两部分，即长期激励和激励性福利折算到年薪总额内。

在年薪制中，会将年薪划分为基本年薪和效益年薪两部分，一般地，基本年薪包括了基本薪资和职能薪资两部分（或者合二为一），按月发放；效益年薪以年度为单位对绩效进行考核后发放，也有的企业将管理人员的效益年薪划分到四个季度考核后发放。

在管理人员年薪制中，年薪总额如何核定？基本年薪与效益年薪如何确定比例？非经营管理人员如何确定年薪？效益年薪如何考核？……这些问题是年薪制管理中的主要问题，下面将以实例的形式逐一分析。

案例 8.2　管理人员年薪总额如何核定？

在管理人员年薪总额核定中，主要有三个思路：一是按照经营任务的一定比例核定；二是按照职位级别进行核定；三是按照市场价格进行核定。先看表8-7，这是一个按照经营任务来核定管理人员年薪的案例，在这个案例中，根据管理人员年度承担的经营任务（这里选取的年度净利润任务指标）来核定年薪总额。随着经营任务额的增加，管理人员年薪的比例在下降，但年薪的绝对额在增高。

表 8-7　管理人员年薪总额核定案例（一）

序号	年净利润任务额（万元）	年薪所占比例	年薪总额（万元）
1	200	15%	30
2	500	12%	60
3	800	10%	80
4	1000	9%	90
5	1200	8%	96
6	1500	7%	105
7	1800	6%	108
8	2000	6%	120

管理人员年薪总额核定的第二个思路是按照管理人员职位级别来核定年

薪总额，请参照表8-8，这是一个按照管理人员职位级别来核定管理人员年薪总额的案例。在该案例中，将管理人员划分为不同的职位层级、职位等级及职位系列，每个等级核定了最低年薪总额和最高年薪总额。

表8-8 管理人员年薪总额核定案例（二）

职位层级	职位等级	综合管理	销售管理	技术管理	职能管理		年薪总额（万元）	
					财务管理	HR管理	最低	最高
高级	M1	总裁					100	150
	M2	副总裁	销售副总裁	CTO	CFO	CHO	80	100
中级	M3	事业部总经理	销售总监	技术总监	财务总监	HR总监	50	80
	M4		销售部经理	技术部经理	财务部经理	HR部经理	20	50
初级	M5		销售主管	技术主管	财务主管	HR主管	8	20

对于根据市场价格来核定管理人员年薪总额的，就需要有比较精确的行业薪酬市场调查数据，或者，需要对行业内竞争对手薪酬情况有比较深入的了解。

案例8.3 管理人员年薪中基本年薪与效益年薪如何划分？

对管理人员实行年薪制时，基本年薪与效益年薪的划分是一个很重要的问题。基本年薪一般都在平时按月发放，效益年薪一般在考核期（通常以年度为单位）结束后，根据考核结果发放。基本年薪与效益年薪的比例划分，决定了年薪的激励程度。效益年薪比例越小，激励性越小；效益年薪比例越大，激励性越大。

表8-9是一个管理人员基本年薪与效益年薪划分的案例，在这个案例中，可以看到，管理职位级别越低的人员，基本年薪比例越高，效益年薪比例越低；管理职位级别越高的人员，基本年薪比例越低，效益年薪比例越高。这种设

置一般与企业管理中的实际需求相符，即职位越高的管理人员年薪金额越高，与效益挂钩的效益年薪比例越高；职位越低的管理人员年薪金额越低，与效益挂钩的效益年薪比例也越低。

表 8-9　管理人员基本年薪与效益年薪划分

等　别	管理职位	基本年薪比例	效益年薪比例
1	总经理	50%	50%
2	副总经理	60%	40%
3	事业部经理	70%	30%
4	部门经理	80%	20%
5	部门主管	90%	10%

案例 8.4　非经营管理人员如何核定年薪？

在企业的实际管理中，以是否承担经营任务（如承担收入、利润等指标）为区分，可以将管理人员划分为经营管理人员和非经营管理人员两大类。经营管理人员就是承担企业经营任务的人员，即实际承担企业收入、利润等经营目标；而非经营管理人员虽然对企业的经营目标有贡献，但往往贡献是间接的，无法直接衡量，比较常见的非经营管理人员，包括技术管理人员、职能管理人员等。

下面来看一个实例。李总担任某公司的技术副总经理，他和总经理王总同是公司的创始人，李总主管公司的软件产品研发和售后服务工作。在实行管理人员年薪制时，如何核定李总的年薪？

由于技术类管理人员无法直接以利润等任务指标为核定年薪依据，可以采取以下两种思路：

思路1：根据市场价格核定年薪总额后，取一定比例的绩效年薪（一般为20%—30%），与产品研发、售后服务任务完成情况进行挂钩考核后发放；

思路2：与上级或同级经营者捆绑核定年薪并捆绑考核。例如，实例中的李总可与总经理有一样的考核指标，都对公司的净利润负责。只是绩效年薪的比例略低于总经理。

年薪制具有明显的优点，机制也较为灵活，但它仍有一些实施的前提条件。一个重要的条件是企业的所有权与经营权相分离，即原则上实行年薪制的人员应该是企业的经营者，有独立的经营权限，也有相应的权力监督机制；另一个条件是要有较为完善的企业经营状况记录和核实的机制，要以企业的实际经营结果来考核管理者。

8.4 管理人员的绩效实例

8.4.1 管理人员的绩效考核指标

针对管理人员，企业通常采用平衡计分卡考核法（BSC）、关键绩效指标考核法（KPI）以及360度考核法这三种考核办法，最常见的是两种：一种是将平衡计分卡考核法（BSC）和关键绩效指标考核法（KPI）两种相结合，另外一种就是360度考核法。

8.4.2 管理人员的"BSC+KPI"考核指标

企业管理人员BSC考核指标的选取主要围绕公司经营管理目标展开，分为财务指标、客户指标、内部管理指标、学习与成长指标四个方面。企业管理人员最常见的KPI考核指标为主要的企业经营指标，如合同额、收入、净利润、净现金流等，有的企业会增加部分管理指标，如制度建设、流程完善、团队稳定、人才培养等。

两者的结合"BSC+KPI"，往往是企业最常采用的管理人员考核模式，以下是一个企业经营管理人员的年度"BSC+KPI"绩效考核指标表（见表8-10）。

表 8-10　企业经营管理人员"BSC+KPI"指标表

职位名称	指标类别	考核指标	权重	指标描述	考核数据来源
事业部总经理	财务指标（40%）	收入	20%	年度收入额（万）	财务部
		利润率	10%	利润占收入比率	财务部
		人工成本	5%	人工成本（万）	财务部
		费用控制	5%	费用控制在预算内	财务部
	客户目标（30%）	年度新增客户数	15%	当年新客户总量	商务部
		市场增长率	10%	当年产品市场增长率	财务部、商务部
		客户满意度	5%	独立的客户满意度调查	客户服务部
	内部管理（15%）	管理制度	5%	企业年度管理制度建设目标	总裁办
		质量管理	5%	ISO9000 体系建设	企管部
		售后服务	5%	售后服务响应落实率	客户服务部
	学习与成长（15%）	员工满意度	5%	员工对企业管理的综合满意度	人力资源部
		员工培训	5%	企业年初规划的培训落实比率	人力资源部
		人才培养	5%	人才培养计划落实完成比率	人力资源部

8.4.3　管理人员的 360 度考核指标

对管理人员采取 360 度考核，上级评价维度、自己评价维度和客户评价维度都是相对比较好先取考核指标的，但下级对上级评价和同事间互评就是 360 度考核实施中的难点了。下面选取的实例正是下级对上级考核时采用的领导综合能力评价表和同事间互评时的部门协作满意度互评表（见表 8-11 和表 8-12）。

表 8-11 领导综合能力评价表（下级对上级）

被考核人	部门：	姓名：	职务：	评价区间：	年	月
考核项目		考核内容			分值	得分
工作能力 50%	领导能力	能够有效统驭下属，合理调动和组织下属完成工作			10	
	培养指导	善于开发下属的潜力，并为下属实现工作目标创造条件；善于督促、指导下属开展工作，并帮助下属提高工作技能			10	
	计划能力	能够根据本部门工作目标和任务，有计划有步骤地实施			10	
	决策能力	在责权范围内，能对工作中遇到的问题做出准确的判断和迅速的决策			10	
	激励技巧	善于通过自己的言行激励部下，以提高员工的积极性			10	
工作态度 20%	责任感	工作认真、负责，积极主动，忠于职守			10	
	协作精神	在工作中能积极主动地与其他部门配合，提供便利，不推诿、拖延			10	
团队建设 30%	制度建设	工作制度健全，工作流程清晰			10	
	工作匹配	分工明确、合理，工作具有饱和度，没有人浮于事，忙闲不均的现象			10	
	工作作风	实事求是、处事公平、严于律己、虚心听取并采纳员工合理化建议，勇于承担责任			10	
得分合计：					100	
意见建议：							

说明：1. 本表分三大考核项目，每项评价内容满分为 10 分，共计 100 分。每项评价内容的评分标准为：优秀：10 分，良好：9—8 分，合格/称职：7—6 分，需改进：5—1 分，不称职：0 分。

2. 此次评价的意义在于更好地促进管理者改进工作，请大家遵从公平公正的原则进行评分；对合格以下等级的评分请提出改进建议，填写至评分说明栏中。

表 8-12　部门协作满意度互评表

被评价部门：	评价部门：		考核时段：	年　　月	
评价项目	评价内容	等级	评分区间	评分说明	得分
工作效率 （20分）	经常提前完成工作，能根据需要主动调整、加快进度，能主动在规则范围内改进方法以提高效率及质量	A	20—19分		
	能够按时完成工作，如相关部门需要，能够调整和加快进度	B	18—12分		
	工作效率一般，有时不能实现工作承诺	C	11—6分		
	工作效率较低，经常不能按时完成工作，给相关部门工作进度造成影响	D	5—0分		
协调配合，工作任务承诺的实现（20分）	有积极配合意识，能主动协作工作，能互帮互助，无一例拖延或抵触	A	20—19分		
	尚有配合意识，虽有异议或意见但尚能协作工作、完成任务	B	18—12分		
	配合意识不强，需有人督促，方能协作工作、完成任务	C	11—6分		
	欠缺配合意识，时时督促，亦不能如期完成协作工作	D	5—0分		
团队整体配合度（20分）	所有人员对相关对口部门工作配合好，能够及时协助、配合其他部门工作，积极主动协助其他部门的工作	A	20—19分		
	大部分人员对相关对口部门工作配合好，能够及时协助、配合其他部门工作，积极主动协助其他部门的工作	B	18—12分		
	部门人员对其他部门的工作配合度低，不能对其他部门的工作给予应有的协助	C	11—6分		
	屡犯重复错误，待改进工作未改进，工作很难开展	D	5—0分		

续表

评价项目	评价内容	等级	评分区间	评分说明	得分
纪律风尚 （20分）	全体遵规守纪，无一人次违纪受处罚，无人无事件受到投诉得满分。除考勤制度允许的迟到/早退外，每人次迟到/早退扣1分；其他违纪/通报批评等每人次扣5分；每人次投诉据处理情况酌情扣1—10分；本项扣完为止				
工作流程 有序性 （20分）	每项工作的组织落实都非常合理、有序、流程通畅、高效	A	20—19分		
	工作衔接紧密、职责明确、无"三不管"灰色工作区域	B	18—12分		
	会出现工作分工不明确及工作无人负责的情况	C	11—6分		
	工作流程不固定，很多工作无人负责	D	5—0分		
总分：					

本表说明：1.此表共5项考核内容，总分为100分。2.各项评分需评定部门做出相关评语/改进建议，考核中有重点特殊事项必须加注评价说明，可填写至评分说明栏中，叙述事实可另附页说明。

8.4.4 经营管理人员任务书

案例8.5 经营管理人员的年度任务书如何制定？

一般地，年薪制以年度为单位进行考核，企业会与管理人员签订年度经营任务书。

管理人员年度经营任务书(样本一)

甲方：

乙方：

经甲乙双方协商，就经营任务及相应的薪酬达成一致意见，具体如下：

一、乙方岗位及职责：

乙方，接受甲方的聘任，担任岗位，负责的业务／事务主要包括：

1.
2.
3.
4.
5.

二、经营目标：

1.
2.
3.
4.
5.

三、甲方根据以上乙方承诺，对乙方提供年薪及相关待遇做出如下承诺：

1. 乙方年度的年薪为　　　万元／年，其中　　　%定为基本年薪，即　　　万元，平均按月发放；　　　%定为效益年薪（X），即　　　万元。

2. 乙方除年薪外，相关福利按公司的有关规定办理。

3. 效益年薪的计算方法：

效益年薪（X）根据经营指标完成情况于年终审计完成后一次性发放：

I. 实际完成经营指标（N）／计划经营指标（M）<50%，没有效益年薪（即 X＝0）；

II. 实际完成经营指标（N）／计划经营指标（M）≥50%的，效益年薪按任务完成比例发放（即 X＝N／M）。

四、其他约定：

甲方代表：　　　　　乙方（签名）：

日期：　　　　　　　日期：

管理人员年度经营任务书（样本二）

下达人			有效期	
执行人		部门		岗位

基于执行人工作性质及本企业经营性质，执行人和公司双方本着自愿、公平及诚实信用原则，经协商一致，订立本协议，以明确双方权利义务。

一、薪资构成及考核方式

薪资构成说明	年度收入 = ∑月度工资 + 业绩奖金
月度工资	月度工资合计：　　　元
业绩奖金	1. 业绩奖金：　　　元
	2. 发放周期：年度
	3. 发放条件：
	4. 业绩奖金考核内容/维度：参照以下考核内容执行

二、业绩奖金考核内容

考核原则						
序号	考核指标	考核权重	考核来源	考核说明	自评得分	上级评价
1						
2						
3						
合计						

业绩奖金考核内容说明：
1. 考核周期：经理业绩奖金同该部门员工考核与发放时间一致。
2. "个人实际考核得分"值为"上级评价"列"合计"行得分。
3. 业绩奖金考核指标原则上不得超过5个，应聚焦于关键指标。

三、其他规定

1. 在本《经营任务书》执行期间，无论任何原因导致本协议终止（离职、降级、调岗等），上述规定的薪资及奖励条款将同时废止。
2. 违纪处置办法：凡是违反公司有关规章制度的行为均按公司规定执行。
3. 执行人已阅读和理解本协议的任何条款，系自愿签署。

本《经营任务书》一式两份，执行人和人力资源部各保存一份。

下达人：	日期：
执行人签字：	日期：

8.5 回顾与总结

本章主要围绕管理人员的薪酬绩效展开论述。绩效管理是人力资源管理系统中的关键模块，但如果仅论述绩效模块，脱离其他模块，无疑是不完整的。因此，在本章和之后的几章中，都从不同岗位，以整体人力资源管理的角度论述某一类岗位的定义、分类、素质模型、任职资格、职位体系、数量配置等，以这些为基础；之后再论述薪酬体系，包括常见的薪酬结构、薪酬类型等；最后再论述绩效考核体系，包括常见的考核方法、考核指标的选取以及绩效考核的实例等。

本章围绕管理类岗位按照以上思路进行论述。其中，重点阐述的内容还包括管理人员如何根据人员规模进行科学配置、薪酬结构中常用的年薪制如何实施、年度任务书内容如何设计等。

第九章
销售人员的绩效管理

- 销售岗位具备什么样的特点?
- 销售人员需要具备哪些素质?
- 如何建设销售类的职位体系?
- 销售岗位通常采用何种薪酬?
- 如何设计销售岗位绩效体系?

9.1 销售人员的特点分析

9.1.1 销售和销售人员

销售是介绍商品提供的利益，以满足客户特定需求的过程。商品包括有形商品和无形服务，满足客户特定的需求是指客户特定的欲望被满足，或者客户特定的问题被解决。

销售人员是从事销售工作的人员，在企业中，上至总经理、副总经理，下至销售经理、销售代表，都是从事销售工作的人员。销售人员通过销售工作，满足客户的欲望或解决客户的问题，实现利益的交易。

9.1.2 销售人员的分类

关于销售人员的分类，从不同的角度出发，可以有不同的划分方式。比较常见的销售人员分类，主要从人员层级、营销难度以及营销方式三个角度来划分。首先，从人员层级的角度看，销售人员一般分为销售代表、高级销售代表、销售经理、高级销售经理、销售部经理、销售总监等。其次，从营销难度的角度看，销售人员一般划分为简单送货型销售人员、简单接单型销售人员、客户关系型销售人员和技术型销售人员。最后，从营销方式的角度看，销售人员分为实体销售人员、电话销售人员、网络销售人员、区域销售人员、会议销售人员、电视销售人员、渠道销售人员、关系销售人员、广告销售人员等。

9.1.3 销售人员的素质模型

销售人员的主要工作就是满足客户的欲望或解决客户的问题，并实现利益的交易。从这个角度看，销售人员的通用素质要求就是能够保证这一职责的实现。以下是企业常见的销售人员通用素质模型（见表9-1）。

表9-1 销售人员的通用素质模型

素质项目	具体解释
影响能力	通过数据、事实等直接影响手段，或通过人际关系、个人魅力等间接策略来影响客户，使其接受产品推荐并产生购买行为的能力
成就导向	个人具有成功完成任务或在工作中追求卓越的愿望，愿意从事具有挑战性的任务，工作中有强烈表现自己能力的愿望，不断设立更高的标准，不懈追求事业的进步
关系建立	努力与那些对自己工作有帮助，或将来对自己有用的人建立友好的、互惠的甚至是非常密切的关系
人际理解	个人愿意了解他人，并能够准确地掌握他人特点；正确理解他人没有明确表达的想法、情感和顾虑，即同理心或人际敏感性
信息收集	对事物有较强的好奇心，努力获取有关事物和人的更多信息，从而对其有比较深入的了解
分析式思维	把整体分解为部分来认识事物的能力，对面临的问题和情况进行前因后果的逐步推进式分析的能力
组织意识	理解和掌握组织中权力运作关系和架构的能力，包括判断谁是组织中真正的决策者、谁是具有影响力的人，预测当前或即将发生的事情对于组织中的个人和群众产生怎样的影响
客户导向	具有帮助和服务客户，满足客户需求的愿望。关注客户对服务的满意度，集中精力发现客户的需求并给予满足
自信心	相信自己有能力或采用某种手段完成工作任务、处理困难情境或解决问题的信念
学习发展	通过吸取自己或他人经验教训、科研成果等方式，增加学识、提高技能，获得有利于未来发展的能力

9.1.4 销售人员的任职资格

对于销售人员的任职资格要求，一般地，企业从知识、经验、技能等多方面来明确，具体框架参照表9-2。

表9-2 销售人员的任职资格

职位名称	类别	任职资格描述
销售总监	知识	本科以上学历，市场营销或产品技术相关专业，掌握专业管理知识和全面深入的企业管理相关知识
	经验	10年以上销售及销售管理工作经验，丰富的企业管理实践经验
	技能	具有市场营销的战略布局能力；具有大局观和全局意识；具有推动企业产品销售的变更和创新能力；具有卓越的团队领导力；善于搭建和培养团队；具有良好的沟通协调能力；为人正直；责任感强；具有丰富的社会人脉资源等
销售部经理	知识	本科以上学历，市场营销或产品技术相关专业，掌握专业管理知识和全面的企业管理相关知识
	经验	8年以上销售及销售管理工作经验，丰富的企业管理实践经验
	技能	深入的销售技能，深入的销售队伍管理技能；具有销售业务领域的管理能力；执行力强；具有团队领导力；勇于担当；具有大局观和全局意识；具有良好的沟通和协调能力
高级销售经理	知识	本科以上学历，市场营销相关专业
	经验	5年以上销售工作经验，良好的销售业绩
	技能	深入的销售知识与技巧，综合运用各种营销方式，具备大客户维护经验，具备极强的影响力
销售经理	知识	本科以上学历，市场营销相关专业
	经验	3年以上销售工作经验，良好的销售业绩
	技能	丰富的销售知识与技巧，深入掌握相关产品的营销方式，良好的客户关系维护技巧，具备影响力

续表

职位名称	类别	任职资格描述
高级销售代表	知识	本科以上学历，市场营销相关专业
	经验	1—2年销售工作经验，良好的销售业绩
	技能	熟练掌握销售技巧，熟悉相关产品的营销方式，良好的客户服务意识，较强的沟通能力，极强的进取心
销售代表	知识	本科以上学历，市场营销相关专业
	经验	1年以上销售相关工作经验
	技能	掌握基础销售技巧，具备沟通能力，进取心强

9.2 销售人员的职位薪酬

9.2.1 销售人员职位体系建设

销售人员的职位体系一般按照销售人员的等级来划分，可以分为初级销售人员、中级销售管理、高级销售管理等。在建设销售人员职位体系时，可以从销售人员的职位级别和销售方式两个维度同时考虑，形成企业的销售人员职位体系（见表9-3）。

表9-3 销售人员职位体系

职位层级	职位等级	管理系列	销售系列			
			通用销售	产品销售	渠道销售	客户销售	区域销售
高级	M1	总裁					
	M2	副总裁	销售副总裁	产品销售副总裁	渠道销售副总裁	客户销售副总裁	区域销售副总裁
中级	M3	事业部总经理	销售总监	产品销售总监	渠道销售总监	客户销售总监	区域销售总监
	M4		销售部经理	产品销售部经理	渠道销售部经理	客户销售部经理	区域销售部经理

续表

职位层级	职位等级	管理系列	销售系列				
			通用销售	产品销售	渠道销售	客户销售	区域销售
初级	M5		高级销售经理	高级产品销售经理	高级渠道销售经理	高级客户销售经理	高级区域销售经理
	M6		销售经理	产品销售经理	渠道销售经理	客户销售经理	区域销售经理
	M7		高级销售代表	高级产品销售代表	高级渠道销售代表	高级客户销售代表	高级区域销售代表
	M8		销售代表	产品销售代表	渠道销售代表	客户销售代表	区域销售代表

在上表的销售人员职位体系中，通常以从销售代表到销售副总裁的方式来进行销售人员的职位等级划分。至于通用销售、产品销售、渠道销售、客户销售和区域销售这一划分，则是在销售管理相对复杂的情况下，或者是企业内部根据不同产品线、不同事业部而进行的销售职位细分。在此基础上，还可以进行整合，例如，产品结合渠道，为产品渠道销售人员；客户结合区域，形成区域客户销售人员等。

9.2.2 销售人员常用的薪酬结构

销售人员的薪酬考核制度一般采用提成制，但在具体的提成制执行中，又分为不同的类型，一般地，可以分为以下类型：

1. 纯提成制

纯提成制指企业销售人员的工资全部由提成构成，企业不给销售人员发放固定的工资。纯提成制具有很强的激励性，对于销售人员的考核以单纯的业绩结果为准，按照业绩结果的一定比例给销售人员提成。

2. 底薪＋提成制

"底薪＋提成制"指企业销售人员的工资由基本的工资收入和业绩提成

两部分构成。一般情况下，底薪仅用来保证销售人员的基本生活费用，额度不会太高，而且不执行考核；提成是对于销售人员的激励，按照业绩结果进行考核。

3. 底薪＋提成＋奖金制

"底薪＋提成＋奖金制"是指销售人员除了底薪和根据自身业绩获得的提成外，还会获得奖金。奖金的考核标准一般是团队的业绩，例如，部门业绩、企业整体业绩等。

4. 底薪＋奖金制

"底薪＋奖金制"是指企业销售人员的工资收入主要以底薪和与团队、企业整体利益挂钩的奖金组成。在这种薪酬考核模式下，底薪是用来保证销售人员基本生活的，而奖金则强调了销售人员关注团队、企业整体的利益。

9.2.3 销售人员薪酬策略的选择

对销售人员的不同薪酬结构或不同薪酬策略，适用于不同的产品或行业，具体参见表9-4。

表9-4 销售人员薪酬策略比较表

销售人员薪酬结构	优　　势	劣　　势	适用的产品/行业
纯提成制	以业绩为导向、激励性大	员工无保底工资、影响基本生活、流动性大	保险、快销品代理、电商等
底薪＋提成制	兼顾基本生活保障与业绩导向；个人业绩导向	如果无业绩，仍需支付底薪；无法兼顾团队	多数行业适用
底薪＋提成＋奖金制	兼顾个人业绩与团队业绩	可能会有浑水摸鱼现象	大客户销售类
底薪＋奖金制	团队业绩导向	如果无业绩，仍需支付底薪；可能会有浑水摸鱼现象	大客户或团队销售类

9.3 销售人员的绩效实例

9.3.1 销售人员的绩效管理

📁 **案例 9.1** 销售人员绩效考核指标设计有哪些难点?

李某是 P 公司的销售经理,在 P 公司负责公司产品的销售工作。李某是该公司的优秀员工,业绩一直比较好。公司新研发了一款产品,要李某负责新产品的销售工作。由于是全新的产品,所面对的客户与原有客户完全不同,李某负责该产品销售半年来,业绩并不理想。根据公司的销售人员考核制度,销售人员的提成是按照产品销售量计算的,李某的薪资由于业绩的原因比原来低了很多。李某在绩效考核时提出,公司的考核不公平,新产品由于要开拓市场,工作难度比原来老产品的销售要大得多,但公司仍以产品销售量作为对销售唯一的考核指标,销售人员付出的努力多得到的薪酬却少了,这样就没有人愿意做新产品销售工作了。李某及部门的一些同事因此相继离开了 P 公司,P 公司的新产品销售也陷于瘫痪中。

在以上这个案例中,可以看出绩效考核体系是一个"指挥棒"、是对员工行为的一种引导。案例中的 P 公司,没有详细区分老产品销售和新产品销售的绩效考核指标,导致员工付出的努力与获得的收益不匹配,这种不匹配会造成一种不公平,最终也会影响企业部分目标无法实现(如新产品销售工作)。这也启示我们,绩效考核体系是人力资源管理中的一个核心体系,绩效考核体系设计的科学性在某种程度上决定着企业目标是否能够实现、是否能够调动员工的积极性,进而最终实现员工与企业发展的双赢。

9.3.2 销售人员考核的 KPI 指标设计

一般地,对于销售人员提成的考核指标,主要执行以下几类,具体参见

表9-5。

表9-5　销售人员KPI考核指标表

考核指标	定　　义	备　　注
销售收入额	指企业按照财务准则在某一考核周期内确定的收入额	不同的行业收入确认的会计准则不同
销售合同额	指销售人员在某一周期内所签订的合同额总数	这个指标一般以签订法律合同为准
销售毛利额	销售毛利额 = 销售收入额 – 分包采购成本 – 销售费用 – 税金	每个企业由于业务及所处的行业不同，对于销售毛利额的定义也略有不同，例如，实施成本、资金成本等，可根据企业的不同要求而设定
销售净利额	销售净利额 = 销售收入额 – 分包采购实施成本 – 销售费用 – 销售人员人工成本 – 销售人员管理成本 – 税金	销售净利比销售毛利提出更高的要求，是按照每个销售人员给企业创造的实际价值计算的
销售市场份额	指企业销售额/数量占行业产品整体销售额/数量的比例	企业按照销售人员的销售量占市场份额的比例来核定销售人员的提成，主要目标是占领更大的市场份额或者取得产品销售的先机
销售增量	指企业销售的增长量或增长比例	这种销售的增量最终也会以销售收入额、销售合同额、销售毛利额、销售净利额、销售市场份额等数据的增量来体现

9.3.3　针对底薪的岗位考核制

案例9.2　如何核定销售人员底薪？

一般地，确定销售人员底薪时，要根据不同的业务类型和产品类型来考虑，如果采取低底薪，当地最低工资标准就可以作为一个参照值。如果采取均衡型的底薪，当地社会平均工资可以作为一个参照值。如果采取高底薪模式，则需要参考行业、企业75分位的薪资数据。以下是一个销售人员底薪核定的实例（见表 9-6）。

表 9-6　销售人员底薪核定表

等　　别	销售职位	底薪低值（元）	底薪高值（元）
1	高级销售经理	5000	8000
2	销售经理	3500	6000
3	销售主管	3000	5000
4	高级销售代表	2300	3000
5	中级销售代表	2000	2800
6	初级销售代表	1800	2500
7	销售助理	1500	2000

案例 9.3　如何考核销售人员底薪？

对销售人员的底薪，部分企业是不进行单独考核的，但是，销售人员应达到岗位的工作要求才能拿到底薪。因此，可以针对底薪对销售人员实行岗位考核。以下是一个销售人员底薪岗位考核的实例（见表 9-7）。

表 9-7　销售类岗位底薪考核表

月度考核项目	考核办法	参考权重
客户回访及时性	1. 部门经理抽查或者召开日销售会议； 2. 发现未回访比例在 5%—10% 之间，则扣 15 分； 3. 发现未回访比例在 1%—5% 之间，则扣 5 分；	20%
客户回访预案	1. 部门经理抽查或者召开日销售会议；2. 发现无预案 1 次扣 10 分；	20%
销售日报执行情况	部门经理抽查销售日报记录情况，发现工作形式化，没有对客户进行分析判断，首次发现扣 1 分，以后每次扣 2 分，扣完为止；	10%
户外客户活动调查	1. 活动比例在 10%—20% 之间，则扣 5 分； 2. 活动比例在 5%—10% 以下，则扣 3 分；	10%
违反制度的次数	部门经理抽查、听取日销售会议，发现未按照制度执行每次扣 2 分；	10%

续表

月度考核项目	考核办法	参考权重
产品介绍掌握熟练度	1. 产品介绍考试，合格不扣分，不合格扣5分，补考不合格扣10分； 2. 产品流程执行情况，不符合流程每次扣3分；	10%
销售数据准确度	销售数据统计准确，不准确每发现1次扣3分；	10%
团队合作（部门经理评价）	员工与团队配合出现问题，每出现一次则此项扣3分；	10%

9.3.4 不同销售方式下的销售人员底薪及提成比例的设计

案例9.4 如何核定销售人员的底薪和提成？

销售人员的底薪可以单独核定，就如表9-6所示，按照销售人员不同的职位级别来核定销售底薪，也可将其与销售人员的整体薪资挂钩，按比例核定底薪与提成。以下是一个将底薪与提成按照比例核定的实例（见表9-8）。

表9-8 销售人员底薪提成比例表

等 别	销售职位	底薪比例	提成比例
1	高级销售经理	30%	70%
2	销售经理	40%	60%
3	销售主管	50%	50%
4	高级销售代表	60%	40%
5	中级销售代表	70%	30%
6	初级销售代表	80%	20%
7	销售助理	80%	20%

实战经验分享：

另外，比较常见的企业销售人员提成比例设计，有以下几种模式：

- 单一提成比例：即设定某一固定的提成比例，如3%、5%等，上不封顶。
- 累进提成比例：即提成比例随着数额的增加而增加，如1万元以内，为

3%；1万—3万元，为5%；3万元以上，为10%。
- 累降提成比例：即提成比例随着数额的增加而减少，如1万元以内，为5%；1万—3万元，为3%；3万元以上，为1%。

9.3.5 销售人员任务书

案例9.5 如何制定销售人员任务书？

一般地，销售人员分别以月度、季度、年度为单位进行考核，企业会与销售人员签订《销售人员任务书》。

《销售人员任务书》

甲方：　　　　　　　　　公司
乙方：

乙方受聘于甲方担任_____职务，考核周期为_____，达成如下销售任务和协议：

1. 乙方在聘任期间应完成年度任务为_____万元。
其中，第一季度年度任务为_____万元，第二季度年度任务为_____万元，第三季度年度任务为_____万元，第四季度年度任务为_____万元。

2. 考核指标为：

3. 乙方在聘用期间，甲方发放给乙方的岗位工资为_____元/月；提成按照季度任务完成比例核发；

4. 乙方提成核算原则和方式：
  ➢ 乙方提成按季度核发，核发金额为：
    1）当季度实际完成任务额/季度计划任务额≥70%时，提成＝实际完成任务额 × 提成比例；
    （2）当季度实际完成任务额/季度计划任务额<70%时，提成为零。
  ➢ 乙方提成核定后，报人力资源部、部门经理、总经理审批通过后，由人力资源部执行发放。
  ➢ 凡在季度考核周期内乙方个人提出辞职的，当季度提成不再发放。

> 上述工资、提成等均为个人所得税前金额。

5. 在聘任期间，乙方无故终止本协议的执行，给甲方造成经济损失时，甲方有权向乙方提出经济赔偿。
6. 乙方在聘用期间，应严格遵守甲方的规章制度，积极完成全年度的销售任务。
7. 本销售任务书为劳动合同有效附件，一式两份，甲、乙方各持一份。
8. 本销售任务书自签字之日起生效。
9. 其他需说明情况：

甲方签章：　　　　　　　　乙方签字：
日期：　　　　　　　　　　日期：

9.4 回顾与总结

在本章中，延续上一章的思路，对销售类岗位的定义、分类、素质模型、任职资格进行分析后，对销售类岗位的职位体系、薪酬体系和绩效体系进行论述。销售人员常用的 4 类薪酬结构选择直接影响其绩效管理体系如何建设，4 类薪酬结构选择各具优缺点，需要根据不同的产品或行业特点进行选择。在销售类岗位绩效体系设计中，则主要围绕 KPI 考核指标设计、底薪核定、底薪考核、提成核定、销售任务书等方面展开论述。

第十章
技术人员的绩效管理

- 技术岗位具备什么样的特点?
- 技术人员需要哪些任职资格?
- 如何建设技术类的职位体系?
- 技术岗位通常采用何种薪酬?
- 如何设计技术岗位绩效体系?

10.1 技术人员的特点分析

10.1.1 技术和技术人员

技术是解决问题的方法及方法原理,是指人们利用现有事物形成新事物,或是改变现有事物功能、性能的方法。技术也是制造一种产品的系统知识,所采用的一种工艺或提供的一项服务。

技术人员又可称为专业人员或专业技术人员。这里的技术人员是狭义的定义,即在企业中从事专业技术工作岗位的人员,这类岗位专注于企业产品或服务的创新、研发、开发、实施、售后、维护等工作。

10.1.2 技术人员的分类

关于企业中从事专业技术岗位的技术人员,其分类根据企业对于产品或服务的具体要求而定。一般划分为研发技术人员、开发技术人员、实施技术人员、售后技术人员4类(见表10-1)。

表10-1 不同方向的技术人员

专 业	主要职责	典型称呼
研发技术人员	负责企业产品/服务的创新、提升等研发工作	研发总监、研发部经理、(高级/中级/初级)研发工程师、研发项目经理等
开发技术人员	负责企业产品/服务的客户化开发、调整性开发等开发工作	开发总监、开发部经理、(高级/中级/初级)开发工程师、开发项目经理等

续表

专　业	主要职责	典型称呼
实施技术人员	负责企业产品/服务的工程实施、安装调试等实施工作	实施总监、实施部经理、（高级/中级/初级）实施工程师、实施项目经理等
售后技术人员	负责企业产品/服务的售后服务、客户服务、维护等售后工作	售后总监、售后部经理、（高级/中级/初级）售后工程师、售后项目经理等

10.1.3　技术人员的素质模型

技术人员的主要工作就是企业产品或服务的研发、开发、实施、售后等工作。从这个角度看，技术人员的通用素质要求能够保证这一职责的实现。以下是企业常见的技术人员通用素质模型（见表10-2）。

表10-2　技术人员的通用素质模型

素质项目	具体解释
思维能力	对问题的分析、归纳、推理和判断等一系列的认知能力，主要包括分析推理和概念思维两方面
学习能力	积极获取相关信息和知识，并对其进行加工和理解，从而不断更新知识结构、提高工作技能
专业化	对本专业的发展动态非常敏感，有较强的领悟力和驾驭力，能做本专业的"专家"
成就导向	具有成功完成任务或在工作中追求卓越的愿望，希望出色地完成任务，在工作中极力达到某种标准，愿意承担重要且具有挑战性的工作
信息分析	能够把原始、零散的材料经过归纳整理、综合分析，去伪存真，变成系统的、有较强操作性、指导性的意见、建议
关注细节	关注事实和细节，而不是抽象的概念；既考虑全局，又深入了解关键细节，以细节的完善作为重要的努力方向
执行	为确保战略计划的达成，通过采用创新性、严格规范的管理，高效率地实施计划、取得成果的能力
团队合作	个人愿意作为群体的一员，愿意与群体中的其他人协作完成工作，而不单独或采取竞争的方式工作

续表

素质项目	具体解释
坚韧性	在艰苦和不利的情况下，克服外部或自身的困难，坚持完成所从事的任务
主动性	在工作中不惜投入较多的精力，预计到事件发生的可能性，并有计划地采取行动提高工作绩效、避免问题的发生或创造新的机遇

10.1.4 技术人员的任职资格

对于技术人员的任职资格要求，一般地，企业从知识、经验、技能等多方面来明确，具体框架参照表10-3。

表10-3 技术人员的任职资格

职位名称	类别	任职资格描述
技术总监	知识	本科以上学历，技术相关专业，掌握技术管理知识和全面深入的企业管理相关知识
	经验	10年以上技术及技术管理工作经验，丰富的企业管理实践经验
	技能	具有技术发展的战略布局能力；具有大局观和全局意识；具有推动企业产品/服务的技术变更和创新能力；具有卓越的团队领导力；善于搭建和培养团队；具有良好的沟通协调能力；为人正直；责任感强等
技术部经理	知识	本科以上学历，技术相关专业，掌握专业技术知识和全面的企业管理相关知识
	经验	8年以上技术及技术管理工作经验，丰富的企业管理实践经验
	技能	深入的技术技能，深入的技术队伍管理技能；具有专业技术业务领域的管理能力；执行力强；具有团队领导力；勇于担当；具有大局观和全局意识；具有良好的沟通和协调能力
项目经理	知识	本科以上学历，技术或管理相关专业，掌握专业管理知识和项目管理相关知识
	经验	5年以上技术或管理工作经验，深入的技术或管理实践经验
	技能	掌握技术技能，深入的项目管理技能；执行力强；具有团队领导力；勇于担当；具有大局观和全局意识；具有良好的沟通和协调能力

续表

职位名称	类别	任职资格描述
高级技术工程师	知识	本科以上学历,技术相关专业
	经验	5年以上技术工作经验,深入掌握专业技术要求
	技能	非常深入地掌握技术技能,非常熟悉相关产品/服务,极强的思维能力和学习能力,积极主动,具有团队合作精神
中级技术工程师	知识	本科以上学历,技术相关专业
	经验	3年以上技术工作经验,熟练掌握专业技术要求
	技能	深入掌握技术技能,非常熟悉相关产品/服务,很强的思维能力和学习能力,积极主动,具有团队合作精神
初级技术工程师	知识	本科以上学历,技术相关专业
	经验	1—2年技术工作经验,初步掌握专业技术要求
	技能	初步掌握技术技能,熟悉相关产品/服务,较强的思维能力和学习能力,积极主动,具有团队合作精神
助理工程师	知识	本科以上学历,技术相关专业
	经验	1年以上技术相关工作经验
	技能	掌握技术相关知识,具备思维能力,学习能力强,具有团队合作精神

10.2 技术人员的职位薪酬

10.2.1 技术人员职位体系建设

技术人员的职位体系一般按照技术人员的等级来划分,可以分为助理工程师、初级/中级/高级工程师、技术管理等。在建设技术人员职位体系时,可以从技术人员的职位级别和方向(研发、开发、实施、售后)两个维度同时考虑,形成企业的技术人员职位体系(见表10-4)。

表 10-4 技术人员职位体系

职位层级	职位等级	管理系列	技术系列			
			研发	开发	实施	售后
高级	M1	总裁				
	M2	副总裁	研发副总裁	开发副总裁	实施副总裁	售后副总裁
中级	M3	事业部总经理	研发总监	开发总监	实施总监	售后总监
	M4		研发部经理	开发部经理	实施部经理	售后部经理
初级	M5		高级研发工程师/项目经理	高级开发工程师/项目经理	高级实施工程师/项目经理	高级售后工程师/项目经理
	M6		中级研发工程师	中级开发工程师	中级实施工程师	中级售后工程师
	M7		初级研发工程师	初级开发工程师	初级实施工程师	初级售后工程师
	M8		助理工程师	助理工程师	助理工程师	助理工程师

在上表的技术人员职位体系中，首先可以看到从助理工程师到副总裁的技术职位晋升体系。如果企业人员规模不大，也可以将研发、开发、实施、售后四个方向的技术人员进行合并，比如统称为助理工程师、初级/中级/高级工程师、项目经理、技术部经理、技术总监等。另外，项目经理在技术职位体系中是一个极为特殊的职位，因项目经理既兼有管理的职能又兼有技术的角色，可以说是技术和管理相结合的复合型人才，一般地，项目经理比部门经理职位略低，但平行或略高于高级技术工程师。

10.2.2　技术人员常用的薪酬结构

1. 岗位技能工资制

技术人员的薪资一般采取岗位技能工资制度，技术人员的薪资可以整合为岗位技能工资，也可以将技术人员工资分为岗位工资和技能工资两种。

其中，技术人员的岗位工资，根据技术人员所从事的职务或岗位确定。

一般地，企业会通过工作分析、工作评价将技术人员的工作根据其技术要求、责任大小、劳动强度、工作条件、决策范围等因素来评定，并依此形成技术岗位等级。依据技术岗位及等级确定的工资成为技术人员工资的一个内容，它激励技术人员努力提高自身技能、尽力完成岗位工作要求。

而技术人员的技能工资，根据技术人员个人的技能或能力而确定。一般地，企业会评定技术人员所具备的技能或能力，并据此对技术人员给付薪资。技能工资鼓励技术人员不断提升个人技能，企业也投入成本培养开发技术人员的工作技能。在知识型企业中，或者是以人力资源为核心资源的企业中，技能工资会成为技术人员工资制中的重要组成内容。

此外，有的企业将技术人员的岗位工资和技能工资合并为岗位技能工资，即将以上两方面综合评定后确定企业技术人员的工资额。虽然评定时需要考虑权重，并且评定时专业性较强，但从另外一个角度讲，岗位技能与技术人员个人技能是可以结合考虑的，这样有利于将技术人员所任的岗位和其个人实际技能相结合。

为了加强技术人员以结果为导向的考核机制，激励技术人员将个人技能与项目、部门、企业的效益挂钩，在岗位技能工资制的基础上，又扩展出以下几类薪酬结构。

2. 岗位技能工资 + 绩效工资制

"岗位技能工资 + 绩效工资制"指企业技术人员的工资由岗位技能工资收入和绩效工资两部分构成。一般情况下，岗位技能工资仍主要考虑技术人员的个人技术能力和岗位技术两方面要求来综合确定，而且，在大多数企业中，岗位技能工资仍是技术人员薪资的主要组成部分。对技术人员采取这种薪酬结构的多数企业，其技术人员的岗位技能工资占技术人员工资总额的70%以上。

这种制度下的绩效工资可以根据岗位技能工资的一定比例核定，例如，岗位技能工资占80%，绩效工资占20%。技术人员的绩效工资可以根据技术人员工作的完成情况考核，也可以根据部门业绩、企业整体业绩情况挂钩考核，还可以结合两者的因素，或者再加入其他考核要素。

3. 岗位技能工资 + 项目奖金制

"岗位技能工资 + 项目奖金制"是指企业技术人员的工资由岗位技能工资收入和项目奖金两部分构成。项目奖金的考核标准可以从两个角度考虑，一个角度是项目完成情况，包括项目进度、项目成本控制、客户满意度等；另外一个角度是项目收益，主要是项目毛利润或项目净利润。当然，也可以结合两者进行考核，来决定技术人员项目奖金的额度，这样考核指标就更加复杂。

4. 岗位技能工资 + 绩效工资 + 项目奖金制

"岗位技能工资 + 绩效工资 + 项目奖金制"是指企业技术人员的工资收入由岗位技能工资收入、绩效工资收入和项目奖金三部分组成。在这种薪酬考核模式下，企业期望技术人员既关注个人岗位技能的提升，又关注项目收益、部门业绩及企业整体业绩。

综合起来，技术人员常见的薪酬结构汇总如表10-5。

表10-5 技术人员常用薪酬结构表

技术人员薪酬结构	说明
岗位技能工资制	主要考虑技术人员岗位要求及实际技能情况而确定
岗位技能工资 + 绩效工资制	除了考虑技术人员岗位要求及实际技能情况外，结合一定比例的绩效工资，可以根据部门业绩、企业整体业绩情况挂钩考核
岗位技能工资 + 项目奖金制	除了考虑技术人员岗位要求及实际技能情况外，结合项目奖金，可以根据项目进度和项目收益情况挂钩考核
岗位技能工资 + 绩效工资 + 项目奖金制	综合考虑技术人员岗位要求、实际技能情况、项目进度和项目收益情况、部门业绩、企业整体业绩情况等

另外，在企业中，技术人员中比较困扰HR管理人员的，就是研发类技术人员的薪酬结构设计问题，下面以一个实例来分析这个难题。

案例10.1 研发类技术人员的薪酬考核结构如何设计？

在研发、开发、实施和售后四个方向的技术人员中，相对比较好衡量技术人员工作结果的，是实施和售后方向，因为这两类岗位有成本、进度、客户验收、客户满意度等相对具体的指标可以衡量。但是，研发和开发类岗位的工作结果就不一定能够直观进行衡量。下面是一个企业中的实例。

某公司主要业务是为行业客户提供软件产品，服务于客户的信息化管理。为了加强公司的核心竞争力，公司成立了新产品研发部，并高薪聘请了高级技术人员从事公司新产品的研发工作。经过近1年的研发，新产品开发部的新产品仍处于半成品状态，无法提交给客户，更无法成为标准化的产品。新产品的研发工作无法衡量进度、无法控制成本，由于距离投入市场较远，也无法计算产品投入后的利润，那么，研发类岗位的技术人员薪酬结构该如何设置呢？

在分析研发岗位技术人员的薪酬结构前，可以先看两个背景。一是研发岗位技术人员的人才供给情况。一般地，能胜任研发岗位的技术人员，多是技术、行业、产品等领域的高端人才，有高学历或深入的经验，甚至有的还是跨产品、技术、行业等的复合型人才，因此，这类人才一般供给量非常少，市场存量少；二是优秀的研发岗位技术人员的人才供给情况。由于市场供给量少，其个人也处于待价而沽的状态，甚至很多人有自行创业的想法，企业需要提供有吸引力的薪酬激励模式，才能真正吸引这类人才的加盟。结合以上两个背景的分析，在现实企业管理中，针对研发岗位技术人员，一般采用以下几种薪酬结构。

1. 固定工资式薪酬结构

这类薪酬结构是指给予高端核心研发人才一个固定的工资，或者说只有岗位技能工资这一单一工资结构。之所以采用这种薪酬结构，一方面，由于这种薪酬结构让人才可以看到并直接得到相应报酬，另一方面，也由于产品研发作为公司生存和发展的命脉，无法对之实行考核。在现实企业管理中，针对一将难求的核心研发人才，除了高额固定工资，还有各项福利，甚至还有股票、期权。

2. 少量绩效工资与研发进度挂钩的薪酬结构

这类薪酬结构主要为了鼓励和约束研发技术人员关注研发进度，尽快达成工作结果。需要注意的是，一般核心研发人才能够接受的绩效工资比例不宜过高，多数选取10%—20%。

3. 部分绩效工资与产品上市后的利润挂钩的薪酬结构

这类薪酬结构主要是为了激励研发技术人员关注产品的市场应用度，保证产品更加贴合客户的实际需求。需要注意的是，这种薪酬考核模式多针对产品研发周期短、市场见效快的业务，对于产品研发周期长、市场见效慢的业务并不适用。

10.3 技术人员的绩效实例

10.3.1 技术人员的绩效管理

上面分析了技术人员常用的薪酬结构，技术人员的绩效管理一般围绕岗位技能和项目情况两个维度展开。以下我们将从两个维度出发来分析技术人员的绩效管理如何落实。

10.3.2 技术人员岗位技能工资的绩效考核

技术人员考核的一个重要维度就是岗位技能，而最能体现岗位技能的就是实际工作完成情况，因每个企业对于各岗位技术人员的工作要求不尽相同，可以以月度为单位实行技术人员的月度考核（见表10-6）。

表10-6 技术人员月度考核评价表

部门：	员工：	职位：	考核人：

月度主要工作目标及评价					
序号	月度计划工作	权重（%）	完成期限	评分标准	得分	说明
1						
2						
3						

续表

序号	月度计划工作	权重（%）	完成期限	评分标准	得分	说明
4						
5						
重要事项说明加减分							

序号	工作典型事例	加（减）分	说明
1			
2			
3			
累计得分			
绩效改进计划				

序号	有待改进之处	改进、提高的措施、方法	评价方法
1			
2			
3			
考核人确认（签字）			
被考核人确认（签字）			

执行技术人员月度考核评价后，如何依据考核结果来核定技术人员的薪酬发放呢？下面以一个实例来分析。

案例10.2 技术人员的岗位技能工资如何考核？

在核定技术人员岗位技能工资时，可以依据考核结果来发放岗位技能工资，表10-7就是一个实例。

表 10-7 技术人员岗位技能工资发放比例表

考核等级	A+	A	B+	B	C	D	E
综合评定	非常杰出——以创造性的方式作出重大贡献或在工作方法方面有极大的推广价值	出色——超越岗位常规要求，并完全超过预期地达成了工作目标	良好——完全符合岗位常规要求；全面达成工作目标，并有所超越	合格——符合岗位常规要求；保质、保量、按时地达成工作目标	略有不足——符合岗位常规要求；极小一部分工作目标达成略有欠缺	有所不足——基本符合岗位常规要求，但有所不足；基本达成工作目标，但有所欠缺	难以胜任——不符合岗位要求，无法完成岗位工作目标
岗位技能工资发放比例	125%	120%	110%	100%	90%	80%	70%

10.3.3 项目型技术人员考核的设计

另外，在企业中，还有一类常见的技术人员以项目为主要工作方式，对于这类技术人员，除了实行岗位技能工资制度外，还可以将项目奖金作为绩效工资。在对其进行考核时，可以制定相应的KPI，考核指标一定要明确，数量不宜过多，要紧扣项目开发工作。以下将以实例来说明。

📁 **案例 10.3** 如何设计技术人员项目 KPI 考核指标？

表 10-8 技术人员项目 KPI 考核指标表

项目考核指标	权重	主要内容
项目计划/预算	10%	项目计划、预算在规定时间内提交
过程文档质量	10%	项目过程中文档制作完整、保存及时
项目进度	30%	项目按照项目计划执行
项目成本	15%	项目按照预算执行，未超出预算额度
项目验收	15%	项目按照项目计划及时完成项目交付和验收工作
客户满意度	20%	项目客户对于项目结果评价为满意

对技术人员，尤其是对以项目为主要工作方式的技术人员，除了实行岗位技能工资制度外，还可以将项目奖金作为绩效工资。项目奖金的基本思路是以项目利润的一定比例作为项目组成员的奖励，并由项目经理根据项目组成员的贡献进行分配，请参见实例。

案例 10.4 如何核发技术人员的项目奖金？

项目奖金是对于项目型技术人员最直接而公正的激励方式，一般地，要明确项目利润的定义。项目利润 = 合同额 − 销售成本 − 外包/外购费用 − 实施成本 − 税，项目型技术人员可以根据项目考核情况，提取项目利润的一定比例作为项目奖金进行分配（见表10-9）。

表 10-9 技术人员项目奖金核定表

等　　别	项目考核分数	项目奖金占项目利润的比例
1	≥ 100 分	8%
2	≥ 90 分	7%
3	≥ 80 分	6%
4	≥ 70 分	5%
5	≥ 60 分	3%
6	<60 分	0%

10.4 回顾与总结

在本章中，延续前几章的思路，对技术类岗位的定义、分类、素质模型、任职资格进行分析后，对技术类岗位的职位体系、薪酬体系和绩效体系进行了论述。技术人员绩效管理的核心主要围绕岗位技能和项目情况展开，这两者的选择直接影响着其绩效管理体系的建设。在技术类岗位绩效体系设计中，则主要围绕岗位技能考核、岗位技能工资发放、项目型技术人员 KPI 选取、项目奖金核定等实际问题展开论述。

第十一章
职能人员的绩效管理

- 职能岗位具备什么样的特点？
- 职能人员需要哪些任职资格？
- 如何建设职能类的职位体系？
- 职能岗位通常采用何种薪酬？
- 如何设计职能岗位绩效体系？

11.1 职能人员的特点分析

11.1.1 职能部门和职能人员

职能部门是根据专业化的分工，在企业中负责某一方面具体管理事务的部门。职能部门一般为企业的成本中心（supporting function），与作为利润中心（core function）的业务部门相对应，业务部门直接或间接产生利润。

职能人员即在企业的职能部门任职的人员。职能人员是为企业提供专业化管理和服务的人员。

11.1.2 职能人员的分类

企业中不同专业的职能人员，其分类根据企业对于管理的具体需求而定。一般地，企业中的职能人员可划分为秘书、财务、人力资源、证券事务、法务、商务、信息管理、行政、后勤等不同专业（见表11-1）。

表11-1　不同专业的职能人员

职能部门	专业方向	主要职责	典型称呼
总裁办公室/总经理办公室	秘书人员	负责总裁/总经理日常事务管理	总裁助理、高级秘书、秘书等
财务部	财务人员	负责企业的财务专业管理	CFO、财务总监、财务部经理、会计、出纳等

续表

职能部门	专业方向	主要职责	典型称呼
人力资源部	人力资源人员	负责企业的人力资源专业管理	CHO、人力资源总监、人力资源部经理、人力资源主管、人力资源专员等
证券事务部	证券人员	负责企业的证券专业管理	董事会秘书、证券部经理、证券事务代表等
法务部	法务人员	负责企业的法律事务专业管理	法务总监、法务部经理、法务主管、法务专员等
市场部	市场人员	负责企业的市场专业管理	市场总监、市场部经理、市场主管、市场专员等
商务部	商务人员	负责企业的商务专业管理	商务总监、商务部经理、商务主管、商务专员等
信息管理部	信息人员	负责企业的内部信息系统专业管理	信息总监、信息部经理、信息主管、网络管理员、系统管理员等
行政部	行政人员	负责企业的行政专业管理	行政总监、行政部经理、行政主管、行政专员、司机等
后勤部	后勤人员	负责企业的后勤专业管理	后勤总监、后勤部经理、后勤主管、后勤专员、宿舍管理员等

实战经验分享：

本节中所阐述的不同专业的职能人员，是根据企业的通常管理需求所设置的。需要注意的是，并不是所有的企业都需要设置这些不同专业的职能人员，企业应根据所发展的阶段和实际的管理需求而设置。另外一个需要注意的点是，企业在设置职能部门时，可能会将本节中所阐述的不同专业进行合并，并根据企业的发展而拆分。例如，企业在初创时，人员规模较小，设置的部门为行政人事部，分管人力资源、行政和后勤工作，随着企业发展需要才会逐步拆分；再如，证券事务部往往是根据上市需求才会设置的部门。

11.1.3 职能人员的素质模型

职能人员的主要工作就是为企业提供专业化的管理和服务工作。从这个角度看，职能人员的通用素质要求能够保证这一职责的实现。以下是企业常见的职能人员通用素质模型（见表11-2）。

表 11-2 职能人员的通用素质模型

素质项目	具体解释
专业化	对本专业的发展动态非常敏感，有较强的领悟力和驾驭力，能做本专业的"专家"
沟通协调	善于处理上级、平级和下级的关系，促成相互理解，获得支持与配合的能力
全局观念	从组织整体和长期的角度，进行考虑决策、开展工作，保证企业健康发展
执行	为确保战略计划的达成，通过采用创新性、严格规范的管理，高效率地实施计划、取得成果的能力
客户导向	关注客户需求和利益，以追求客户满意为组织工作的中心任务
关注细节	关注事实和细节，而不是抽象的概念；既考虑全局，又深入了解关键细节，以细节的完善作为重要的努力方向
团队合作	个人愿意作为群体的一员，愿意与群体中的其他人协作完成工作，而不单独或采取竞争的方式工作
学习能力	积极获取相关信息和知识，并对其进行加工和理解，从而不断更新知识结构、提高工作技能
坚韧性	在艰苦和不利的情况下，克服外部或自身的困难，坚持完成所从事的任务
主动性	在工作中不惜投入较多的精力，预计到事件发生的可能性，并有计划地采取行动提高工作绩效、避免问题的发生或创造新的机遇

11.1.4 职能人员的任职资格

对于职能人员的任职资格要求，一般地，企业从知识、经验、技能等多方面来明确，具体框架参照表11-3。

表 11-3　职能人员的任职资格

职位名称	类别	任职资格描述
总监	知识	本科以上学历，相关专业，掌握职能管理知识和全面深入的企业管理相关知识
	经验	10年以上职能管理工作经验，丰富的企业管理实践经验
	技能	具有职能管理发展的战略布局能力；具有大局观和全局意识；具有推动企业职能管理的变更和创新能力；具有卓越的团队领导力；善于搭建和培养团队；具有良好的沟通协调能力；为人正直；责任感强等
部门经理	知识	本科以上学历，相关专业，掌握职能专业知识和全面的企业管理相关知识
	经验	8年以上职能管理工作经验，丰富的企业管理实践经验
	技能	深入的职能专业技能，深入的职能队伍管理技能；具有职能专业业务领域的管理能力；执行力强；具有团队领导力；勇于担当；具有大局观和全局意识；具有良好的沟通和协调能力
专业经理	知识	本科以上学历，相关专业
	经验	5年以上职能工作经验，深入掌握职能管理专业要求
	技能	非常深入地掌握职能专业技能，非常熟悉相关职能管理，极强的专业能力和学习能力，积极主动，具有团队合作精神
主管	知识	本科以上学历，相关专业
	经验	3年以上职能工作经验，熟练掌握职能管理专业要求
	技能	深入掌握职能专业技能，非常熟悉相关职能管理，很强的专业能力和学习能力，积极主动，具有团队合作精神
专员	知识	本科以上学历，相关专业
	经验	1—2年职能工作经验，初步掌握职能管理专业要求
	技能	初步掌握职能专业技能，熟悉相关职能管理，较强的专业能力和学习能力，积极主动，具有团队合作精神
助理	知识	本科以上学历，相关专业
	经验	1年以上职能相关工作经验
	技能	掌握职能专业相关知识，具备专业能力，学习能力强，具有团队合作精神

11.2 职能人员的职位薪酬

11.2.1 职能人员职位体系建设

职能人员的职位体系一般按照职能人员的等级来划分，可以分为助理、专员、主管、专业经理、部门经理、总监等。在建设职能人员职位体系时，可以从职能人员的职位级别和专业方向两个维度同时考虑，形成企业的职能人员职位体系（见表11-4）。

表11-4 职能人员职位体系

职位层级	职位等级	管理系列	职能系列					
			财务	人力资源	市场	法务	行政
高级	M1	总裁					
	M2	副总裁	财务总监	人力资源总监	市场总监	法务总监	行政总监
中级	M3	事业部总经理	财务部经理	人力资源部经理	市场部经理	法务部经理	行政部经理
	M4		财务经理	人力资源经理			
初级	M5		财务主管	人力资源主管（薪酬绩效主管/招聘主管/培训主管/员工关系主管）	市场主管	法务主管	行政主管/高级秘书
	M6		主管会计	高级人事专员（高级薪酬绩效专员/高级招聘专员/高级培训专员/高级员工关系专员）			
	M7		会计	人事专员（薪酬绩效专员/招聘专员/培训专员/员工关系专员）	市场专员	法务专员	行政专员/秘书
	M8		出纳	人事助理（薪酬绩效助理/招聘助理/培训助理）	市场助理	法务助理	行政助理/前台秘书/司机

> **实战经验分享：**
>
> 本节中所阐述的职能人员职位体系，还是沿袭前面几章已经使用过的初、中、高三级八层的职位等级体系。需要注意的是，这里仅罗列了财务、人力资源、市场、法务、行政五类常用职能的职位体系，还有证券事务、商务、信息管理等，可以参照这五类进行职位体系建设。另外，在职能人员职位体系中，需要根据企业的实际人员配置情况，有选择地选取职位设置，并不一定每一层都必须设置相应的职位。比如法务类，不一定非要配置法务经理和法务高级专员，其他职能类亦然，需要随着企业职能管理职位配置情况不断更新完善。

11.2.2 职能人员常用的薪酬结构

1. 岗位工资制

对职能人员一般采用岗位工资制，即根据职能人员所任的工作岗位，以岗位所需的知识、技能、体力、劳动环境等方面的因素来确定职能人员的工资。在这种工资制度下，工资的等级和标准是按照工作岗位确定的，而工作岗位又以工作分析为前提，具体地，可以从复杂程度、劳动强度、劳动条件、责任大小等方面进行具体规定。在这种工作制度下，原则上，职能人员必须达到岗位的要求才能任职于该岗位，只有调整岗位，才能调整工资。

岗位工资制对于岗位的要求是明确的，工作分工是专业的，业绩评估是准确的，但同时，仅以岗位一个维度评估员工的能力和绩效容易导致僵化，无法适时地体现员工能力的提升与变化，另外，这种工资制度下，容易造成岗位的固化，不利于人才的内部流动与提升。

岗位工资制一般有"一岗一薪"和"一岗多薪"两种形式。"一岗一薪"是指每一个岗位只有一个固定的工资标准，企业内所有的岗位从高到低形成一个统一的岗位工资标准体系，不同的岗位工资标准也不同。"一岗多薪"是指在同一个岗位上设置几个不同的工资标准，或者设置工资的不同比例。这种机制可以显示出员工任职岗位的能力、绩效差别，这样，员工可以在某一岗位内不断获得提升，直到达到某一岗位的最高工资标准。或者设置某一固定的工资标准，根据员工对工作的熟练程度和各自的绩效水平按比例发放工资。

为了加强职能人员以结果为导向的考核机制，激励职能人员将个人技能与所服务的部门、企业的效益挂钩，在岗位工资制的基础上，又扩展出其他几类薪酬结构。

2. 岗位工资 + 绩效工资制

"岗位工资 + 绩效工资制"指企业职能人员的工资由岗位工资收入和绩效工资两部分构成。一般情况下，岗位工资仍主要考虑职能岗位的专业要求来确定，在大多数现实的企业中，岗位工资仍是职能人员薪资的主要组成部分，一般岗位工资占职能人员工资总额的 70% 及以上。

这种制度下的绩效工资可以根据岗位工资的一定比例核定，例如，岗位工资占 90%，绩效工资占 10%。职能人员的绩效工资可以根据职能人员自身的工作完成情况进行考核后发放。

3. 岗位工资 + 奖金制

"岗位工资 + 奖金制"是指企业职能人员的工资由岗位工资收入和奖金两部分构成。岗位工资仍按原标准核定，奖金可以与职能人员所服务的部门、企业效益情况挂钩考核。

4. 岗位工资 + 绩效工资 + 奖金制

"岗位工资 + 绩效工资 + 奖金制"是指企业职能人员的工资收入由岗位工资收入、绩效工资和奖金三部分组成。在这种薪酬考核模式下，企业期望职能人员既关注个人岗位技能的提升、关注个人工作结果，又关注所服务部门的业绩及企业整体业绩。

综合起来，职能人员常见的薪酬结构汇总如表 11-5。

表 11-5 职能人员常用薪酬结构表

职能人员薪酬结构	说明
岗位工资制	主要考虑职能人员岗位要求而确定
岗位工资 + 绩效工资制	除了考虑职能人员岗位要求外，结合一定比例的绩效工资，可以根据职能人员工作情况考核
岗位工资 + 奖金制	除了考虑职能人员岗位要求，结合所服务部门或企业效益情况挂钩考核
岗位工资 + 绩效工资 + 奖金制	综合考虑职能人员岗位要求、实际工作情况、所服务部门业绩、企业整体业绩情况等

11.3 职能人员的绩效实例

11.3.1 职能人员的绩效管理

上面分析了职能人员常用的薪酬结构，职能人员的绩效管理一般主要围绕岗位技能和所服务部门以及企业效益情况两个维度展开。下面将从两个维度出发来分析如何落实职能人员的绩效管理。

11.3.2 职能人员岗位考核的 KPI 设计

📂 案例 11.1 如何设计职能人员的 KPI？

职能人员一般都任职于固定的岗位，对于职能人员的考核也相对固定，表 11-6 就是一个实例。

表 11-6 职能人员岗位 KPI 考核评估表

考核项目		项目类型及分数等级				
		10 分	8 分	6 分	4 分	2 分
工作业绩	工作完成准确性	完全保持正确及完整，无任何错误发生	主要工作保持正确及完整性，偶有小错但及时更正	主要工作大致符合要求，偶有错误，一经主管指正，立即改进	主要工作必须经主管及时支持，勉强达成要求标准	经常工作不完全，虽经主管指正，错误仍一再重复
	工作完成及时性	所有工作皆于指定日期之前主动完成	主要工作皆于指定日期之前主动完成	主要工作经主管催促之后，按期完成	主要工作经主管催促及支持之后勉强完成	主要工作经常延误
	工作绩效改进能力	能够正确无误改进工作，提高绩效	工作绩效改进能力尚可	工作绩效改进能力一般	工作绩效改进能力较差	无工作绩效改进能力
工作态度	责任感	忠诚服务，锐意精进	处事稳健，极少督促	比较负责，但需主管督促	处事较为被动，需主管督促	责任心差，主管经常督促
	团队合作	主动支持组织政策与目标，与主管及同仁合作无间	了解个人任务，大致能与他人配合及提供必要协助	经主管提示，能与同仁合作	勉强与他人合作，有些摩擦	经常不能合作，无法与人相处
	主动性	非常积极主动，有很高的工作业绩	非常积极主动，有较好的工作业绩	比较积极主动，工作比较认真负责	不太积极主动，有时计较个人得失	消极怠慢，常常计较个人得失
工作能力	问题研判与解决方案	能非常迅速准确地作判断并解决问题	能有效掌握相关讯息，且正确有效地作决定	能分析相关信息，且所做的决策一般尚属正确	易于未考虑周详即作判断，亦未能考虑后果	未具备所需之判断与决策能力
	沟通能力	善于沟通、正确表达见解	能把握沟通重点、要点	沟通能力一般	沟通能力较弱	沟通能力差，无法与别人进行正常沟通

续表

考核项目		项目类型及分数等级				
		10分	8分	6分	4分	2分
工作能力	执行能力	具备充分技术与经验，完全独立工作，有协助及教育他人能力	能独立作业，偶尔能协助他人	能独立作业	能独立作业，偶尔接受他人支持	未能独立工作，经常需要支持
	学习吸收反应能力	善于学习且无须人协助	学习记忆颇佳但需少量监督	需督导但有判断能力	每一点指示均需要督导	学习能力差，记忆力弱

11.3.3 职能人员的岗位职责考核

相对地，职能人员虽然岗位固定，但在很多企业职能人员的岗位职责却变化很多，有很多种组合的方式，在这种情况下，仅选取一些定性的KPI考核指标，不能精确考核职能人员的工作完成情况。故可采取另外一种思路，即根据职能人员每月的实际工作来制定个性化的考核表（见表11-7）。

表11-7 职能人员岗位职责考核表

姓名		部门		岗位		
考核人				考核期间		年　月
序号	岗位职责内容	分值	工作要求	评分标准	自我评分	上级评分
1						
2						
3						
4						
5						
6						
7						

续表

序号	岗位职责内容	分值	工作要求	评分标准	自我评分	上级评分
8						
9						
10						
得分合计：						
如您对以上内容无异议，请签字确认。 本人签字：　　　　　　　　考核人签字： 日期：　　　　　　　　　　日期：						
说明：岗位职责考核分值共计100分，每月月底前由员工和直属上级共同确定下月职责内容、分值、工作要求、评分标准，并提交至公司人力资源部备案。月度工作结束后，由员工先进行自评，并将自评结果提交至直属上级处。直属上级对员工该月岗位职责完成情况进行评分，月度考核评分以直属上级评分为准。						

下面以一个实例来说明如何在实际职能人员岗位职责考核的基础上核定其绩效工资。

案例11.2　对职能人员，如何根据考核核发其绩效工资？

职能人员的岗位职责考核最终可以以定量的方式形成考核分数，然后根据不同档次的考核分数来确定其绩效工资的核发比例（见表11-8）。

表11-8　职能人员考核分数与绩效工资发放比例表

序号	月度考核分数（0—100分）	月度绩效工资发放比例（0—100%）
1	90 ≤ 考核分 ≤ 100 分	100%
2	80 ≤ 考核分 <90	90%
3	70 ≤ 考核分 <80	75%
4	60 ≤ 考核分 <70	50%
5	考核分 <60	0

11.3.4 职能人员岗位奖金的考核

下面以一个实例来说明如何对职能人员岗位奖金进行考核。

案例 11.3 对职能人员，如何根据考核核发其年度奖金？

另外一个能体现职能人员绩效的，就是其所服务的部门或企业的效益情况，可以根据其所服务部门或企业的效益完成情况来按比例核发职能人员的奖金（见表 11-9）。

表 11-9 职能人员年度奖金核定表

等　别	所服务部门业绩 （当年税后净利润任务完成率）	职能人员奖金核定
1	≥200%	月岗位工资 ×2.5 倍
2	≥150%	月岗位工资 ×2 倍
3	≥100%	月岗位工资 ×1.5 倍
4	≥70%	月岗位工资 ×1 倍
5	≥50%	月岗位工资 ×0.5 倍
6	<50%	无

11.4　回顾与总结

在本章中，延续前几章的思路，对职能类岗位的定义、分类、素质模型、任职资格进行分析后，对职能类岗位的职位体系、薪酬体系和绩效体系进行了论述。职能人员绩效管理的核心主要围绕岗位和所服务部门或企业效益情况展开，这两者的选择直接影响其绩效管理体系的建设。在职能类岗位绩效体系设计中，则主要围绕岗位 KPI 设计、岗位绩效考核、绩效工资发放、奖金核定等实际问题展开论述。

第十二章
生产人员的绩效管理

- 生产岗位具备什么样的特点？
- 对生产类人员如何进行分类？
- 如何建设生产类的职位体系？
- 生产岗位通常采用何种薪酬？
- 如何设计生产岗位绩效体系？

12.1 生产人员的特点分析

12.1.1 生产和生产人员

生产指企业产品生产制造的过程。企业根据特定的技术工艺要求，将生产要素进行最佳组合，在产量一定时，保证生产要素投入的成本最小；或者在生产成本一定时，保证产量达到最大。

生产人员即在企业中从事生产制造的人员，也称为"工人"。

12.1.2 生产人员的分类

企业中的生产人员，一般根据其工种不同而分类；另外，也可以根据其对生产的作用，分为直接生产人员和间接生产人员（见表12-1）。

表12-1 不同的生产人员

类　型	主要职责	典型称呼
直接生产人员	直接从事生产工艺操作的工人	机械加工：车工、铣工、刨插工、磨工、镗工、钳工等 下料：下料工、锯床工等 装配：装配工、配线工等 运输：装卸工、转运工、司机等 其他：油漆工、木工等

续表

类　　型	主要职责	典型称呼
间接生产人员	不直接从事生产工艺操作，但提供生产辅助工作的工人	检验：成品/半成品检验工、试验工等 维修：设备维修工、机修工等 清洁：卫生清洁工等 仓储：仓储工、保管工等 运输：运输工等

12.1.3 生产人员的素质模型

生产人员的主要工作是进行生产制造。从这个角度看，生产人员的通用素质要求能够保证这一职责的实现。以下是企业常见的生产人员通用素质模型（见表12-2）。

表12-2 生产人员的通用素质模型

素质项目	具体解释
专业化	对工作所需的操作技能，以及相应的规范化要求、安全等，有较强的领悟力和操控力
成本意识	在工作中着力提升成品率和规范操作，降低次品率及原料浪费，注意厉行节约
质量控制	为确保生产产品的质量达成，在工作中严格遵守操作规范及质量要求规范
执行力	为确保工作任务的达成，高效率地实施计划、取得成果
关注细节	关注事实和细节，深入了解关键细节，以细节的完善作为重要的努力方向
纪律性	严格遵守企业生产的各项纪律
敬业精神	在工作中，愿意付出更多的精力与时间，以更加认真积极的态度对待工作
团队合作	个人愿意作为群体的一员，愿意与群体中的其他人一起协作完成工作
学习能力	积极获取相关信息和知识，不断更新知识结构、提高工作技能
应变能力	在工作中，遇有突发性事故或紧急事件，能够以相应的方式进行应对

12.1.4 生产人员的任职资格

对于生产人员的任职资格要求，一般地，企业从知识、经验、技能等多方面来明确，具体框架参照表 12-3。

表 12-3　生产人员的任职资格

职位名称	类别	任职资格描述
生产总监	知识	本科以上学历，生产相关专业，掌握生产管理知识和全面深入的企业管理相关知识
	经验	10 年以上生产管理工作经验，丰富的企业管理实践经验
	技能	具有生产发展的战略布局能力；具有大局观和全局意识；具有推动企业产品/服务的生产变更和创新能力；具有卓越的团队领导力；善于搭建和培养团队；具有良好的沟通协调能力；为人正直；责任感强等
生产部经理	知识	本科以上学历，相关专业，掌握生产专业知识和管理相关知识
	经验	8 年以上生产管理工作经验，丰富的生产管理实践经验
	技能	深入的生产专业技能，具有团队管理技能；执行力强；具有团队领导力；勇于担当；具有大局观和全局意识；具有良好的沟通和协调能力
厂长	知识	专科以上学历，生产相关专业
	经验	5 年以上生产工作经验，深入掌握生产相关要求
	技能	非常深入地掌握生产技能，非常熟悉相关产品生产，极强的思维能力和学习能力，积极主动，具有团队合作精神
生产主管/车间主任	知识	高中以上学历，熟悉相关产品生产及操作流程
	经验	3 年以上生产工作经验，熟练掌握生产专业要求
	技能	深入掌握生产操作技能，非常熟悉相关生产操作管理，很强的操作能力和学习能力，积极主动，具有团队合作精神
生产操作工（包括机械加工、下料、装配、运输等各类操作工以及各类生产辅助操作工）	知识	初中以上学历，了解相关产品生产、生产辅助操作流程
	经验	1 年以上生产操作、辅助生产相关工作经验
	技能	善于学习，有较强的动手操作能力，有团队合作精神

12.2 生产人员的职位薪酬

12.2.1 生产人员职位体系建设

生产人员的职位体系一般按照生产人员的等级来划分（见表12-4）。

表 12-4 生产人员职位体系

职位层级	职位等级	管理系列	生产系列
高级	M1	总裁	
	M2	副总裁	
中级	M3	事业部总经理	生产总监
	M4		生产部经理
初级	M5		厂长
	M6		
	M7		生产主管/车间主任
	M8		
	M9		操作工

12.2.2 生产人员常用的薪酬结构

1. 计件工资/计时工资制

生产人员一般采用计件工资/计时工资制，即根据生产人员生产产品的件数，或者生产人员的工作时间来确定生产人员的工资。计件工资制更为常见一些。

为了加强生产人员以结果为导向的考核机制，激励生产人员将生产数量或工作时间与个人技能提升和企业效益挂钩，在计件工资/计时工资制的基础上，又扩展出以下两类薪酬结构。

2. 计件工资／计时工资 + 技能工资制

"计件工资／计时工资 + 技能工资制"指企业生产人员的工资由计件工资／计时工资收入和技能工资两部分构成。一般情况下，生产人员的工资仍主要根据生产数量和工作时间来确定。为了激励生产人员提升操作技能，可以对不同等级的操作工增加技能工资的发放，肯定操作技能对于提升生产数量和产品质量的作用；同时，也可以将操作工进行职位划分，建立操作工的职业生涯发展意识。

这种制度下的技能工资，可以根据其所任岗位技能要求的不同而设定。一般地，各级操作技能不同，技能工资略有差异。该技能工资还可以定期对各操作工进行评定和调整。

3. 计件工资／计时工资 + 技能工资 + 奖金制

"计件工资／计时工资 + 技能工资 + 奖金制"是指企业生产人员的工资由计件工资／计时工资收入、技能工资和奖金三部分构成。计件工资／计时工资、技能工资仍按原标准核定。奖金可以与生产人员个人、班组、车间、部门等不同级别的超产量、产品优质率、生产效益等指标挂钩考核。

综合起来，生产人员常见的薪酬结构汇总如表 12-5。

表 12-5　生产人员常用薪酬结构表

生产人员薪酬结构	说明
计件／计时工资制	主要根据生产人员的生产数量或工作时间而确定
计件工资／计时工资 + 技能工资制	除了考虑生产人员的生产数量或工作时间外，还鼓励生产人员提升岗位技能，最终促进技术改进和生产数量的增长
计件工资／计时工资 + 技能工资 + 奖金制	除了考虑生产人员的生产数量、工作时间和岗位技能外，还结合个人、班组、部门等的效益情况挂钩考核

12.3 生产人员的绩效实例

12.3.1 生产人员的绩效管理

前面分析了生产人员常用的薪酬结构，生产人员绩效管理一般主要围绕生产数量/工作时间、岗位技能和所服务部门/企业效益情况等要点展开。下面将从实例出发来分析如何落实生产人员的绩效管理。

12.3.2 生产人员考核的 KPI 设计

考察生产人员生产数量和工作时间，是最易操作的绩效考核，直接按照合格产品数量或工作计时即可实现。相对比较复杂的，是将生产数量/工作时间与岗位技能、生产效益挂钩进行考核的模式。下面将以一个实例来具体说明。

📁 **案例 12.1** 对生产人员，如何设计综合性的 KPI？

生产人员的 KPI 以生产数量计件或工作时间单价作为基础，岗位技能是第三个方面，可以考察生产人员的技能掌握程度或者以生产数量/质量作为评定方法，生产效益的考核原则上紧扣生产人员的生产数量或岗位技能（参见表 12-6）。

表 12-6　生产人员技能等级、计件工时单价表

等级	计件标准	工时单价（元）	技能工资（元）	超产奖（元）
一级	0.6—0.7（不含 0.7）	12	1600	
二级	0.7—0.8（不含 0.8）	14	1800	
三级	0.8—0.9（不含 0.9）	16	2000	
四级	0.9—1（不含 1）	18	2200	

续表

等级	计件标准	工时单价（元）	技能工资（元）	超产奖（元）
五级	1	20	2400	200
六级	1—1.2（不含1.2）	22	2600	250
七级	1.2—1.4（不含1.4）	24	2800	300
八级	1.4—1.6（不含1.6）	26	3000	350
九级	1.6—1.8（不含1.8）	28	3200	400
十级	1.8—2（不含2）	30	3400	450

12.4　回顾与总结

在本章中，延续前几章的思路，对生产类岗位的定义、分类、素质模型、任职资格进行分析后，对生产类岗位的职位体系、薪酬体系和绩效体系进行了论述。生产人员绩效管理的核心主要围绕生产数量、工作时间、岗位技能和生产效益等方面展开。在生产类岗位绩效体系设计中，则主要围绕生产数量/工作时间、岗位技能、生产效益等综合性的 KPI 选取问题展开论述。

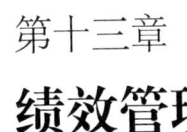

第十三章
绩效管理的法律规范

- 劳动法对绩效管理有何要求?
- 劳动合同法对绩效管理有何影响?
- 规章制度与绩效管理有何关系?
- 如何制定合规绩效管理制度?
- 绩效管理需要哪些法律文件?

13.1 劳动法律的相关要求

绩效管理是人力资源管理的重要环节，牵动着薪酬管理、员工关系管理，同时，绩效管理也必须遵守国家劳动相关的法律规范。首先来梳理一下《劳动法》《劳动合同法》涉及绩效管理的主要内容。

国家《劳动法》相关条款

第四条 用人单位应当依法建立和完善规章制度，保障劳动者享有劳动权利和履行劳动义务。

第二十五条 劳动者有下列情形之一的，用人单位可以解除劳动合同：

（一）在试用期间被证明不符合录用条件的；

（二）严重违反劳动纪律或者用人单位规章制度的；

（三）严重失职，营私舞弊，对用人单位利益造成重大损害的；

（四）被依法追究刑事责任的。

第二十六条 有下列情形之一的，用人单位可以解除劳动合同，但是应当提前三十日以书面形式通知劳动者本人：

（一）劳动者患病或者非因工负伤，医疗期满后，不能从事原工作也不能从事由用人单位另行安排的工作的；

（二）劳动者不能胜任工作，经过培训或者调整工作岗位，仍不能胜任工作的；

（三）劳动合同订立时所依据的客观情况发生重大变化，致使原劳动合同无法履行，经当事人协商不能就变更劳动合同达成协议的。

第四十七条 用人单位根据本单位的生产经营特点和经济效益，依法自主确定本单位的工资分配方式和工资水平。

关于绩效管理，《劳动法》中虽然没有直接规定，但绩效管理是判断是否与员工解除劳动合同的重要依据。绩效管理相关的规定主要体现为用人单位需要依法建立和完善规章制度，并依据规章制度、以合法合规的流程来判断与员工的关系，包括工资分配方式、工资水平，以及是否解除劳动合同。

国家《劳动合同法》相关条款

第三十九条 劳动者有下列情形之一的，用人单位可以解除劳动合同：

（一）在试用期间被证明不符合录用条件的；

（二）严重违反用人单位的规章制度的；

（三）严重失职，营私舞弊，给用人单位造成重大损害的；

（四）劳动者同时与其他用人单位建立劳动关系，对完成本单位的工作任务造成严重影响，或者经用人单位提出，拒不改正的；

（五）因本法第二十六条 第一款第一项规定的情形致使劳动合同无效的；

（六）被依法追究刑事责任的。

第四十条 有下列情形之一的，用人单位提前三十日以书面形式通知劳动者本人或者额外支付劳动者一个月工资后，可以解除劳动合同：

（一）劳动者患病或者非因工负伤，在规定的医疗期满后不能从事原工作，也不能从事由用人单位另行安排的工作的；

（二）劳动者不能胜任工作，经过培训或者调整工作岗位，仍不能胜任工作的；

（三）劳动合同订立时所依据的客观情况发生重大变化，致使劳动合同无法履行，经用人单位与劳动者协商，未能就变更劳动合同内容达成协议的。

同样，在《劳动合同法》中，虽然没有直接出现"绩效管理"的字眼，但是，用人单位要依法解除劳动合同，必须要有充足的证据。用人单位需要证明"试用期内不符合录用条件""严重违反规章制度""严重失职,营私舞弊,给用人单位造成重大损害"以及"劳动者不能胜任工作,经过培训或者调整工作岗位,仍不能胜任工作"等,这些点都需要以绩效管理的结果进行证明;同时,还要注意绩效管理流程的完善性,要保留绩效考核结果、绩效面谈记录及员工的绩效改进计划等,这些均是有力的证据。

13.2　企业制度与绩效管理

13.2.1　企业制度与绩效管理的关系

从劳动相关法律中已经看到,人力资源管理,包括绩效管理,执行的前提就是企业依法建立和完善规章制度,这是所有管理的前提。下面先看一个案例。

📁 **案例 13.1**　企业没有制度是否可以执行绩效考核?

M 公司成立 1 年多,人员共计 20 多人,公司总经理王总负责公司的整体管理和运营,员工招聘也由王总面试后最终确认是否录用。员工小李应聘到 M 公司做产品销售工作,录用时谈的基本工资 5000 元,提成按产品销售额的 3% 计算。公司人员不多,员工的薪酬也由王总统一核定。小李工作 2 个月后,在一个产品销售合同处理中,没有获得公司总经理王总的审核通过就给予了客户价格折扣。王总批评小李没有遵守公司要求,公司要求客户的价格折扣必须经总经理审批后才能执行。小李也很委屈,他没有听说公司有这样的制度要求。王总因为小李违反制度要求,要扣小李 500 元基本工资,同时,这单产品销售不给提成。小李却认为公司的考核克扣工资、提成是没有理由的,因此提起劳动仲裁。

在这个实例中,可以看到,企业的运营管理需要依据制度进行,同时,制度也是约束企业内所有成员按照统一行为规范工作的保证。制度可以说是企业的宪法,制度的制定、公示、修订等无论在程序上,还是在内容上都有法律性的要求。企业管理者、人力资源管理者一定要明确这些程序和内容上的要求，保证企业规章制度的合理性和合法性。在这个案例中，企业经营管理者只是按照自己的意愿执行制度，却没有依据合理的程序制定制度、没有征求员工或员工代表的意见，也没有对全员进行制度公示或以书面形式将制度发送至员工；此外，企业也没有让员工确认是否已经知悉相关条款，这样，企业经营管理者制定出来的制度既达不到引导员工行为的作用，在程序上也不具有合法性，不具有对于员工的约束力。

制度，也称规章制度，即要求大家共同遵守的办事规程或行动准则。规章制度在企业管理、人力资源管理、绩效管理中具有重要的作用，具体体现在以下三个方面：

（1）规章制度具有规范性、合法性。规章制度是对工作程序的规范化要求，是岗位责任的法规化要求，同时，规章制度也是管理方法科学化的体现。规章制度的制定必须以国家和地区的政策、法律、法令为依据。规章制度本身要有程序性，为企业内的工作和活动提供可供遵循的依据。

（2）规章制度具有约束性、指导性。规章制度对于什么样的员工进行什么样的工作、员工如何开展工作等都有一定的指导作用，同时也明确员工不得做什么、违背了规则会受到什么惩罚等，这体现出规章制度的指导性和约束性。

（3）规章制度具有激励性、鞭策性。规章制度在制定后应对全员进行公示，包括发送书面文件或者张贴在工作现场，随时鞭策和激励着员工遵守规则、努力工作。

通过对以上案例的分析，以及对规章制度作用的梳理，可以看出，企业规章制度是企业做好绩效管理的基础。

13.2.2　企业制度的制定流程

规章制度的制定流程是规章制度制定工作中的关键点，规章制度一般由部门或某一部门牵头草拟初稿，草拟初稿后会组织第一轮讨论、修改，之后报工会或职工代表大会讨论（这一步很关键，关系到制度的合法性），再进行第二轮修改，最后需要报总经理和董事会进行审批，审批通过后向全体员工公示。企业规章制度的制定流程见图 13-1。

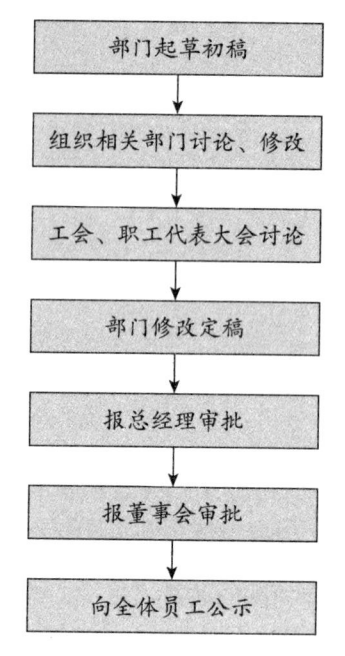

```
部门起草初稿
    ↓
组织相关部门讨论、修改
    ↓
工会、职工代表大会讨论
    ↓
部门修改定稿
    ↓
报总经理审批
    ↓
报董事会审批
    ↓
向全体员工公示
```

图 13-1　企业规章制度的制定流程

《劳动合同法》要求："用人单位应当将直接涉及劳动者切身利益的规章制度和重大事项决定公示，或者告知劳动者。"

案例 13.2　企业规章制度如何才能合法公示？

企业规章制度的公示是要求企业员工遵守规章制度的前提，未经合法公示的规章制度是不具有法律效力的，不能作为考核员工、处罚员工或与员工解除劳动合同的依据。

企业规章制度的公示方式比较多，一般企业采取的比较合适、有效的规章制度公示方式包括：

（1）组织全体员工培训学习规章制度，保留员工签名的培训签到册、培训记录及考试记录；

（2）向全体员工发送制度书面文件，并要求员工书面签收；

（3）给员工发送《员工手册》，其中有明确的规章制度，要求员工学习并签收，让员工确认阅读签收并承诺遵守规定；

（4）在《劳动合同书》中增加企业的规章制度作为劳动合同的有效附件，在员工签署劳动合同时确认其已阅读理解企业的规章制度，并承诺遵守；

（5）在新员工培训中，要求员工学习企业规章制度并进行考试，保留相应的培训签到记录、考试记录等。

以上企业规章制度公示方式是合理合法的，且具有法律效力。总体上说，就是要以正式的方式告知员工，并且有员工的书面签字确认的证据。

实战经验分享：

在现实企业管理中，还会采取这样一些方式，如企业内部公告栏张贴、企业内部网站公布、电子邮件群发、开会口头通知等，但是一旦产生劳动争议或者企业要对员工进行处罚时，企业举证就会出现困难，即无法证明员工已经知悉并同意遵守。所以，还是采取前述案例介绍的五种规章制度书面的公示方式更为妥当。

13.2.3　绩效管理相关制度实例

企业规章制度，尤其是与绩效管理相关的规章制度是执行绩效管理的基础，除了要明确规章制度的制定流程、强调对员工合法公示外，规章制度的起草、内容的合规性、完备性是规章制度的核心所在。以下是一个员工转正考核管理制度的实例。

案例 13.3　如何制定合规的绩效考核管理制度？

在绩效管理体系中，员工转正考核是所有考核的第一环，它既是整体考核体系的起点，也是考核体系完备性的一个缩影。合规的考核管理制度，至少应该包括制度制定的宗旨、适用范围、基本要求、管理流程、评价办法、补充说明、制定解释部门、执行日期、有效附件等主要内容。以下为某公司的员工转正考核管理办法。

员工转正考核管理办法

1. 总则

1.1 为完善公司考核管理制度，规范试用期员工转正流程，特制定本管理办法。

2. 范围

2.1 本管理办法适用于公司所有新入职、有试用期的员工。

3. 管理职责划分

3.1 人力资源部负责统一管理试用期员工的转正考核工作。

3.2 人力资源部根据试用期员工不同的转正类型进行相应的流程监控、管理。

3.3 员工所属部门负责贯彻执行试用期员工的转正考核工作，为转正工作提供公平、公正的业绩依据。

4. 转正考核的时间及类型

4.1 转正考核的时间：原则上，试用期为 6 个月；如遇特殊情况，需要提前转正的，最短不应少于 2 个月。

5. 转正考核的类型

5.1 提前转正：

A）员工提起：指按照劳动合同约定，试用期未结束，员工个人提起转正申请；

B）用人部门提起：指按照劳动合同约定，试用期未结束，业务部门提起转正申请。

5.2 正常转正：按照劳动合同试用期的约定期限如期转正。

6. 提前转正的基本要求

A）符合工作岗位的任职要求、在试用期内业绩上升明显、工作完成情况优秀；

B）经转正考核后，考核结果达到可以提前转正的指标，方可提前转正。

7. 转正考核的管理流程

7.1 在员工试用期到期前 1 个月，人力资源部以邮件或其他书面形式通知员工的直属上级；

7.2 人力资源部会同用人部门一起执行试用期考核。如达到转正要求则可以同意转正，人力资源部将《转正审批表》以邮件形式发给员工。如不符合转正的要求，人力资源部将结果反馈给用人部门，并由用人部门出具具体的考核意见，准备相应的书面文件，之后与员工面谈解除劳动合同；

7.3 达到转正要求的员工按照《转正审批表》的填表说明进行个人述职报告，打印并由员工本人签字后提交至人力资源部；

7.4 人力资源部根据员工试用期的考核结果，与用人部门确认正式薪资及转正日期；

7.5 人力资源部负责履行《转正审批表》的签批流程；

7.6 审批结束后，人力资源部通知用人部门，由直属上级先进行转正考核面谈，就试用期间的实际工作情况、取得的成绩、存在的不足及转正后的期望与员工进行交流；

7.7 人力资源部与员工进行转正考核面谈，就转正后薪资情况、试用期间在部门／公司工作的感受、对部门／公司的意见或建议等与员工进行交流。

8. 转正考核的评分办法

8.1 根据人员的不同属性将各项考核维度进行等级评定：

A：优秀（超过公司的岗位要求）、B：良好（符合公司岗位要求）、C：合格（基本符合公司岗位要求，但尚需一定的培训与完善）、D：不合格（完全不符合公司岗位要求）。

8.2 将考核等级转换为分值

A级别：5分；B级别：4分；C级别：3分；D级别：2分。

8.3 将各项分值相加，得到最终考核结果，并最终决定是否可以提前转正（2个月至6个月之内）。

分值区间：12—15分，可以提前转正；

分值区间：小于12分，需延迟转正，继续观察、试用。

8.4 将各项分值相加，得到最终考核结果，并最终决定是否可以转正（6个月）。

分值区间：10—15分，可以如期转正；

分值区间：小于10分，不予转正，办理离职手续。

9. 转正其他问题的处理

9.1　试用期原则上为6个月，用人部门可根据员工试用期的考核结果缩短试用期时间，但最短不应少于2个月；如用人部门鉴于员工试用期表现优异，在2个月的基础上再次缩短试用期的话，需履行提前转正特批手续。

9.2　试用期工资原则上为转正工资的80%。

10. 附则

10.1　本管理办法由公司人力资源部负责解释。

10.2　本管理办法自颁布之日起执行。

10.3　本管理办法的附件包括：

A）员工转正考核表；

B）员工转正审批表。

制定绩效管理规章制度时，还需要注意，规章制度中的评分、审批、流程等的执行多靠详尽的表格来体现，这些表格往往是规章制度的有效附件。在本实例中，表13-1和表13-2就是以上员工转正考核管理办法的有效附件。

表13-1　试用期员工转正考核表

姓名		部门		职位		试用期时间	
人员属性	考核维度	分数等级					
		A 超过公司岗位要求（5分）	B 符合公司岗位要求（4分）	C 基本符合公司岗位要求，但部分尚需一定培训完善（3分）	D 不合格（2分）	最终考核分值汇总	
管理人员	业绩完成情况						
	人员管理、团队建设						
	经理人的职业化、专业化						

续表

人员属性	考核维度	分数等级 A 超过公司岗位要求（5分）	B 符合公司岗位要求（4分）	C 基本符合公司岗位要求，但部分尚需一定培训完善（3分）	D 不合格（2分）	最终考核分值汇总
销售人员	合同订单，立项项目以及进展情况					
	行业/产品的了解和熟识程度					
	销售能力敬业精神、团队合作					
技术人员	参加的项目、在项目中的角色以及项目任务的完成情况					
	专业知识、技能的掌握情况和熟练程度，发展潜力					
	敬业精神、团队合作					
职能人员	日常工作的完成情况，（及时性、准确性、灵活性及工作量等；如试用期接受了特殊的任务，考核特殊任务的完成情况）					
	专业理论知识的了解和掌握情况					
	员工投诉率					
合计						
考核结果	1.是否提前转正（2—6个月之内的）： （1）可以提前转正；（2）继续试用。选择结果＿＿＿ 2.是否可以转正（6个月的）： （1）可以转正；（2）办理离职手续。选择结果＿＿＿ 签字：　　　　　　　日期：					

表 13-2 试用期员工转正审批表

姓名		部门		现职位	
试用期合同时间	从 年 月 日至 年 月 日			联系电话	
个人述职报告					
签名： 日期：					
直属上级/部门经理意见	转正计薪日期： 签名： 日期：				
人力资源部意见	签名： 日期：				
副总经理审批	签名： 日期：				
总经理审批	签名： 日期：				

13.3 绩效管理的法律文件

绩效管理本质上是企业和劳动者双方的契约管理，除了规章制度外，要支撑合规、完善的绩效管理，必须有整套完备的法律文件，表 13-3 就是对绩效管理相关法律文件的梳理。

表 13-3 绩效管理相关法律文件一览表

文件类别	文件名称	说明
规章制度	《绩效管理制度》	明确整体的绩效管理
	《管理人员考核管理办法》《销售人员考核管理办法》《技术人员考核管理办法》《职能人员考核管理办法》《生产人员考核管理办法》……	明确具体岗位的绩效管理
	《考勤管理制度》《薪酬管理制度》《劳动合同管理制度》……	明确和绩效相关的人力资源管理
	《转正考核管理办法》《员工升迁管理办法》《员工奖惩管理办法》……	明确详细的绩效考核办法
任务书	《绩效考核计划》	按周期发布绩效考核计划
	《劳动合同》《绩效考核任务书》	与被考核人签订书面任务书
工作过程记录	《工作周报表》	员工自行记录的工作周报
	《月度/季度/半年/年度述职报告》	员工的述职报告
	《考核数据统计表》《财务报表》《销售报表》……	考核相关的数据记录
考核执行记录	《绩效考核评价表》	双方对考核评分结果进行确认
	《绩效考核面谈表》《绩效改进计划》	双方沟通达成改进计划
绩效考核结果应用记录	《绩效工资发放通知书》《薪资调整通知书》	考核后发放绩效、薪资调整
	《岗位调整通知书》	考核后岗位调整
	《奖惩通知书》	考核后进行奖惩
	《劳动合同解除协议书》《劳动合同终止通知书》	考核后调整劳动关系

这些文件都具有法律效力，注意在签署时一定要清晰、不得涂改，双方签字、盖章后才生效。另外，需要建立独立的绩效管理档案，将绩效相关的法律文件单独保存，或者定期并入员工档案后保存。

13.4 回顾与总结

本章从《劳动法》和《劳动合同法》出发，整理出与绩效管理相关的法律规定，明确了企业规章制度是绩效管理的基础。如何才能制定出合规的绩效管理制度？本章从规章制度制定的整体流程、公示要点出发，以一个实际案例——试用员工转正考核管理办法分析了绩效管理制度制定的要点。最后，从法律文件的角度，整理了与绩效管理相关的法律文件清单，读者可以依据这个清单整理绩效档案，形成完备的绩效管理法律支撑体系。

03

第三篇

总监篇
——全局视角

第十四章

实景案例：
大型企业如何变革绩效管理体系？

- 大型企业实景案例中的启示？
- 大型企业的明确定义是什么？
- 大型企业具有什么样的特点？
- 大型企业 HR 管理中的难点？
- 大型企业如何变革绩效体系？

14.1 实景案例的主要内容

案例 14.1　大型企业如何变革绩效管理体系？

1. 基本情况

F集团成立于 90 年代末，经过近 20 年的发展，已经从一家小企业发展成为国内知名的多元化业务企业集团。F集团的业务涉及多个行业，业务范围遍及全国及东南亚，拥有上百家控股企业和参股企业，其中包括部分知名企业、国内外上市公司。F集团年产值超过百亿元，其中部分行业的业务占有较大的市场份额。F集团有员工 1 万多人，以国内员工为主，国外雇员约占 10%。

2. 组织结构

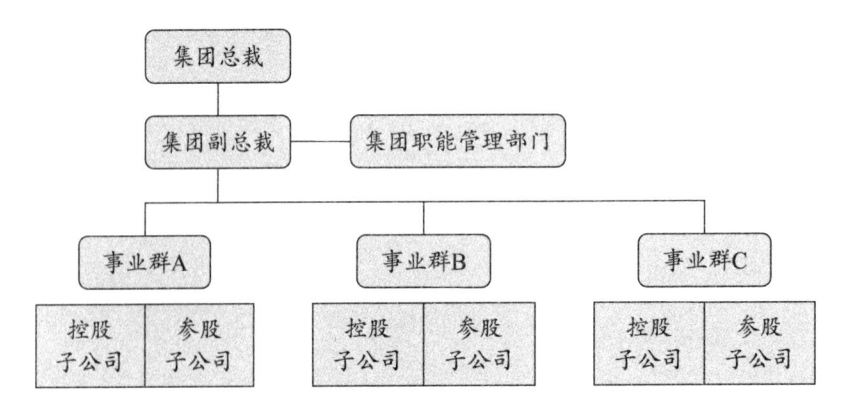

图 16-1　F 集团组织结构图

F集团的组织结构根据管理和业务情况所设置（见图16-1）。F集团总部定位为投资管理机构，主要人员包括集团总裁、集团副总裁和集团职能管理部门。在集团职能管理部门中，主要包括与投资管理相关的部门，如财务管理部、投资管理部、法律事务部、人力资源部等部门，这些部门主要辅助集团总裁和集团副总裁进行投资管控工作。

F集团根据业务行业的不同设为不同的事业群，分别由集团副总裁分管。在各事业群内，有集团控股企业和参股企业，各控股企业还有下属的二级、三级控股企业。集团内的各级企业主要通过逐层的董事会、总经理委派、财务经理委派、人力资源经理委派的方式实现管理与控制。

3. 人员情况

F集团的人力资源数量根据下属事业群中的各企业发展配置，实行董事会管理下的总经理负责制。集团总部职能管理部门中设有人力资源管理部，主要负责集团内控股企业宏观人力资源管理工作，包括制度管理、人员编制管理、人工成本总额管理、核心人员委派管理等。具体的人员招聘、培训、薪酬、考核、员工关系等人力资源管理工作均由各企业在集团宏观管理下自行落实。

从人员数量看，F集团共有在职员工1万多人，中国员工占90%，外国雇员（主要集中在东南亚）占10%，有1000多人。在各事业群的分布上也不均匀，主要依据各事业群内的企业发展情况而定。下属企业中，人员规模大的有3000多人，人员规模小的只有几十人。

4. 主要问题

F集团历经20年的发展，目前面临的问题主要有：

- 创新能力不足

F集团的产业主要集中在传统产业和基础产业，以代加工、分销、客户服务为主要盈利模式，主要竞争力依靠中国低劳动成本和中国的国内市场需求。从整体上看，F集团缺少自主研发、具有竞争力的创新产品，虽然集团多次强调增强研发能力、加大研发投入，但是F集团内的大多数企业仍以短期利益获得为主要经营目标。另外，F集团也多次进军新型产业，如互联网、芯片制造、制药等，但均存在投资量过大、缺乏新型人才、没有核心产品等问题，致使新型产业没有形成集团的主力产业。总之，对F集团而言，最急迫要解决的就是整体创新能力不足的问题。

- 产业发展不均

历经了20年的发展，F集团已经成为多元化的产业集团，但由于采取多元化发展战略，带来的相应问题就是集团内产业发展不均。集团内的各产业、各企业规模有大有小，营业额和利润有多有少，还有一部分企业出现亏损。发展得比较好的产业人员规模已经突破3000人，并且成功在国内上市，有较好的业绩；但也有一部分企业在初创中，因新型行业、初创阶段盈利模式尚未建立，暂时难以实现盈利，还需要集团较长一段时间的投资支持与管理支持。另外，还有一些衰退的问题企业，由于行业衰退、没有核心产品且成本过高，已经无法再盈利，处于不断萎缩、连年亏损的状态。此外，F集团内各产业发展不均衡，也是集团管理面临的很重要的问题。

- 出现"大企业"病

F集团成立20年且人员规模过万，近些年来，"大企业"病越来越明显。一是集团内管理层级非常多，F集团子孙公司多达十几级，拥有数家上市公司、百余家企业，股权关系极为复杂，管理决策流程长，管理成本非常高。二是F集团内决策程序与机制不健全，重大投资存在较多失误事件，不重视项目可行性论证和风险评估，给项目埋下重大隐患，从而导致投资失败率高与部分企业一直经营亏损。三是F集团管理成本高、管理效率不高，存在人浮于事的现象，对于很多工作有内部推诿、内部扯皮的现象；部门割裂情况严重，"铁路警察各管一段"，且有些部门间交流沟通不畅、意见相左，导致管理效率低下。

14.2 实景案例的要点分析

1. 什么是大型企业？

大型企业一般指人员或产值达到较大规模的企业。根据大型企业所处的行业或者认定角度的不同，国家对于大型企业也有不同的定义。以工业为例，大型企业一般指人员在 1000 人以上，营业收入达到 4 亿元以上的企业。大型企业已经在规模上、产值上达到较高的标准，一般地，大型企业在相应的行业中有比较稳固的地位，或者占据行业的主要市场份额。

2. 大型企业有哪些特点？

大型企业一般有以下特点：

- 人员多、分工细、机构复杂

大型企业的首要特点就是人员多，人员数量至少上千人。自然地，随着企业规模的扩大，人员数量的增长，大型企业内的岗位数量也很多，而且分工非常细致。与管理跨度相关的，大型企业的组织层级一般比较多，机构设置较为复杂。

- 业务、经营范围广

大型企业的另一个重要的特点就是产值大。大型企业的产值一般来源于多种业务，或者是多行业的业务；另外，就是来源于广阔的经营范围，不仅拥有多种产品，而且会涉及多个区域，甚至是跨越多个国家的业务。从这个角度看，大型企业的业务形态一般会比较复杂。

- 管理规范、模式多、流程长

正如本节案例所示，由于人员多、业务广、结构复杂，所以规范的管理对大型企业而言是必需的。一般地，经过多年的积累，随着业务的发展与规模的扩大，大型企业的管理也从无到有、从随意到规范。大型企业的规范管理多体现在规章制度详尽、明确，管理模式适用于不同的业务模式，管理流程跨部门、涉及岗位多等方面。

3. 大型企业 HR 管理有哪些难点？

大型企业 HR 管理的难点主要集中在以下方面：

- HR 管理复杂程度高

正如本章实景案例所示，大型企业人员数量多、业务范围广、涉及地域广，同时，大型企业内的分公司、子公司会处于不同的企业发展阶段，在这种情况下，人力资源管理的难度和复杂程度会非常高。人力资源管理模式既要考虑整体性，又要考虑个性化，比如招聘管理，既要有统一的招聘管理制度，要求集团内各企业执行，又要考虑到企业处于不同行业、不同地域、不同发展阶段，需要采取具体的、个性化的人员招聘。再比如薪酬绩效管理模式，既要有统一的薪酬总额、激励模式管理，也要设计个性化的薪酬绩效方案，保证人力资源成本和激励的有效性。

- HR 管理相对固化、创新难

企业在人员规模偏小的时候，HR 的规范管理很难提上日程，但是，随着企业人员规模的不断扩大，尤其是发展到大型企业时，企业已经建立了非常健全的人力资源管理组织结构、配置了数量较多的专业人力资源管理人员，甚至在部分大型企业中，人力资源管理团队能达到几百人之多。人力资源管理部门内又细分小的部门，职位、等级划分精细，人力资源管理各职位的分工非常细化、非常专业。再加上大型企业信息化建设一般比较完善，人力资源管理也有相应的 E-HR 系统，其中人力资源日常信息管理、审批流程已经嵌入系统，形成极强的 HR 基础管理规范。大型企业由于人员规模大、涉及范围广、企业声誉高，大多严格遵守国家和当地的税收和劳动管理政策，守法性好、规范性强。在这样的管理机制下，大型企业人力资源管理面临的最大问题就是如何适应企业业务发展、转型等需要，对人力资源管理进行不断完善与创新。

- HR 管理需要提升为战略合作伙伴

企业规模小的时候，人力资源管理资源少、成本不足，更多地只能为企业管理者和员工提供一些基础的服务。当企业规模达到中型企业时，人力资源管理有了一些资源，企业也投入一定的成本，人力资源管理的定位逐步过渡到提升服务质量，协助企业管理者落实人力资源管理，有能力的可以提供人力资源制度、方案的支持。当企业规模发展到大型企业时，企业人力资源管理已经提升到企业战略管理层面，仅提供日常服务、作为员工和管理者的支持者已经远远不能适应企业管理的需求，人力资源管理必须要支持业务、融入业务，甚至要引领业务，成为企业高级管理者的战略合作伙伴。这种提升，不仅要求人力资源管理团队的领军人物要深入掌握人力资源管理的各个模块、各种政策、各种流程，还要求其必须深入熟悉行业、业务，以及深入掌握各类管理技能，如财务、法务、商务、信息等，进而使人力资源管理与企业整体管理融为一体。具备了这些基础，HR 管理才能深入参与到企业战略发展与战略转型中，成为真正的战略合作伙伴。

14.3 大型企业的绩效管理

上文通过对实景案例的分析，介绍了大型企业的特点和 HR 管理的难点。针对这样的特点和难点，大型企业的绩效管理体系该如何变革呢？我们主要从三方面提出建议。

1. 调整绩效管理战略

前面分析过，大型企业人员规模大、业务范围广、管理规范，在人力资源管理机构设置、队伍建设、信息系统建设上都比较成熟，但这种成熟在某种程度上也意味着固化和僵化。大型企业经过多年发展，往往已经形成比较完整、独特的企业文化，这也深深影响着人力资源管理、绩效管理的整体方向和具体方法。在现实的社会、经济环境中，大型企业也面临竞争、也需要面对风险，在发展中不断调整、转型已经是企业的常态。古话讲"船小好调头"，大型企业的变革与转型往往会更加艰难，绩效管理的变革往往需要从绩效战略的调整开始。绩效战略是人力资源整体战略的核心点，而人力资源整体战略的调整必须要与企业整体战略和经营战略调整步调一致，否则，会导致内部产生巨大冲突而造成绩效管理体系改革的失败。

2. 建设多模式动态绩效体系

大型企业业务范围广、涉及行业领域多、地域范围广、各企业处于不同发展阶段，这几个因素导致大企业不可能只实行一套绩效管理模式，在企业集团内建立多模式的绩效管理体系是绩效管理的必然。建立多模式的绩效管理体系，主要包括以下几方面：

- 根据不同管理层面建设绩效管理体系

如本章实景案例所示，企业集团的管理层级往往非常多、股权关系复杂、决策流程长。在这样的特点下，分级建设绩效管理体系是必需的。例如，可以分为集团层、一级控股企业层、二级控股企业层、事业部层、部门层、员工层等来分别建设不同的绩效管理体系；或者，也可以分为集团总部、下属企业、部门、员工等较少的层次来建设。不同层面的绩效管理体系要在绩效流程、考核方法、绩效指标等方面分别设计，形成立体的绩效管理体系。

- 根据不同行业特点建设绩效管理体系

大型企业会涉及多个行业的业务，尤其是实行多元化发展战略的企业集团。每个行业都独具特性，很难采用统一的绩效管理策略，需要根据企业集团内不同的行业设计有针对性的绩效管理体系。如果是在行业中已经发展、成熟的企业，可以结合自身特点形成标杆性的绩效管理体系；如果刚刚涉足某一行业，就需要通过各种途径收集、学习行业内标杆企业的绩效管理思想、方法，再结合企业自身的实际情况，形成个性化的绩效管理体系。

- 根据不同地域特点建设绩效管理体系

不同地域企业，尤其是部分大型企业有国际化业务时，地域性特点就显得尤为重要。地域性包含了国家、地区性的政治、经济政策、法规，包含了国家、地区性的人才供求状况，也包含了国家、地区性的风俗和心理状况，这些因素对绩效管理体系均会产生直接影响。企业集团的人力资源管理人员应根据其地域性特点设计或改造绩效管理体系，形成适应各地域的个性化绩效管理体系。

- 根据企业发展不同阶段建设绩效管理体系

企业发展的不同阶段会对绩效管理体系产生实质影响，小微企业与大型企业的管理体系肯定不同，创业型企业与衰退型企业的绩效管理体系也会不同。在本章的实景案例中，大型企业集团内部有上百家企业，发展状况很不均匀，人员规模大的有3000多人，小的只有几十人；有的是上市企业，盈利状况良好，有的却是投资失误，一再亏损。因此，需要根据企业的不同发展阶段设计适应其发展状况的绩效管理体系。

综合起来看，大型企业绩效管理体系需要建立多层面、多行业、多地域、多阶段的立体多模式绩效管理体系，而且，这种建设是动态前进、螺旋上升的，也就是说大型企业绩效管理体系一直是一个不断建设、不断提升、不断变革的体系。

3. 引领绩效管理变革

随着企业管理从"人力—成本"时代升级为"人力—资源"时代，再升级为"人力—资本"时代，人力资源的管理越来越受到企业管理层的重视，越来越多的人力资源管理人员进入企业的核心决策层，甚至成长为企业的最高管理者。在大型企业中，人力资源管理的定位早已不只是内部服务提供者，而是企业发展的战略合作伙伴，更进一步，有可能成为企业发展与变革的主要推手。大型企业的人力资源管理人员需要以更高的视角看待绩效管理，在规避绩效管理负面作用、创新绩效管理方法、提升全面激励效果、发挥业界标杆作用等方面引领绩效管理变革。

14.4 实景案例的重要启示

通过本章实例可以看出，大型企业绩效管理体系的变革，对人力资源管理人员提出了更高的要求，也表明在面对绩效管理体系性变革时要以更高端、更全面的视角看待绩效管理，包括：

- 要客观评估绩效管理的优劣。绩效管理作为一种管理手段，有正面作用，也有负面影响；不能盲目夸大其影响，也不能在条件不具备的情况下强制推行。
- 注重有效激励和全面激励。人力要从资源提升为资本，最重要的就是注重激励的有效性，注重激励的投资收益回报率。
- 注重绩效管理与企业文化的结合。企业文化或非物质激励正成为越来越重要的激励方式，在全面激励中占据越来越重要的地位。
- 注重绩效管理机构与团队搭建。只有设立有效的绩效管理机构及团队，才能保证整体绩效管理战略的调整、多模式绩效管理体系的变革。

- 注重研究绩效管理的发展趋势。及时关注社会环境的整体性变化，不断尝试、探索新的绩效管理方法，把握发展趋势。

14.5　回顾与总结

　　本章是第三篇的起始章，以大型企业为实例，来分析大型企业的定义、特点，进而分析了大型企业 HR 管理的难点。由于人员多、业务广、地域广、内部企业多，大型企业虽然管理规范、分工明细，但在绩效管理中仍面临绩效战略调整、多模式绩效管理体系建设以及引领绩效管理变革等管理难点。本章通过分析也明确了大型企业多模式绩效管理体系建设的重点，即围绕管理层面、行业特点、地域特点和企业不同发展阶段进行细化，这种建设也是一个动态前进、螺旋上升的变革状态。

　　本篇后续章节将围绕"绩效管理的失败原因""有效激励""短期激励与长期激励""非物质激励与企业文化""绩效管理的发展趋势"等绩效管理的高端、全面视角进行详细分析，为大型企业绩效管理体系的建设与变革提供思路。

第十五章
走出绩效管理的困局

- 绩效管理是如何演变的？
- 绩效管理有什么重要的作用？
- 绩效管理存在哪些核心问题？
- 如何能客观地看待绩效管理？

15.1 绩效管理的历史演变

在中国，绩效考核的历史可以追溯到三皇五帝时期。《尚书·尧典》中"纳于大麓，烈风雷雨弗迷"就是指尧将帝位禅让给舜之前，对其进行绩效考核。中国古代官吏的绩效考核早在秦代已经出现，兴于唐朝，完善于清朝。绩效考核在中国古代叫考课，也叫考绩和核真，在《史记》和《资治通鉴》等著作上，都有相关的介绍。从封建制度中综合看来，对官员绩效考核的"治吏"制度主要体现为选拔、考绩、品级、奖惩、俸禄、休致、养忧等一整套的官吏管理方式。每个朝代的重点都放在考绩和奖惩上，考绩和奖惩制度执行的好坏，也成为一个朝代兴盛的主要原因。

在西方工业领域，罗伯特·欧文斯最先于19世纪初将绩效考核引入苏格兰。美国军方于1813年开始采用绩效考核，美国联邦政府则于1842年开始对政府公务员进行绩效考核。1911年，泰勒《科学管理原理》一书的出版，标志着管理学作为一门学科从此诞生。1920年，Geoffrey Chandler、H. Thomas Johnson 提出传统财务概念，即用现金流量、资产负债、利润率等基本的财务指标来衡量企业的绩效。当时的企业处于以生产为导向的工业时代。

1954年，目标管理由美国管理大师彼得·德鲁克（Peter F.Drucker）于《管理实践》中提出，他指出不是有了工作才有目标，而是相反，有了目标才能确定每个人的工作。目标管理的方法在提出后被广泛地应用于企业管理的领域。自20世纪80年代以来，360度考核方法迅速为国际上的许多企业所采用。在《财富》排名全球1000家大公司中，超过90%的公司应用了360度考核法。很多大的公司都把360度评估模式用于人力资源管理和开发。1992年，哈佛大学教授 Robert Kaplan 与诺朗顿研究院的执行长 David Norton 在《未来组织绩效衡量方法》一书中提出平衡计分卡绩效评价体系，主要目标是找出超越传统以财务为主的绩效评价模式，以使组织的战略能够转变为行动。1999 年，OKR 考核法由 Intel 公司发明，后来推广到 Oracle、Google、LinkedIn 等 IT 高科技公司，后广泛应用于 IT、风险投资、游戏、创意等以项目为主要经营模式的企业。

改革开放以来的中国企业，绩效管理主要跟随西方企业的思想和实践应用。近年来，随着中国企业管理水平的不断提升，除了跟进西方相关管理理念外，中国企业也在绩效管理实践中不断探索、创新。

15.2　评说绩效管理之功劳

【思维拓展】7 个和尚如何分粥？

从前，山上的寺庙有 7 个和尚，他们每天分食一大桶粥，可是每天可以分食的粥都不够。为了兼顾公平，使每个和尚都基本能吃饱，和尚们想用非暴力的方式解决分粥的难题。

一开始，他们拟定由一个小和尚负责分粥事宜。但大家很快就发现，除了小和尚每天都能吃饱，其他人总是要饿肚子，因为小和尚总是自己先吃饱再给别人分剩下的粥。于是，饿得受不了的和尚们提议大家轮流主持分粥，每天轮一个。这样，一周下来，他们只有一天是饱的，就是自己分粥的那一天，其余六天都是肚皮打鼓。大家对这种状况不满意，于是又提议推选一个公认道德高尚的长者出来分粥。开始这位德高望重的人还能基本公平，但不久他就开始为自己和挖空心思讨好他的人多分，使整个小团体乌烟瘴气。这种状态维持了没多长时间，和尚们就觉得不能够再持续下去了，他们决定分别组成三人的分粥委员会和四人的监督委员会，这样公平的问题基本解决了，可是由于监督委员会提出多种议案，分粥委员会又屡屡据理力争，互相攻击扯皮下来，等分粥完毕时，粥早就凉了。最后，他们总结经验教训，想出一个办法，就是每人轮流值日分粥，但分粥的那个人要等到其他人都挑完后再拿剩下的最后一碗。令人惊奇的是，在这个制度下，7只碗里的粥每次都几乎是一样多，就像用科学仪器量过一样，这是因为每个主持分粥的人都认识到，如果7只碗里的粥不一样，他无疑将享用分量最少的那碗，这样从此和尚们都能够均等地吃上热粥。

分粥的故事是一个经典的管理故事，这个故事给人最大的启示就是对于由人组合在一起形成的组织，需要用适合的制度和机制去规范人的行为。适合的制度必须既符合实际需要，又符合人性。尤其是企业绩效管理制度或机制，作为企业内核心的利益评估和分配机制，如果不适合将会严重限制企业的成长与发展，只有适合的制度或机制才能利于人的行为调整、利于企业的发展。

下面来分析适合的企业绩效管理制度对企业发展产生的重要作用。

绩效管理是企业战略执行、目标落实、业绩实现的重要手段。

从整个企业来看，绩效管理机制使企业的战略目标和运营目标分解到各个业务单元，之后又分解到各个员工，这个分解的过程使各个业务单元和员工都积极向着共同的企业目标努力。在目标实现的过程中，绩效管理机制监控目标达成过程中各个环节的工作情况，了解各个环节的工作产出，并及时发现阻碍目标有效达成的问题并予以解决。最终，员工目标的达成保证了业务单元目标的达成，各个业务单元目标的达成保证了企业目标的实现。绩效管理机制是企业战略执行、目标落实和业绩实现的重要手段。

绩效管理是企业管理者设定工作目标、检查工作绩效、提升管理能力和成效的重要保证。

企业的管理者承担着企业赋予自己业务单元的目标，而每个管理者都是通过自己的业务单元或者团队来实现自己的管理目标的。企业管理者需要有机会将组织的目标传递给团队中的员工，并取得他们对目标的认同，以便团队成员能够共同朝着目标努力。企业管理者也需要有机会告诉员工自己对他们的工作期望，使员工了解哪些工作最重要，哪些工作员工自己可以做出决策；管理者也需要让员工知道各项工作的衡量标准是什么。企业管理者还常常希望能够掌握一些必要的信息，这些信息既有关于工作计划和项目执行情况，也有关于每个员工的状况。企业管理者实现这些管理，需要有绩效管理的机制来支撑，绩效管理机制提供给管理者一个将组织目标分解给员工的机会，使管理者能够向员工说明自己对工作的期望和工作的衡量标准，也使管理者能够对绩效计划的实施情况进行监控，所以，绩效管理是企业管理者提升管理能力，并保证管理成效的重要保证。

绩效管理是调配、培训、薪酬分配等员工管理和激励的重要基础。

员工往往是绩效管理中的被管理者和被考核者，绩效考核对员工来说是压力、是负担。但是，根据马斯洛需要层次理论，员工在基本的生理需要被满足后，会有更多的高级需要必须被满足。每个员工在内心都希望能够了解自己的绩效、了解自己的工作做得怎样、了解别人对自己的评价，在此基础上，员工也希望自己的工作绩效能够得到他人的认可与尊重，希望获得公平、公正的回报与奖励，也希望自己的技能得到提高。因此，管理和激励员工必须要有绩效管理的机制作为基础，才能真正促进员工的不断付出与成长。

综合起来看，绩效管理不仅是人力资源管理的一个重要方面，在企业整体管理中，其重要程度也不容小觑。无论从企业整体角度，还是从管理者和员工角度来看，绩效管理都能带来益处。

15.3 评说绩效管理之过错

15.3.1 绩效管理的失败案例

在本书中，大部分章节都是论述绩效管理的重要作用和贯彻方法，本章则重点分析绩效管理存在的问题，下面先来看一个绩效管理失败的案例。

案例 15.1 绩效考核改革失败谁之过？

N 企业，创立 10 年，目前人员规模 1000 多人，年收入近 20 亿元。在企业 10 周年会议上，总经理认为，阻碍企业继续发展的弱项在于管理队伍的建设。管理人员多从业务一线成长起来，而且，企业的绩效考核一直以业绩结果为导向，导致企业的管理人员更多地把时间投入抓业务中，甚至很多管理人员自身也背负着沉重的业绩指标，在实际工作中，他们忽视管理、不注重企业内管理水平的提升，也不关注后备队伍的建设工作。为了解决这个问题，总经理提出要对绩效考核方法进行改进，将管理人员的KPI考核调整为平衡计分卡与360度考核相结合的绩效考核方法。

接到总经理的指示，人力资源部马上进行了绩效考核指标设计以及内部实施。次年，N企业就推广并实施了平衡计分卡和360度考核相结合的绩效管理改革。然而，推行两年后，不仅没有达到提升企业管理水平、加强管理后备队伍建设的目标，企业管理层的流失率反而大大增加，N企业内的管理人员存在很多的抱怨和怀疑。经调查，管理人员反馈说，新的绩效考核办法"定性指标远多于定量指标。原来干得好不好拿业绩说话，清晰明了。现在能干的不如会讲的，仅靠改改流程、写写文件、调查一下客户就能拿到考核优秀。""企业说是提升管理、改革绩效考核方法，实际上就是变相地压低绩效工资。"另外，"实行360度考核后，管理人员畏首畏尾，不敢管员工、不敢得罪平行部门，怕年底考核时被给差评，影响绩效。"

由于绩效考核整体改革效果很差，N企业核心管理层研究后，取消了新绩效考核方法，又恢复两年前的旧考核方法，绩效考核改革历经两年实施后，最终以失败告终。

看到这个案例，相信有实践经验或正在从事HR管理的人员都心有余悸，这往往也是人力资源管理者最难承受的，或者说最不愿意看到的结果。下面来分析一下这个案例反映出的绩效管理中通常存在的问题。

1. 企业战略目标上没有达成共识

绩效管理上接企业的战略目标，在以上案例中，企业总经理已经在战略上认识到，企业发展的弱项是管理水平的提升以及管理队伍的建设问题，但是，作为企业的最高管理者，案例中的总经理并没有将这一战略调整准确传达给企业的每层管理者，更没有与企业的各级管理者达成共识。这个障碍导致企业各级管理层没有理解企业最高管理者的战略发展目标，这是绩效管理改革失败的重要原因。

2. 对绩效考核方法没有深入认知

案例中的企业管理层没有认识到原有绩效考核观念、方法的问题，多数从业务一线成长起来的企业管理层已经习惯于仅从财务的角度来测评企业和部门的绩效，并没有思考这样的绩效考核方法是否与企业的发展相匹配、是否能有效地促进企业和员工不断成长。企业要不断发展，除了关注财务目标，还要优化管理流程、关注客户需求、注重内部员工成长等，如果这些方向得不到企业各级管理层的认可，平衡计分卡的绩效考核方法就很难被接纳。平衡计分卡考核法的实施不仅要得到高层管理层的支持，也要得到各业务单元管理层的认同。

3. 绩效考核具体组织实施上缺乏支撑

平衡计分卡、360度考核法的指标编制和实施涉及大量绩效指标的取得和分析，是一个复杂的过程。如果企业在实施前，缺乏信息管理、信息收集等信息基础建设，在实施过程中，必然变成从"以业绩结果"为考核导向，变更成以"人为评分"为考核导向。不仅没有进步，反而退步了。其实，平衡计分卡、360度考核法等方法，需要企业在内部信息管理、内部制度建设、客户管理、员工管理等方面有较为成熟的管理系统作为支撑，没有这些支撑，新考核方法的贸然实施无异于空中楼阁。

15.3.2 绩效管理常见的6个误区

通过对以上案例的分析可以总结出，在企业绩效管理中，战略目标未达成共识、对绩效考核方法缺乏认知、组织实施上缺乏支撑是常见的绩效管理失败的原因。其实，在现实企业绩效管理实践中，还有更多的误区是导致企业绩效管理效果不佳的原因，也是很难突破的障碍。下面对这些误区统一进行梳理。

1. 忽视整体战略目标，考核目标各自为政、一盘散沙

在企业绩效管理实践中，这是绩效管理常见的一个误区。有些企业存在绩效管理，但管理的形式是每年各部门（甚至是各员工）提出绩效目标，上报总经理，经审批后，各部门自行分解目标、各自安排工作计划，并以此为绩效考核的依据执行考核。在这种情况下，往往各部门各自为政，按照自己的理解和工作惯性进行绩效管理，并没有对企业整体的战略目标和运营目标进行理解和分解。

绩效管理的出发点就是企业的目标管理和计划管理，绩效管理的过程是企业整体目标分解、执行跟进和结果评估的过程，忽视了企业的整体目标，会导致整个绩效管理体系的失效。

如何避免出现考核各自为政的现象呢？首先，要在绩效管理的第一个环节——绩效计划的制订中，明确绩效考核目标的来源以及逐层分解，要求绩效考核目标从上至下制定，或者可以先从下至上地收集目标，整合调整后再分解；其次，要加强绩效管理理念的宣传，不要只将绩效考核当成一个单一的管理手段，要结合业务管理一起落实，加强绩效管理对企业目标实现的支撑。

2. 绩效管理就是为了挑毛病、扣绩效和裁员

有些企业把绩效管理当成一种很负面的管理手段。当企业面临问题时，就把绩效管理搬出来，挑员工工作中的毛病、扣发绩效，甚至以绩效考核不合格为由实行末位淘汰制、缩减岗位、调整工作等，把绩效考核作为约束、控制员工的手段，通过绩效考核给员工增加压力，将考核不合格作为辞退员工的理由。这种情况下，绩效管理从一开始就为员工所排斥和抗拒，甚至会引发大的劳资冲突。

事实上，对绩效管理结果进行应用只是绩效管理的一个环节，绩效管理还包括绩效计划制订、绩效过程管理、绩效考核实施、绩效沟通反馈等环节。绩效管理的目的不只是核发绩效工资和奖金，绩效管理的根本目的是正确评估组织和个人的绩效、实行有效激励、持续提升组织和个人的绩效，最终实现企业的发展目标。

如何避免只把绩效管理作为负面管理手段呢？首先，要提升企业管理层的认识，建立绩效管理是企业战略目标和经营目标计划分解和达成的重要方法；其次，要进行企业文化的宣传，使员工认识到绩效管理和绩效考核会带来好处并且不会损害员工的利益，相反会促进个人能力素质的提高，这在日益激烈的职场竞争中是非常关键的；最后，要在绩效管理实施过程中，加强绩效沟通反馈环节的落实，使绩效管理成为主管与下属沟通的有效方式之一，使员工在绩效管理中明确自己的缺点和不足，并辅以后续的技能辅导与培训，提升个人职业技能，发挥绩效管理的正面激励作用。

3. 绩效管理是 HR 部门的事，与业务部门无关

在很多企业，人力资源部推行绩效管理时，遇到的最大难题是业务部门的不认同与不配合。业务部门负责人认为绩效管理就是人力资源部的本职工作，是他们在配合人力资源部的工作，甚至，有些业务部门负责人将绩效考核直接推给人力资源部。在这种情况下，会出现业务部门对绩效管理只是表面性执行，实际是消极对付的现象，结果，绩效管理流于形式，不仅没有起到激励作用，反而增加了管理成本。

之所以会产生这种情况，一般地，主要有这几方面原因。首先，多数企业的业务管理人员从业务出身，后被提升为管理人员，他们多将重心放在业务上，忽视管理；其次，部分业务管理人员认为绩效管理涉及利益分配，不愿意与员工沟通协调，只想由"公司统一政策、统一安排"；最后，部分业务管理人员缺乏对计划、组织、领导、控制等管理技能的实际操作与使用，对于如何激励辅导下属认识不足、技能缺乏。这些因素综合起来，导致业务部门将绩效管理的职责抛给了人力资源部。

实际上，企业中的人力资源部只是绩效管理的组织协调部门，各级管理人员才是绩效管理的主角，各级管理人员既是绩效管理的对象（被考核者），又是其下属绩效管理的责任人（考核者）。如何才能改变业务部门管理人员的认知呢？首先，要加强业务管理人员的管理培训，转变其思想，使其认识到管理的重要性；其次，要给业务部门的管理人员一些实用的绩效管理工具、方法，提升管理人员能力素质和综合管理水平；最后，要加强对管理人员的管理

绩效考核，用一些与实际工作结合紧密的指标引导管理人员落实管理，将绩效管理真正作为团队建设、目标管理和业绩提升的有力支撑。

4.孤立执行绩效考核，忽视业务管理配套体系建设

企业在绩效管理实践中，提前建设了绩效管理体系，提出了许多详尽的考核指标，但是，在绩效考核执行中，却缺乏相关的业务管理配套体系，出现数据不完整、不准确，无法支撑考核，部门间职责不清晰，考核人与被考核人交叉重叠等问题，导致绩效管理有名无实，甚至造成部门间扯皮、争执不下的现象，这是绩效管理中的一个重大误区。

企业的绩效管理体系是一个整体性的系统，应与企业其他的管理系统融合在一起，并不是孤立的。绩效管理体系要与企业其他的管理体系在理念上、方法上、操作上相匹配，既不可盲目赶超、照搬其他企业的成套方法，也不可滞后于企业整体管理的水平。

如何才能避免绩效管理与企业整体管理的脱节呢？首先，建设绩效管理体系时要客观考虑企业整体的管理水平，选择适合于企业管理水平、行业特点和业务特点的绩效考核方法，不盲目照搬；其次，绩效管理体系落实前要进行详细的调研与试点，保证绩效管理支撑体系的完善，如数据的完整准确等；最后，在绩效管理体系实施中要不断调整，对于部分企业无法支撑的考核指标进行变更、合并、调整、取消等，保证绩效管理体系的适用性。

5.盲目追求指标量化、多指标考核，数据华而不实

在企业绩效管理实践中，还有一个常见的误区就是认为考核指标越量化越好，而且考核指标越详尽越好。定量指标在绩效管理体系中占有重要的地位，对于保证绩效考核结果公正客观具有重要的作用，但定量考核指标并不能保证考核结果必然是公正公平的；反过来说，考核结果的公正公平性不一定需要全部依据定量指标衡量。如果仅仅追求绩效考核中的指标量化，不仅会给绩效管理甚至企业整体带来效率的下降和成本的增加，还会造成部分绩效管理的偏失与片面化。过分追求指标的全面完整必然会冲淡最核心绩效指标的权重，使绩效考核的导向作用大大弱化。那如何避免这个误区呢？

首先，定量考核指标的选取要符合企业目标，要在考虑内外部因素后，适度选取。一般地，每个部门或岗位定量的绩效考核指标不要超过 10 个，否则数量过多，权重过于分散，易导致绩效考核重点不突出。其次，要对定量指标进行明确定义、精确衡量，在保证数据信息准确可靠的基础上控制管理成本。可以模拟定量考核指标的数据收集过程，凡数据不准确、不完整的，即使定量指标明确也不予使用。最后，定量考核指标要与岗位职责和员工激励建立密切关联，切忌为了量化而量化，切忌所选取的定量考核指标仅考察一些不常发生的工作事件或关联性不强的工作职责，也不要求全责备，把岗位的任何一项职责都加入定量考核指标，认为员工会因为不考核而不完成工作职责。

6. 注重考核结果，忽视过程沟通，忽视员工参与

在很多企业，绩效管理往往被认为是纯粹由企业管理者发起的管理手段，只是单向地从上至下执行考核。不论在绩效管理的计划分解环节、过程管理环节还是绩效沟通环节，均由企业管理者强势执行，员工只能被动接受管理，没有发言权，也不能参与绩效管理。这无疑会导致绩效管理一半的效果丧失，因为不将绩效管理作为激励员工的重要手段，也就无法实现企业与员工共同提升、共同发展的目标。那么，如何避免这个误区呢？

首先，要加强与绩效管理相关的文化宣传，强调绩效管理中管理者和员工的互动，强调管理者和员工形成利益共同体。其次，在绩效管理落实的过程中，要加强员工的参与，包括在绩效计划环节，要由管理者和员工共同制订绩效计划；在绩效过程管理环节，管理者要收集员工的工作记录并给予指导；在绩效沟通反馈环节，管理者必须与员工进行当面的绩效沟通与辅导，等等。最后，可以在企业内部建立员工的投诉、反馈机制，以制度保证员工主动发表意见、献计献策，形成管理层和员工互动的文化氛围。

15.4 客观地评价绩效管理

通过分析绩效管理的历史、重要作用，以及常见的误区，相信读者能够

比较全面客观地看待绩效管理。在企业管理实践中，的确需要客观地评价绩效管理，以及绩效管理在企业管理中的作用。

绩效管理作为企业利益分配的重要机制，的确在企业目标落实、员工激励成长和保证绩效实现等方面具有重要的作用；同时，我们也看到，绩效管理存在着很多的误区，包括企业整体目标缺失、只作为负面管理手段、业务配套管理缺乏、盲目追求指标量化、指标多且华而不实、只重结果不重过程等。这些常见的误区表明，绩效管理如果使用不好，不仅不会促进企业发展，反而会给企业造成更多的成本与负担。

"适合的才是最好的"，这也适用于绩效管理在企业中的应用，并不是最先进的绩效管理方法就是最适合企业的，还要根据企业的实际发展和管理情况，建设适用的绩效管理体系。

15.5 回顾与总结

本章是第三篇中较为宏观的一章。绩效管理在企业管理实践中，的确存在正、负两面的声音。本章简短梳理了绩效管理的历史，其实绩效考核历史悠远，目前，中国企业采用的绩效管理方法多源于近现代西方的管理实践。本章重点在于分析绩效管理的误区，从绩效管理失败的案例出发，分析了导致企业绩效管理失败的3个常见问题，之后，又以更全面的视角分析了绩效管理常见的6个误区。通过正负面的分析，以对绩效管理有全面客观的认识和评价。

第十六章
绩效管理与有效激励

- 如何理解有效激励重要原则?
- 各类激励理论具有哪些特点?
- 以实际案例理解有效的激励?
- 激励有哪些常见的应用方法?

16.1 有效激励的重要思想

16.1.1 激励的重要理论梳理

前面章节已经分析过,绩效管理的重要目标就是落实企业目标、激励员工成长和保证绩效实现。随着人力资源在企业发展中的价值越来越被认可,如何激励并实现员工成长与企业发展的双赢已经成为企业管理的重中之重。

激励是指组织通过各种方式激发、引导其成员的行为,进而实现组织和成员个人的目标。激励被认为是"最伟大的管理原理"。激励属于心理学的范畴,是"持续激发动机的心理过程",成员被激励水平越高,完成目标的努力程度和满意度也越强,工作效能就越高;反之,激励水平越低,则缺乏完成组织目标的动机,工作效率也越低。

激励中最核心的要素是"努力""目标"和"需要"。当成员被激励时,会付出努力,但努力必须有目标做指引,努力对组织才是有意义的;而激励必须要满足成员的需要,他们才能付出努力,所以,综合起来看,激励也可以总结为"付出努力、满足需求、实现目标"。

基于激励的定义,早期的激励理论主要是以"什么是能够起到激励作用的因素?"为主要研究点而展开的研究,这些激励理论主要有马斯洛的"需要层次论"、赫茨伯格的"激励—保健因素理论"、麦克莱兰的"成就需要论"和奥德弗的"ERG 理论"等。

● 需要层次理论

亚伯拉罕·哈罗德·马斯洛(Abraham Harold Maslow)于 1943 年初次提

出了"需要层次"理论，他把人类纷繁复杂的需要分为生理的需要、安全的需要、友爱和归属的需要、尊重的需要和自我实现的需要5个层次。1954年，马斯洛在《激励与个性》一书中又把人的需要层次发展为7个层次，由低到高为：生理的需要，安全的需要，友爱与归属的需要，尊重的需要，求知的需要，求美的需要和自我实现的需要。

马斯洛认为，只有低层次的需要得到部分满足以后，高层次的需要才有可能成为行为的重要决定因素。事实上，在正常的情况下，社会中大多数人的每种基本需要都是部分得到满足。

- 激励—保健因素理论

"激励—保健因素理论"是由美国的行为科学家弗雷德里克·赫茨伯格（Fredrick Herzberg）提出来的，又称"双因素理论"。赫茨伯格认为有些因素为保健因素，包括公司政策、管理措施、监督、人际关系、物质工作条件、工资、福利等。当这些因素恶化到人们认为可以接受的水平以下时，就会产生对工作的不满意。但是，当人们认为这些因素很好时，它只是消除了不满意，并不会导致积极的态度。而那些能带来积极态度、满意和激励作用的因素就叫作"激励因素"，包括成就、赏识、挑战性的工作、增加的工作责任，以及成长和发展的机会。如果这些因素具备了，就能对人们产生更大的激励。如果缺乏激励因素，并不会引起很大的不满，而保健因素的缺乏，将引起很大的不满，然而具备了保健因素时并不一定会激发强烈的动机。赫茨伯格还明确指出：在缺乏保健因素的情况下，激励因素的作用也不大。

- 成就需要理论

"成就需要理论"也称"激励需要理论"，是20世纪50年代初期，美国哈佛大学的心理学家戴维·麦克利兰（David C. McClelland）提出的，他认为在人的生存需要基本得到满足的前提下，成就需要、权利需要和合群需要是人的最主要的3种需要。该理论将成就需要定义为根据适当的目标追求卓越、争取成功的一种内驱力。该理论认为，有成就需要的人，对胜任和成功有强烈的要求，组织因为配备了具有高成就动机需要的人员成为高成就的组织。

- ERG理论

"ERG理论"是生存的需要（E）——相互关系需要（R）——成长发展

需要（G）理论的简称，由奥德弗提出。该理论认为，各个层次的需要受到的满足越少，越为人们所渴望；较低层次的需要者越是能够得到较多的满足，则较高层次的需要就越渴望得到满足。如果较高层次的需要一再受挫者得不到满足，人们会重新追求较低层次需要的满足。这一理论不仅提出了需要层次上的满足到上升趋势，而且也指出了挫折到倒退的趋势。"ERG 理论"还认为，一个人可以同时有一个以上的需要。

随着激励理论的研究深入，激励理论出现了以"人如何产生动机并采取行动？"为主要研究点而展开的研究，这些激励理论主要有：弗洛姆的"期望理论"、洛克的"目标激励理论"和亚当斯的"公平理论"等。

• 期望理论

"期望理论"是心理学家维克多·弗洛姆（V. H. Vroom）提出的理论。该理论认为，人们之所以采取某种行为，是因为他觉得这种行为可以有把握地达到某种结果，并且这种结果对他有足够的价值。换言之，动机激励水平取决于在多大程度上人们可以期望达到预计的结果，以及人们判断自己的努力对于个人需要的满足是否有意义。

• 目标设置理论

在弗洛姆之后，美国管理学家 E. 洛克（E. A. Locke）和休斯（C. L. Huse）等人又提出了"目标设置理论"。概括起来，主要有 3 个因素：①目标难度，目标应该具有较高难度，那种轻而易举就能实现的目标缺乏挑战性，不能调动起人的奋发精神，因而激励作用不大；②目标明确性，目标应明确、具体，能够观察和测量的具体目标，可以使人明确奋斗方向，并明确自己的差距，这样才能有较好的激励作用；③目标可接受性，只有当职工接受了组织目标，并与个人目标协调起来时，目标才能发挥应有的激励功能。

• 公平理论

"公平理论"又称"社会比较理论"，它是美国行为科学家亚当斯提出来的一种激励理论。该理论认为个人在工作中会把自己的投入产出与其他人的投入产出比较。个人不仅关心自己经努力所获得报酬的绝对数量，也关心自己报酬与其他人报酬的关系。如果个人感到不公平，就会采取措施进行改变。

此外，也有些专家重点研究"激励的目的（即改造、修正行为）"，这些激励理论主要包括斯金纳的"强化理论"、亚当斯的"挫折理论"和海德的"归因理论"等。

- 强化理论

"强化理论"是美国心理学家和行为科学家斯金纳等人提出的一种理论。强化理论是以学习的强化原则为基础的关于理解和修正人的行为的一种学说。所谓强化，从其最基本的形式来讲，指的是对一种行为的肯定或否定的后果（报酬或惩罚），它至少在一定程度上会决定这种行为在今后是否会重复发生；即行为结果之后如果能马上跟随一个反应，则会提高行为被重复的可能性。根据强化的性质和目的，可把强化分为正强化和负强化。在管理上，正强化就是奖励那些组织上需要的行为，从而加强这种行为；负强化与惩罚不一样，惩罚是对一些错误的行为采取的一些使人受挫的措施，负强化是告知人们某种行为是不可取的，如果做了这种行为会受到什么惩罚，从而削弱这种行为。

- 挫折理论

"挫折理论"是由美国的亚当斯提出的，挫折是指人们在争取成功或实现理想过程中的失利、失败。"挫折理论"主要是研究关于个人的目标行为受到阻碍后，如何解决问题并调动积极性的激励理论。挫折具有双重性质，在积极方面，给人以教训，锻炼人的意志；在消极方面，使人失望、痛苦、沮丧，甚至是意志消沉而不思进取。挫折可以导致不同的行为反应，既可以是理性行为，如改变策略、降低要求、找借口以自我安慰等；也可能是非理性行为，如采取威胁、敌视、暴力等行为加以发泄，甚至会通过自我防御而导致种种身心疾病，所以，挫折是一种个人主观的感受，同一遭遇，有人可能构成强烈的挫折情境，而另外的人则并不一定构成挫折。

- 归因理论

"归因理论"是美国心理学家海德于1958年提出的，后因美国心理学家韦纳及其同事的研究而再次活跃起来。"归因理论"是探讨人们行为的原因与分析因果关系的各种理论和方法的总称。"归因理论"侧重于研究个人用以解释其行为原因的认知过程，亦即研究人的行为受到激励是"因为什么"的问题。

海德认为事件的原因无外乎有两种：一是内因，比如情绪、态度、人格、能力等；二是外因，比如外界压力、天气、情境等。一般人在解释别人的行为时，倾向于性格归因；在解释自己的行为时，倾向于情景归因。

以上对各激励理论进行了分析，为了对各激励理论能有简洁清晰的认识，下面将激励理论整理为表16-1。

表16-1 激励理论要点一览表

研究重点	名　称	要　点
激励因素	需要层次理论	5层次需要：生理、安全、归属、尊重、自我实现
	激励—保健因素理论	保健因素如管理措施、人际关系、工作条件、工资福利等，只能消除不满意，却不具有激励作用；激励因素如成就、挑战性、个人成长和发展等，才具有激励作用
	成就需要理论	在人的生存需要基本得到满足的前提下，成就需要、权利需要和合群需要是人的最主要的三种需要
	ERG理论	生存的需要（E）——相互关系需要（R）——成长发展需要（G），3个层次的需要受到的满足越少，越为人们所渴望；较低层次的需要者越是能够得到较多的满足，则较高层次的需要就越渴望得到满足
激励动机	期望理论	人们之所以采取某种行为，是因为他觉得这种行为可以有把握地达到某种结果，并且这种结果对他有足够的价值
	目标设置理论	目标有一定难度；目标具有明确性；目标具有可接受性
	公平理论	个人不仅关心自己经努力所获得的报酬的绝对数量，也关心自己报酬与其他人报酬的关系。如果个人感到不公平，就会采取措施进行改变
激励目的	强化理论	行为结果之后如果能马上跟随一个反应，则会提高行为被重复的可能性，所以要加强正强化（如奖励）与负强化（如惩罚）
	挫折理论	挫折是指人们在争取成功或实现理想过程中的失利、失败。挫折理论主要是研究关于个人的目标行为受到阻碍后，如何解决问题并调动积极性的激励理论。挫折具有正反面双重性质
	归因理论	归因理论侧重于研究个人用以解释其行为原因的认知过程，亦即研究人的行为受到激励是"因为什么"的问题

16.1.2 激励理论与绩效管理

以上对主流激励理论有了一个大概的介绍,那么,这些激励理论与企业绩效管理体系又有什么关系呢?应该说,激励理论对于绩效管理体系有着深入的影响,主要表现在以下方面:

1. 激励理论决定了绩效管理战略

激励理论中的部分观点会影响到企业绩效管理战略的制定,例如,"公平理论"中提到员工既注意个人报酬的水平,也关注个人报酬与其他人报酬的公平性,也就是说,员工既关注个人的投入产出比,也关心与其他人投入产出比的公平性。依据"公平理论",企业在制定绩效管理战略时,必须关注企业内部绩效的公平性及与外部比较的公平性,否则企业员工的流动率就会加大。

2. 激励理论影响了绩效考核策略、绩效考核方法

激励理论在很大程度上影响了绩效考核的策略,尤其是在目标管理、KPI指标设置、奖惩办法等方面,受到"期望理论""目标设置理论""公平理论""强化理论""归因理论"等多种激励理论的影响。

绩效考核方法中,很多企业贯彻的目标管理(Management by Objectives,即MBO),就是在激励理论中的"期望理论""目标设置理论""强化理论"等影响下形成的。一般地,目标管理强调以下几点:

◇ 目标设置的具体要求:

(1)目标应该具体化;

(2)目标应该具有可实现性;

(3)目标是可衡量的;

(4)目标具有一定的挑战性;

(5)目标要有时间限制。

◇ 目标管理实施过程中要注意:

(1)目标要从上到下层层分解;

(2)注重参与决策,让目标完成人参与到目标制定中来;

（3）目标要有时限规定；

（4）要对目标实现情况进行定期反馈。

基于目标管理，很多企业也落实了 KPI 考核体系，将目标作为 KPI 考核体系中的核心指标，配合以其他指标，来对企业内各层级岗位进行考核；同时，目标管理本身也是一种考核方式。

3. 激励理论影响了绩效管理应用方式的选择

激励理论中的部分观点会影响到企业具体绩效应用方式的选择，例如，"激励—保健因素理论"中提到工资、福利不是激励因素，而是保健因素，也就是说给予员工高薪不一定就能真正激励员工，而要辅之以其他一些非经济性的薪酬，如认可、成就感、授权等，才能将使用薪资等真正发挥激励作用。另外，也要仔细分析员工的需求，例如，对于已经有多年工作经验、职位较高的员工，他们已经满足了生理、安全、归属的需要，更加看重尊重和自我实现的需要，所以在绩效应用方式选择时，需要注意。

> **实战经验分享：激励理论的应用**
>
> 其实，激励理论在企业管理中的应用还是非常多的，例如，建立多渠道或多层次的激励机制、实施差别激励机制、奖惩机制透明化、弹性工作时间、自我管理团队等。归根结底，激励必须要有助于员工个人目标的实现，不论是影响激励员工的因素，还是分析员工的动机，或是影响员工的行为，结论都是要员工多付出个人努力，实现个人目标，最终实现企业整体的目标。只有这样，激励机制才是有效的，才会为企业所用。

16.2 有效激励的应用实例

> **案例 16.1** 什么才是有效的激励方法？

随着现代企业管理模式由粗放转向集约，管理过程趋于精细化，作为企业核心发展力的人力资源也备受重视，充分激发员工活力、凝聚企业合力成了现代企业管理的重点。要实现人力资源的有效管理，实施科学合理的绩效管理是非常必要的。下面以一个实例来说明什么才是有效的激励方法。

总经理遇到难题——企业由赵总经理一手创立，随着发展，建设了十几人的销售团队，由赵总亲自管理。之前销售人员少，而且都是从没有经验随着赵总一起干起来的，谁干了多少、该发多少钱，都是赵总定，大家相处也其乐融融。可是，随着销售人员的增加，赵总发现，销售人员多了，公司的业务量并没增加多少，其中有的销售人员很努力，有的却在偷懒。

奖励的必要性——赵总发现，有些偷懒的销售人员不仅自己工作不积极、不上进，对其他的销售人员也造成了消极的影响。那些努力而且业绩好的销售人员也认为，既然干多干少一个样，那还干个什么劲呢？于是，一些好的销售人员也懈怠了。赵总决心要改变这种状况，宣布实行业绩提成，谁的业绩好谁的奖金就多。

随意奖励，激起不满——实行业绩提成后，第一个月的奖励由赵总单独计算。考虑到部分销售人员还要还房屋贷款，有一个销售人员是客户的亲戚，除了实际业绩外，赵总还进行了奖金的调整。可奖金发放后，在整个销售团队中激起了轩然大波。有一名老销售人员提出辞职，觉得自己干得很多、业绩也很好，但和其他销售人员拿得差不多，甚至还比不上不干活的。赵总没想到反响如此强烈，奖金发放不仅没有激励销售人员，效果适得其反。赵总马上做了老销售人员的工作，并补发了一些奖金。

销售人员学会变脸——于是，销售人员发现了争取奖金的秘诀。销售人员每到月底发奖金，就会轮番地找赵总，说出各种理由，比如家里有病人需要用钱、贷款还不上、准备开发新客户等，再争取一些奖金。另外，赵总发现在做业务时，销售人员互相的争端也越来越多，包括争抢客户资源、互相拆台，内部也越来越不团结。

有规矩才能成方圆——为了改革奖金不公平的弊端，在和销售团队共同沟通后，赵总制定了一套有据可依的销售人员奖励办法。这个办法规定了销售人员详细的业绩计算办法，以及具体的提成比例，而且，每月由财务人员计算每个销售人员的奖金。一时之间，公司销售团队的工作效率为之一变，销售业绩大大提高。

注意奖励制度的改革——新的制度实行，销售团队的工作效率在盛极一时之后，又陷入了每况愈下的困境。赵总感到奇怪，仔细一调查，原来现有的销售人员都是在做已有的客户和已有的产品。因为开发新客户需要至少半年的投入，而且，新产品正在试用，经常出问题，客户投诉多、不付款。销售人员都在争抢老客户，以保证每月的奖金。

当规矩被破坏之后——赵总认识到企业要发展，必须开发新的客户和新的产品，他开始若有所思。有一天，销售人员小李开发了一个新客户，虽然没有签单，但赵总知道了，为了鼓励发展新客户，在销售团队会议上赵总对小李大加赞赏，一高兴还给了小李单独的奖励。此例一开，变脸游戏又重新风行起来，大家都变着法子向赵总汇报新客户的开发情况，但销售业绩并不理想，弄得赵总坐卧不宁、烦躁不安。还有销售人员提出应该对开发新客户和销售新产品设置新的奖励办法。

短期激励也会失去作用——时间一长，情况愈演愈烈，如果没有更高额和合理的奖励，谁也不愿意去开发新客户和销售新产品。可是，如果没有拓展，企业的销售额增长又从哪里来呢？赵总万般无奈，宣布将销售团队一拆为二，一部分负责老客户老产品，另一部分负责新客户新产品。为了激励发展新业务的销售人员，赵总提高了这些人员的基本工资。为此，做老业务的销售人员极为不满，有两名老销售人员离职了。对新业务，实行后的效果也不理想，新业务要求的业绩并未完成，销售人员觉得这些基本工资足以生活，新业务的拓展困难很多，就慢慢进行吧。

……

上述案例表明，公平、合理的绩效考核机制和有效的激励方式在企业管理中具有非常重要的作用。案例启示我们激励机制非常必要，基础的"按劳定酬、多劳多得"激励机制必须要建立，否则是不能充分调动员工积极性的，企业的凝聚力也会松散。另外，僵化的激励并不长期见效，激励的方法、用途、时机与程度不同，带来的效果也将完全不同，灵活把握好激励的尺度才能达到预期的效果。

16.3 激励常见的各种方法

下面,基于以上对激励理论的分析以及对现实企业管理中对员工进行有效激励的重要性的认识,再来看企业管理中,激励常见的方法有哪些?具体如图 16-1 所示。

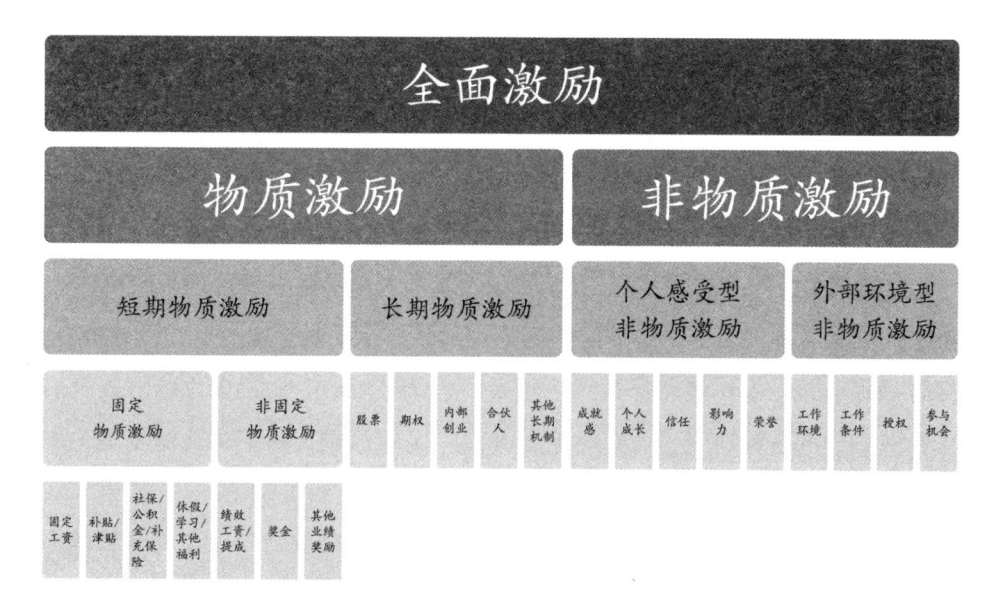

图 16-1 全面激励的主要方法

随着企业管理的精细化,有效激励不能只局限于某一种或几种方法,而是要实行全面激励,将各种激励的方法进行组合使用。

从整体上看,全面激励主要包括物质激励和非物质激励两大类。

物质激励是全面激励中重要的一类,是企业最常用的激励方式。物质激励主要分为短期物质激励和长期物质激励,又简称为短期激励和长期激励。在短期物质激励中,又细分为固定物质激励和非固定物质激励。固定物质激励包括企业日常使用的固定工资、补贴/津贴、社保/公积金/补充保险、休假、学习或其他福利等;非固定物质激励包括绩效工资/提成、奖金、其他业绩奖励。长期物质激励包括股票、期权、内部创业、合伙人、其他长期机制等。

非物质激励是全面激励中另一重要类型，其重要性正在为现代企业管理者逐步认同。非物质激励主要有个人感受型非物质激励，包括成就感、个人成长、信任、影响力、荣誉等，以及外部环境型非物质激励，包括工作环境、工作条件、授权、参与机会等。

后续章节将围绕短期激励、长期激励和非物质激励 3 种主要激励类型展开分析。

16.4　回顾与总结

本章先介绍了主流激励理论，以简短的篇幅分析了各激励理论的要点。作为企业人力资源管理人员，学习理论不是重点，但是，激励理论是必须要学习和掌握的一个理论，因为，激励理论在某种程度上是绩效管理、薪酬管理、员工关系管理等人力资源管理的主要模块，甚至是企业管理的重要理论基石，绩效管理战略、应用策略和具体管理手段，很多都源于激励理论的假设及对人性、心理的一种研究。所以本章还是以一定的篇幅分析了主流激励理论的主要内容，并以图表的形式将这些激励理论的要点进行了总结。

激励理论与绩效管理有着密切的关系，本章也对激励理论在绩效管理中的实践应用作了一些分析。企业绩效管理中常常用到一些管理方法，如绩效工资、员工持股计划、灵活性福利，以及绩效考核常见的目标管理、KPI 考核等，均是建立在相应的激励理论基础上的。

接着，本章以一个实例来说明激励在企业管理、绩效管理中的重要性，以及什么才是有效的激励？进而延伸出全面激励的思想。全面激励强调有效激励，强调对于激励方法的多种应用与组合应用。实际上，这应该是人力资源管理人员，尤其是绩效管理专业人员应该深入去学习和研究的一个领域。

第十七章
短期激励与长期激励

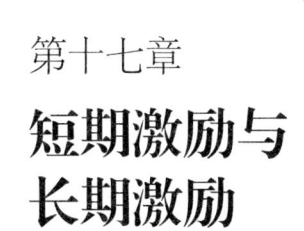

- 短期激励的应用有哪些特点?
- 短期激励有哪些应用的方法?
- 长期激励的应用有哪些特点?
- 长期激励有哪些应用的方法?

17.1 短期激励的应用特点

短期物质激励，又简称短期激励，是全面激励中物质激励的重要类型，是企业最基础、最常用的激励方式。

短期激励又细分为固定物质激励和非固定物质激励。固定物质激励包括企业日常使用的固定工资、补贴/津贴、社保/公积金/补充保险、休假、学习或其他福利等；非固定物质激励包括绩效工资/提成、奖金、其他业绩奖励。

短期激励在企业管理、绩效管理中的应用有明显的特点。

1. 以最直接的物质刺激激励员工付出努力

这是短期激励的第一个特点，也是最明显的特点，当然，短期激励也是所有激励方式中的基础方式。原则上说，没有短期激励，长期激励和非物质激励是会失效的。短期激励用简单的物质刺激激励员工，原理就是物质刺激能够使员工满足生存的基本需求（生理和安全需求）。尤其是短期激励中的固定物质激励，如基本工资、社保/公积金等，是企业提供的员工基本生活的保障。

2. 强化物质回报与员工绩效之间的联动关系

所谓"重赏之下必有勇夫"，短期激励的第二个特点就是强化物质回报与员工绩效之间的联动关系。短期激励中的非固定物质激励，很好地体现了这种关系。强调"多劳多得，按劳取酬"，这就激励员工付出更多努力，争取更好的业绩，来获得更多的物质回报。

3. 企业以成本投入并产出短期的业绩为主要目标

短期激励的第三个特点是"投入产出",企业实际是用"人工成本"购买"员工绩效"。企业将短期激励看作直观的成本和投入,主要目标是实现企业的短期业绩。在这一点上,可以说是企业与员工的双赢,员工付出努力、取得业绩、获得物质回报,企业付出成本、取得绩效、获得利润回报。

17.2 短期激励的应用方法

短期激励的应用方法,从是否固定发放角度看,可划分为固定物质激励和非固定物质激励。固定物质激励大多由企业按照岗位、能力、身份等因素相对固定地定期支付给员工报酬;非固定物质激励则是企业按照员工的实际产生绩效情况支付员工报酬。除了这个角度外,还可以从另外一个角度来划分短期激励,那就是工资类短期激励和福利类短期激励。

17.2.1 工资类短期激励的应用方法

工资类短期激励的应用方法,最常见的就是相对固定的工资,如岗位工资、基本工资、技能工资、职能工资等,还有就是非固定的工资,如绩效工资、提成、奖金、超额奖等。绩效工资、提成或奖金等是与激励理论中的"期望理论"观点最为一致的一种实践应用。理论上说,设置了绩效工资、提成或奖金,就会增加员工的期望值,而且,员工能够看到个人努力产生的绩效与报酬之间的直接关系。尤其是对于那些个人努力与能力能够直接影响绩效的岗位会更加有效,事实上,在很多企业实践中,绩效工资、提成或奖金最先从销售岗位开始执行,可以使这种短期激励方式最大限度地强化和鼓励员工为了个人利益不断升华个人目标。

工资类短期激励的应用方法,在本书第二篇中分岗位类别有过非常详细的阐述。整体思路上,可以根据企业常见的 5 种岗位,来建立短期激励的应用体系(见表 17-1)。

表 17-1 企业各岗位工资类短期激励方法

岗位类别	主要薪酬考核制度	主要工资构成	核心绩效考核要素	绩效考核指标示例
管理人员	年薪制	基本年薪 + 效益年薪 + 奖金	业绩 + 管理	年度净利润
销售人员	提成制	基本工资 + 业绩工资 + 奖金（底薪 + 提成）	业绩	销售额
技术人员	技能工资制	基本工资 + 技能工资 + 奖金	技能 + 项目	项目验收率
职能人员	岗位工资制	基本工资 + 岗位工资 + 奖金	岗位技能	服务满意度
生产人员	计件工资制	基本工资 + 计件工资 + 奖金	技能 + 计件	合格产量

17.2.2 福利类短期激励的应用方法

短期激励中另外一类就是福利类短期激励。短期激励的福利中，包括国家法定福利，亦称为保障型福利，如社保、住房公积金等，也包括各企业个性化使用的激励性福利。

激励性福利基于激励理论中的"需要层次理论""期望理论"与"激励—保健因素理论"等，很多企业开始在实践管理中应用这一激励方法。所有的激励方法都应该与员工个人的目标联系起来才会产生作用。激励性福利通过允许员工进行选择而使员工感受到尊重与认可，在更大程度上满足了员工个人的需求，进而提高了员工对于福利这一短期物质激励的满意度。

以下是目前主流、常见的企业福利类短期激励应用方法（见表 17-2）。

表 17-2 常见企业福利类短期激励方法

序号	类别	企业福利类短期激励方法	备注
1	法定福利	社会保险	
2		住房公积金	
3	补充保险	补充医疗保险	
4		综合意外伤害保险	
5		年金计划	
6		家庭保险	

续表

序号	类别	企业福利类短期激励方法	备注
7	住房	补充住房公积金	
8	住房	购房无息贷款或贷款贴息	包括购房借款
9	住房	住房补贴	
10	住房	宿舍	
11	交通	交通补贴	
12	交通	私车公用补贴	
13	交通	购车补贴	
14	交通	公车	
15	交通	班车	
16	餐饮	餐费补贴	
17	餐饮	免费食品	
18	餐饮	内部食堂	
19	餐饮	协议餐厅	
20	员工休息休假	带薪休假	
21	员工休息休假	节日慰问金或礼品	
22	员工休息休假	疗养	
23	员工休息休假	弹性工作时间	
24	员工休息休假	在家办公	
25	员工学习	员工内部培训	包括企业内部大学
26	员工学习	员工送外培训	
27	员工学习	学费资助	
28	员工学习	定期轮岗	
29	员工身心关怀	员工体检	
30	员工身心关怀	员工活动	
31	员工身心关怀	带薪旅游	
32	员工身心关怀	员工心理辅导	
33	其他	手机通信费补贴	
34	其他	年资补贴	
35	其他	生日慰问	
36	其他	儿童托管中心	
37	其他	其他	

17.3　长期激励的应用特点

物质激励是全面激励中重要的一类，是企业最常用的激励方式。物质激励中除了短期激励，还有一类激励——长期激励，也正在受到企业越来越普遍的使用。长期激励是企业通过机制，鼓励员工长期为企业服务，并根据员工长期产生的绩效来支付员工的一种物质激励。目前，企业中常见的长期激励包括股票、期权、内部创业、合伙人、其他长期机制等。

长期激励作为物质激励的一种重要类型，在企业管理、绩效管理中的应用有明显的特点。

1. 建立企业与员工的长期纽带关系

长期激励，又被称为"金手铐"，其基本的出发点是企业要长期保留员工，尤其是企业的管理人员和核心骨干员工。企业希望通过长期激励的机制，与这些对企业发展有积极贡献的人员建立长期的纽带关系。

2. 增强员工的主人翁意识

激励理论中的"需要层次理论""激励—保健因素理论""成就需要理论""ERG 理论"等，对人的需要进行了层级划分，对于大多数解决了安全、生存的员工来说，尊重、自我实现，或者说成就、成长发展等逐步成为影响和激励员工的重要因素，长期激励模式即是在这种理论背景下产生的。员工可以与企业建立长期的纽带关系，并且共享企业发展的成绩。

3. 强化长期物质回报与员工绩效之间的联动关系

长期激励重要的一个特点是，以建立企业与员工长期纽带关系为基础，企业对员工有长期的物质回报。原则上，企业长期的物质回报也要与员工的绩效之间建立关联关系，但由于企业绩效的长期发展受多种因素的影响，如何建立并如何评价企业长期物质回报与员工长期绩效之间的联动关系，也正在成为现代企业绩效管理中的一个重要课题。

17.4 长期激励的应用方法

17.4.1 员工股权激励

员工股权激励机制是以股权收益来计量员工收益，通过股票权益将员工收益和企业效益紧密联系起来，以激发员工通过提升企业长期价值来增加自身收益的一种激励手段。股权激励机制可以把员工利益、企业利益和股东利益捆绑在一起，有利于增强核心员工稳定性、营造企业长远发展所需要的良好团队精神。

通过员工股权激励，甚至是全员持股计划，可极大地增强员工的参与感与被尊重感，同时，也拓展了员工的个人成长空间，除了利益的共享外，由于股东身份的员工可以定期了解企业的经营状况，并可以对企业经营施加影响，还能从心理上加强员工的主人翁意识，使员工对自己在企业中的身份更加满意，对工作更加满意，从而增强员工的努力程度，降低流动率。

下面以三个实际案例来看一下企业如何建立员工股权激励机制。

案例17.1 如何设计员工股权激励方案？

在企业中，设计员工股权激励机制，一般要考虑股权授予方式、股权激励人员、股权权利与义务、股权收益分配、股权退出机制等主要内容，如下表17-3所示：

表17-3 员工股权激励方案的主要内容

序号	主要内容	具体内容
1	股权授予方式	●股权授予比例 ●股权授予价格 ●股权授予步骤
2	股权激励人员	●人员范围核定 ●股权核定方式

续表

序 号	主要内容	具体内容
3	股权权利与义务	• 权利 • 义务
4	股权收益分配	• 分红权 • 溢价／增值 • 出售／转让
5	股权退出机制	• 服务年限约定 • 中途离职约定 • 股权回购／转让约定 • 其他特殊约定
6	其他约定	• 根据企业实际情况进行的其他约定

案例 17.2 股权激励中如何选择激励人员和核定股权数量？

在员工股权激励机制中，企业最常遇见的问题就是，哪些人可以享受员工股权激励？如何核定员工的股权比例？

1. 员工股权激励人员范围核定

一般地，员工股权激励人员范围核定选取有 3 种方式：

- 管理层：主要针对对企业经营业绩有直接影响的人员，如总经理、副总经理、部门经理等；
- 管理层＋骨干员工：除了管理层，还会增加骨干员工，如优秀员工、业务骨干等；
- 全员：即覆盖所有企业的正式员工，或者稍加约束，如入职 1 年的正式员工等。

2. 员工股权激励的股权数量核定方式

一般地，在股权激励中进行员工股权核定应选取与员工有直接关系的职位、业绩、在司年限等维度，以下是一个案例：

表 17-4　员工股权激励股权数量核定方式表（一）

决定因素	等级	股权	说明
职位	总经理	1%	按现职位确定
	副总经理	0.8%	
	部门经理	0.5%	
3年业绩	优秀	1.5%	按3年业绩年度考核平均分数评价
	良好	1%	
	合格	0.5%	
在司年限	1年	0.5%	半年以上按1年算

通过表 17-4 的规则，可以计算出每个股权激励对象应持股份数量，见表 17-5：

表 17-5　员工股权激励股权数量核定方式表（二）

决定因素	张某	李某	王某	赵某	小计	说明
职位	1%	0.8%	0.5%	0.5%	2.8%	
三年业绩	1.5%	1%	1%	1%	4.5%	
在司年限	2.5%	1.5%	2%	1.5%	7.5%	
共计	5%	3.3%	3.5%	3%	14.8%	

案例 17.3　股权激励中如何设计退出机制？

在员工股权激励机制中，持有企业的股权后，员工如果中途离职、恶意违约或出现违反企业规章制度等问题时，必然会导致这一长期激励机制的调整与失效，以下就是股权激励中约定员工退出机制的案例。

1. 服务年限约定

员工股权激励的主要目标是鼓励与约束员工长期为企业服务，长期与企业共同发展。一般地，会约定员工在持有股权后还要为企业服务3年至5年；在实践操作中，主要以劳动合同或其他书面约定的方式执行。

2. 中途离职约定

原则上，员工股权激励对员工未达到服务年限中途离职的情况都有约束性条款，一般要根据员工出资情况及实际服务期限来决定（见表17-6）：

表 17-6　员工股权激励中退出方式表

服务期限要求	是否出资	实际服务期限（X）	股权价格	股权数量
五年	出资	X ≤ 1 年	购买价	购买数量
		1 年 <X ≤ 3 年	购买价 ×1.05	
		3 年 <X ≤ 5 年	购买价 ×1.2	
		5 年 <X	购买价 ×1.5	
五年	不出资	X ≤ 1 年	0	0
		1 年 <X ≤ 3 年	核定价格 ×0.3	股权数量 ×X/5/2
		3 年 <X ≤ 5 年	核定价格 ×0.5	股权数量 ×X/5
		5 年 <X	核定价格	股权数量

3. 股权回购/转让约定

除了离职外，员工还可能因为工作业绩不佳、工作调动、家庭紧急情况等，出现股权回购和转让的需求，尤其是出资的员工股权。一般地，企业根据实际情况制定员工激励股权回购与转让的具体要求。主要会要求转让时必须优先转让给公司其他股东或公司指定的员工，另外，回购的价格可以参照中途离职员工标准执行，或者另行制定相应价格。

4. 其他特殊约定

除了以上关于退出机制的约定外，有的企业会根据实际需要增加退出机制要求，如离职必须多长时间通知、股权有冻结期等。

通过以上案例的分享，读者对于员工股权激励机制有了基本的认识，除此之外，企业实施员工股权激励机制还需要要注意以下问题：

- **不要将员工股权激励机制与股东投资机制混同**

员工股权激励机制与股东投资机制有着本质的不同，员工股权激励机制是员工全面激励的一种，是以股权的方式体现员工的收益，但这种收益本质上还是对于员工贡献的衡量；而股东投资机制则是以股东的出资为收益的基础，本质上是对于股东资本的衡量与回报，所以，在选取员工股权激励机制时不能将员工股权激励等同于股东投资。

- 企业在业务模式不稳定或业务短期无法实现盈利的情况下，慎用员工股权激励机制

员工股权激励机制是将企业的收益转化为员工收益的一种长期激励机制，在企业业务模式不稳定或业务短期内无法实现盈利的情况下，企业就无收益可以分配，某种程度上，会导致员工股权激励机制的失效；或者，会产生员工对于企业失去信心等负面作用。

- 不能以股权激励机制替代员工的工资、考核、福利等基本的激励机制

股权激励机制是员工全面激励的一种，是一种长期的激励机制，它的特点是实现周期长（一般至少以年度为单位核算股权收益），有利于长期保留员工。但是，在实行过程中，要注意股权激励机制并不能替代工资、福利等短期激励机制，必须将短期激励与长期激励相结合执行，才能有效实现核心员工的稳定与保留。

17.4.2　内部创业与长期激励

内部创业，作为一种长期激励机制，是指在企业的支持下，由企业内一些有创业意向的员工自发发起，承担企业内部某些业务内容或工作项目，并与企业分享经营成果的一种管理机制。内部创业机制将创业与成果分享相结合，成为员工和企业双赢的一种激励管理机制。这种长期激励方式不仅可以满足员工创业的欲望，还可以激发企业内部活力，改善内部分配机制。

【思维拓展】深圳华为的内部创业

深圳华为是比较早实现内部创业机制的企业。为了解决机构庞大和老员工问题，华为鼓励内部创业，将华为内部业务分为非核心业务与服务业务，如生产、公交、餐饮等以内部创业方式社会化，先后成立了广州市鼎兴通信技术有限公司、深圳市华创通公司等。这些内创公司依托华为强大的经济实力与市场占有率为其产品提供相关技术服务，同时也成就了企业内部优秀员工的创业梦。

内部创业这种长期激励机制，在资金、人才、运营、环境等方面具有非

常大的优势，对于创业式员工来说，既可以规避创业失败风险，又可以集中精力发挥自身特长，主攻技术或市场；对于企业来说，建立这样一种保留核心员工长期为企业服务的良好激励机制，不仅能满足精英员工在更高层次上的"成就感"、留住优秀人才、避免产生新的竞争对手，同时也有利于企业采取多种经营方式、实现产品创新、扩大市场领域、节约成本、延续企业的发展周期等。

但创业都有风险，内部创业也不例外。设计内部创业激励机制，重点在于平衡风险约束与成果激励两个方面。既不能只按照原有的短期激励（如工资、福利等）来保障创业员工，也不能将工资、福利等短期激励降得过低；另外，在内部创业失败时，既不可没有处罚机制，也不能对内部创业员工制定过重的处罚。在内部创业激励机制中，要将基础短期激励与风险控制、红利分配与股份持有等相结合，使创业员工既有一种做"主人"的感觉，坚定创业信心和决心，又能在一定程度上，与企业共担创业风险。

17.4.3 阿米巴经营模式与长期激励

【思维拓展】稻盛和夫与阿米巴经营模式

阿米巴经营模式由日本经营之圣稻盛和夫独创，稻盛和夫创建了两家世界500强企业——京瓷和第二电信（KDDI），他把公司细分成所谓"阿米巴"的小集体，并委以经营重任，从而培育出许多具有经营者意识的领导者。阿米巴经营模式让这两家企业茁壮成长，长盛不衰，京瓷更是创造了神话一般的业绩——50余年从不亏损。2010年2月1日稻盛和夫出任破产重建的日航董事长，他把阿米巴经营模式导入日航，到2011年3月底共424天，日航就重新实现了盈利。

阿米巴经营模式强调将整个公司分割成许多个被称为"阿米巴"的小型组织，每个小型组织都作为一个独立的利润中心，按照小企业、小商店的方式进行独立经营。阿米巴经营模式的本质是一种量化的赋权管理模式，或称为"量化分权"经营模式。阿米巴经营模式抓住了经营的本质，充分释放每一位员工的潜能来实现经营。阿米巴经营模式并不是单纯的利润管理手段，而是实现全员参与的经营方式。

阿米巴经营模式之所以成功，关键在于明确了企业发展的方向，并把它传递给每位员工。阿米巴经营模式建立了企业内部的信任关系，企业经营者相信员工能力、依靠员工的智慧，同时，使员工抱有自己的努力和智慧关系到企业、客户甚至自己的长期利益的信念，实现了全员参与式的经营。

在阿米巴经营模式下，必须让每位员工深刻理解阿米巴经营的具体模式，包括组织架构、运行方式及其背后的思维方式。如果员工对于阿米巴经营没有一个正确的理解，就会以自我为中心，为了自己阿米巴的利益而损害其他部门的利益，也有可能会因为达成目标的压力过大，而导致员工心理疲劳。

虽然，稻盛和夫领导下的京瓷采取了阿米巴经营，但他并没有把阿米巴的业绩和员工的金钱报酬挂钩。阿米巴经营模式在某种程度上，也是企业的一种长效激励机制，这种激励机制实现了全员参与企业经营的方式，员工可以清晰地看到自己的努力、收益与阿米巴、整体企业的利益关系。

17.4.4 合伙人制度与长期激励

合伙人制度是指企业提供全新的创业平台、资源及股份，组建合伙人公司，合伙人拥有公司并分享公司的利润，合伙人可以由原来的管理人员和骨干员工，变为公司的主人或股东。

合伙人制度下，合伙人享有合伙人公司经营所得并对经营亏损共同承担责任。可以由所有合伙人共同参与经营，也可以由部分合伙人经营，其他合伙人仅出资并自负盈亏。合伙人的组成规模可大可小。

合伙人制度是企业内对员工的一种长期激励方法，具有独特的较为完善的激励约束机制，在现代企业中，越来越多的企业正在尝试这种长期激励机制。

对于企业内部员工来说，合伙人制度对物质利益进行了合理配置，有了机制保障。此外，合伙人制度还对员工成长为企业合伙人有很强的精神激励，即权力与地位的激励。对于企业来说，合伙人制度使合伙人在经营活动中自我约束控制风险，并容易获得客户的信任；由于出色的业务骨干被吸收为合伙人，也可以激励核心员工勇于进取，并对公司保持忠诚，推动企业进入良性发展的轨道。

需要注意的是，合伙人制度并不一定适用于所有的企业，例如，股权设置复杂的企业，在股权的再分配上，需要协调多个股东，合伙人制度实行起来比较困难。另外，有些业务、行业的企业不适用于合伙人制度，比如需要团队配合多、资源分散的业务就无法实行合伙人制度。所以，合伙人制度虽然是长期激励的一种很好的形式，但企业在实际操作中要谨慎研究，慎重使用。

17.5 回顾与总结

本章主要是承接上一章的内容，对物质激励中的短期激励和长期激励展开阐述。

短期激励可以用最直接的物质刺激激励员工付出努力，强化物质回报与员工绩效之间的联动关系，而且，企业使用短期激励也是以成本投入并产出短期业绩为主要目标的。短期激励是企业最常使用的激励方法，工资类和福利类两类短期激励是企业最直观的激励办法。需要注意的是，工资类短期激励又分为相对固定的工资和非固定的工资，需要结合本书第二篇所阐述的按5类岗位来设计相应的薪酬结构和绩效管理模式。

长期激励正受到越来越多企业的重视，方法也在不断创新中。员工股权激励是最常见的长期激励方式，加上中国有针对上市公司的更加完备的员工股权激励法律作为保障，这种长期激励正在为更多的、不同规模的企业所使用。内部创业、阿米巴经营模式、合伙人制度等长期激励方式，需要根据企业的实际情况进行选择，并不是所有的企业都适合，还需要综合考虑企业业务、行业、文化、管理模式等来确定是否可行。

第十八章
非物质激励与企业文化

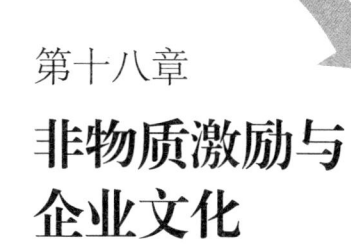

- 如何理解非物质激励重要性?
- 非物质激励有哪些应用方法?
- 理解企业文化与非物质激励?
- 如何发挥企业文化的激励性?

18.1 非物质激励的重要性

> **案例 18.1** 海底捞的服务真的有"毒"吗？

海底捞火锅连锁店，1994年由创始人张勇成立于四川，经过20多年，海底捞从一个不知名的小火锅店，发展成为拥有几万名员工、几百家直营店的餐饮集团。

一般认为，餐饮是低端劳动密集型产业，人员多、层次低、素质差是餐饮类企业人力资源的主要特点，严格管理、实时监控、不断提升人员素质，进而提升服务质量，一直是餐饮企业人力资源管理的主流思想。但是，海底捞却是一家以服务质量好而著称的企业，网友疯传海底捞的服务有"毒"。

客人在海底捞吃饭，忘带钱了。领班说："没关系，下次补。"随后，她又掏出50块钱说："这个您拿着打车。"客人感动万分地说："等我有钱买车，一定给海底捞当一个月的义务司机。"

客人去海底捞吃夜宵，去太晚关门了，服务员奔出来拿了两个烤玉米棒，说："真是不好意思，害你们饿肚子了，这两个玉米棒你们填填肚子吧。"

客人带孩子去海底捞，小朋友在海底捞内的儿童乐园玩疯了，弄脏了衣服，等客人吃完饭去接孩子的时候，孩子已经换好了干净衣服，脏衣服也被洗干净了，服务员说："回头再来的时候把衣服还回来就成。"

客人在海底捞吃完饭，要赶火车却都打不到的士。门口的服务员看到他带着行李箱，便向他询问了情况。紧接着，海底捞的店长把自己的SUV开出来说:"赶紧上车吧,时间不多了。"

客人在海底捞吃饭,日常享受到的服务有:免单、送菜、送头发绳、送手机套、送水果、送生日蛋糕、送丝袜……不胜枚举。网友评价:海底捞的服务无敌了!

为什么海底捞能提供有"毒"的服务,深深抓住客户的心?这与创始人张勇对待员工的管理模式有直接的关系。

授权:在海底捞,对员工有授权。海底捞的服务员,有权给任何一桌客人免单,可以免一两个菜品,可以送菜、送东西。

尊重:在海底捞,待遇不仅仅是钱的问题。餐饮行业大多包吃包住,但很多餐饮企业服务员住的是地下室,吃的是店里的员工餐。海底捞的员工宿舍一定是有物管的小区,虽然挤一点,但是档次是高的。房间还有电脑,有wifi。海底捞的服务员不用自己洗衣服,有阿姨洗;吃饭也不在店里,是由阿姨做菜。海底捞尊重员工的每一个想法,火锅店里提供的眼镜布、头绳、塑料手机套等,这些想法都是出自一些没有什么文化的服务生,并且,这些点子还被海底捞复制到了每一家店面。

真诚:海底捞是一个奇怪的企业。作为餐饮行业最常考核的KPI指标,比如利润、利润率、单客消费额、营业额、翻台率等,这些都不考核。创始人张勇说:"我不想因为考核利润导致给客人吃的西瓜不甜、擦手的毛巾有破洞、卫生间的拖把没毛了还继续用。"海底捞只考核客户满意度、员工积极性和干部培养等指标。

承诺:在海底捞,店长离职有"嫁妆",店长只要任职超过一年以上,给8万块的嫁妆;小区经理(大概管理5家分店左右)离职,给20万元;大区经理离职,送一家火锅店,大概800万元。海底捞成立后,店长以上人员上百,从海底捞拿走嫁妆的,只有3个人。

海底捞成功后,创始人张勇有一次被问道:"海底捞有今天的成功是因为什么?"张勇答:"可能是因为我比较善良吧!"其实海底捞正是秉承了"把员工当人看,把服务做到极致"的理念,才从中国无数家普通的小店中成长起来!

18.1.1 什么是非物质激励

非物质激励指不以货币或经济形式给予员工的报酬，更多的是使员工对工作本身或对工作在心理或物质环境上带来的满足感。这种满足感被员工认为是有价值的，能够给予员工以激励，使他们更积极地投入工作。

非物质激励正在为越来越多的人力资源管理者和企业管理者认识，并逐步将其列入全面激励的范围内。随着经济的发展和"以人为本"管理理念的推广，非物质激励对于员工的激励性也越来越受到重视。

18.1.2 非物质激励的特点

非物质激励是相对于物质激励（短期激励和长期激励）而言的，非物质激励的主要特点有：

- 非物质激励很难或者不能以货币等经济形式来衡量；
- 非物质激励更多是一种心理感受，有很多是无形的；
- 非物质激励受到的约束少，更加具有个性化；
- 非物质激励受益范围较广，形式也更加多样；
- 非物质激励与企业文化等企业精神层面的管理具有更多的结合。

18.1.3 非物质激励的重要性

非物质激励正得到越来越多企业管理层的重视，主要有以下原因：

第一，"人"作为一种资源，越来越成为更多企业的核心竞争力，如何有效地发挥这种资源、激励好员工，成为企业管理的重要工作。

随着经济发展，人才的自主选择、自主流动正在成为一种大的趋势，对于企业来说，尤其是一些新型科技企业，人力资源作为一种资本已经不是虚话，企业的核心资源就是人，企业只有拥有人才才能持续发展。从企业长远的发展角度来看，人才意味着企业的生存和利润的保障，人才的流失会给企业造成巨大的损失，甚至会拖垮整个企业。因此，如何激励好"人"，充分有效地发挥"人"这一资源，就成为企业管理中非常重要的环节。人作为一个实体，是有思想的，需求是多层次的，更重要的是，人作为个体差异化非常大，所以在激励人的主要手段中，非物质激励正得到越来越多的重视，这是管理发展中的一种必然。

第二，随着竞争的加剧，企业物质激励越来越透明化、同质化，而非物质激励却是个性化的。

随着竞争的加剧、通货膨胀、法制健全和人才流动，人工成本正在不可遏制地滚动上升。许多企业正面临人工成本上升和利润率下降的双重夹击，这已经成为公认的事实，而且，随着人才流动的加剧，各企业的物质激励越来越透明化，物质激励的结构、方式也越来越同质化。有些企业会发现，即使给予员工的物质激励在同行业有竞争力，仍然存在员工纷纷跳槽的情况。其实在这种情况下，物质激励的多少，或者在某一范围内，并不是员工选择去留的唯一因素了，很多员工不愿留下是因为不能获得需要的非物质激励，或者是缺乏员工所需要的人文关爱，或者是员工的高层次需要（尊重需要、自我实现需要）得不到有效满足，导致员工对工作及企业失去了激情，出现懒散、懈怠，甚至厌倦的心态，最终选择离开。所以，企业与企业之间展开的人才竞争中，仅靠物质激励是远远不够的，必须要辅以非物质激励才能制胜。

第三，"留人要留心"，非物质激励对于员工的影响是深入的、长远的、无形的，能够对物质激励形成有效的支持与补充。

人是有思想、有感情的，在基础的生存条件满足后，精神层面的追求就会成为主导需求。随着社会经济的发展，物质基础的丰富，越来越多的人才转向追求精神层面的享受。尤其是一些高端人才，由于社会经济发展的巨大需求，他们在基础物质层面早已满足，或者说社会价值已经足以支持他们的物质需求，他们最需要的是非物质激励，只有个性化的非物质激励，能够满足他们的需求，才能真正留住高端核心人才。对于他们来说，非物质激励比物质激励的重要性更强。因此，企业要留住优秀人才，就需要根据企业自身的实际情况，塑造一种可以稳住人心的非物质激励体系，靠"软"激励留住人才。

18.2 非物质激励应用方法

18.2.1 非物质激励的类型

非物质激励可划分为个人感受型和外部环境型两大类型。

一种为个人感受型非物质激励,指企业就工作本身具有的价值而提供给员工的认可,典型的个人感受型非物质激励包括成就感、个人发展机会、褒奖机会、晋升机会、自主性、挑战性、责任感、技能多样性、工作反馈等。

另一种为外部环境型非物质激励,指企业提供的工作相关软硬件环境或条件,典型的外部环境型非物质激励包括企业文化、企业内人际关系、工作场所、工作方式、企业政策、制度透明等因素。

18.2.2 非物质激励的运用

非物质激励在企业管理实践中已经有诸多应用,下面分析一下非物质激励的主要应用形式。

1. 非物质激励在员工奖励中的应用

● 绩效反馈中的认可和赞赏

企业在进行绩效管理时,都会在绩效管理流程中设置绩效反馈环节,或者称绩效沟通环节。在这个环节中,上级可以对员工表达认可和赞赏。理论上说,员工在工作中得到认可和赞赏,可以使员工产生强烈的成就感和努力工作的驱动力,进而产生比较理想的绩效水平。因此,在绩效反馈环节,依据员工实际的绩效情况对员工进行认可和赞赏,使员工产生积极的内心感受,就能够达到非常好的激励效果。

● 物质奖励的自主选择权

企业对员工进行奖励时,一般会采取物质奖励,有些会是商品奖励或者等值货币奖励。在进行这种奖励时，企业可以有针对性地对优秀员工给予一定的物质奖励，但这些物质奖品可以是员工预先选定的品种；或者，可以确定金额后，由受奖励的员工自行选择等值商品。这样，通过员工的自主选择，增加了商品奖励的个性化，在企业不增加成本的情况下，提高了员工对物质奖励的满意度。

• 象征性奖励或精神奖励

在员工奖励中，除了物质奖励外，非物质的象征性奖励也是奖励的一个重要形式。例如，颁发勋章、奖杯、纪念品、加入专业委员会等。这些非物质奖励具有名誉等象征性，以精神奖励为主，但货币价值一般很低，其目的是使员工得到认可，获得尊重和成就感。另外，企业中常用的精神奖励还有当员工工作表现好时进行公开表扬、员工有好的建议与构想时张榜公布、授予员工一些内部的荣誉称号等。

2. 非物质激励在员工个人成长中的应用

• 职业生涯发展规划

在员工的职业生涯发展中，不同的阶段会面临不同的问题。企业给员工提供职业生涯发展规划是指企业对员工的职业生涯进行设计、规划、执行、评估、反馈和调整。企业通过对员工进行职业生涯规划，使每个员工的职业生涯发展目标与企业发展目标相一致，也使员工在企业获得个人职业上的成长与发展。在非物质激励中，员工职业生涯发展规划是具激励性的，企业通过正视和尊重员工的职业发展需要，努力为员工个人职业发展创造机会，构建规范的职业生涯发展规划机制。这样，可以在很大程度上增加员工对于企业的认同感和归属感。

• 员工自主选择培训和成长方式

在企业进行了职业生涯发展规划后，企业和员工就会明确员工的职业生涯发展方向和现阶段的欠缺，所以，很自然地，就会引出员工的学习提升与成长机会问题。企业可以协助员工规划其职业生涯发展路径，结合员工的个性化需要，为员工提供必要的学习训练、技能培训、工作轮换等机会，由员工来自主选择，帮助员工实现自身发展目标。员工可以根据自身的职业生涯规划进行自我管理，主要以自己为中心，企业提供必要的条件，例如，配置导师进行辅导、组织员工间进行交流、定期公布内部岗位招聘信息等，协助员工个人获得成长。

- 授权与信任

在企业管理的过程中，各级管理者主要在履行决策和过程控制，而从员工个人的发展期望上看，与履行其岗位工作相关的权力应适当下放给该工作岗位上的员工，这样做有助于充分调动员工的积极性，提高企业运营效率，本章案例中的海底捞就充分运用了这种激励方式。如果能够给员工以适当的授权与信任，明确员工自身岗位的责任和权限，鼓励员工在工作权限内拥有更多的自主性，让员工感觉到自己是被企业所重视的，那么员工会愿意承担更多的工作职责，在工作中投入更大的努力与热情，阿米巴经营模式也是充分运用并发挥了这种激励方式。

3. 非物质激励在优化工作环境中的应用

- 人性化用品提供

考虑到员工在工作环境中的需求，企业可以提供一些人性化的用品，例如，工作服、工作用具、夏天提供冷饮、雨天提供雨伞、免费午餐、茶歇、纸巾等。让员工感受到企业的人性化关怀，使员工更加投入工作，增加员工的归属感。

- 人性化环境设计

企业在设计工作环境时，可以为员工提供更多的人性化环境，让员工在企业工作时有一个舒适的工作场所。例如，员工餐厅、员工休息室、员工健身房、员工淋浴室、婴儿看护室、医护室等，还可以在工作环境布置，色彩选择等方面让员工感受到温馨，减少工作压力。

- 人性化工作时间选择

在工作时间的选择上，可以给予员工更多的自由选择，例如，弹性工作时间、在家办公、小组式协作等，让员工感受到企业的信任，而且，让员工自主安排时间，也有助于激发员工的工作热情，按照最适合于自己的工作节奏开展工作，反而可以提高工作效率。

通过以上阐述可以看出，非物质激励在企业管理实践中已经有了诸多应用。非物质激励是上层建筑，而物质激励是经济基础，上层建筑是建立在经济基础之上的，缺少了经济基础，上层建筑就是空谈；但如果缺少了上层建筑，只有经济基础，企业的人才保留、创新发展就会受到阻碍。所以，企业要根据自身的发展阶段与实际能力，有选择地贯彻物质激励与非物质激励相结合的全面激励体系，使它们有机地结合起来，互相补充，才能发挥最大的激励作用，实现企业与员工的双赢。

> **实战经验分享：企业什么阶段适合应用非物质激励**
>
> 对于一些创立不久或经济实力差的企业，企业管理者总感觉应用非物质激励有困难，他们认为与其改善工作环境，还不如增加员工工资更实在。的确，对于有一些企业来说，暂时无法有更多的实力去实践非物质激励，可以以物质激励为主，将非物质激励作为有效的补充，使企业的激励计划提升与过渡更加平稳。从另一个角度看，有些非物质激励不一定非要有经济基础，更多地在于管理者是否重视与理解，例如，口头表扬、生日祝福、认可与尊重、对家属关怀等，这些形式对于物质激励欠缺的企业反而会是一个很好的员工激励补充形式。

18.3 企业文化与非物质激励

18.3.1 企业文化

企业文化是企业的使命、愿景、价值观、经营理念、内部管理方式、对内对外形象、行为方式等的综合体。企业文化是在企业运行过程中逐步形成的，并要求全体员工所认同并自觉遵守。

从以上定义可以看出，企业文化是具有丰富内涵的，一般地，企业文化包括精神层面的内容，或称企业精神，即各种行为方式、价值观、经营理念等，这是企业文化最核心的部分；企业文化也包括企业的组织架构设置方式、约定俗成的行为规范以及规章制度等；另外，企业文化还包括一些物质方面的内容，如企业的工作环境、展示出的企业形象、产品等。

企业文化对于企业具有重要的意义，就如一个人的价值观一样。企业文化能够为员工指引方向，增强员工的归属感，激发员工的使命感。企业文化能够给予员工以荣誉感，进而加强员工的责任感，让员工能够具有危机意识和团队意识，与企业共存亡。企业文化也能够引导员工提升自我，增强员工的成就感，让员工以企业为荣，付出更多更积极的努力。

18.3.2　企业文化与非物质激励

首先，企业文化的核心精神层，如企业的使命、企业价值观、经营理念等企业精神，本身就属于心理层面，对企业员工的影响也是深层次的。企业使命是要说明企业在社会经济领域中经营的活动范围和层次，具体表述企业在社会经济活动中的身份或角色。企业价值观基于企业目标的追求，并直接影响员工本身的行为和结果。经营理念，又称经营哲学，是企业特有的从事经营和管理的方法或原则，经营理念直接指导着企业的经营行为。企业文化的这些核心精神，既给予了员工以明确的目标指引，也在精神层面赋予员工的工作以重要意义与价值，因此，企业精神是企业给予员工一种非物质激励的形式。

其次，企业文化中的组织架构设置方式、行为方式以及规章制度等，是企业文化更具有现实性的一些内容。这些内容给予员工以现实的工作指引和非常具体的工作行为规范，让员工能够在组织群体中产生归属感与成就感，增加荣誉感和责任感；同时，它对于全体企业成员的行为形成约束，保证了整体性的利益，因此，从这个层面看，这些也是企业给予员工一种非物质激励的形式。

最后，企业文化物质层面的内容，如企业的工作环境、展示出的企业形象、产品等，与员工有更加紧密的联系。企业实际的工作环境主要是为员工而提供的，在对内对外展示企业形象时也影响到了员工，企业的产品为客户服务产生价值，而服务的生产和提供者恰恰是员工，所以，企业文化物质层面的内容是企业提供给员工的工作必备品，也是企业在以物质激励和非物质激励结合的形式给予员工激励。

综合起来看，企业文化的各个层面，包括精神层面、制度规范层面、物质层面，都与非物质激励紧密结合，甚至是融为一体的。可以说，非物质激励中的一大部分，基本都可以归属于企业文化，企业文化就是员工全面激励的有机组成部分。

18.4 企业文化的激励作用

案例 18.2 没有华为《基本法》是否还有今天的华为？

华为，1987年在深圳成立，从20多人开始发展，到1995年已经有七八百人。随着华为网络的扩张，营销网络与人员的管理变得日益复杂，如何对销售人员的业绩进行有效的评价并及时激励，成为当时华为亟待解决的问题。在人员规模的急剧扩张下，各个部门和岗位的职责与权限如何定位也成了一个大问题。此外，历经10年发展，创始人任正非逐渐发现一个问题，管理层和普通员工虽然一直把华为企业文化这个词挂在嘴边，但华为的企业文化到底是什么，谁也解释不清。

在与人民大学的专家们反复交流之后，1998年3月正式出台了《华为基本法》。华为这部总计6章、103条的企业内部规章，是迄今为止中国现代企业中最完备、最规范的一部"企业基本法"。其内容涵盖了企业发展战略、产品与技术政策、组织建立的原则、人力资源管理与开发，以及与之相适应的管理模式与管理制度等。

《华为基本法》蕴含着很多在当时的中国企业界看来非常超前的眼光和智慧。在讨论"价值的分配"时，任正非提出独特的"全员持股"和"知识资本化"。1998年6月，华为总裁任正非给中国联通处级以上干部作了一次《华为基本法》解释的报告，其中有一段意味深长的话道出了他起草《华为基本法》的核心目的："一个企业怎样才能长治久安，这是古往今来最大的一个问题。我们十分关心并研究这个问题，也就是推动华为前进的主要动力是什么，怎么使这些动力长期稳定运行，而又不断地自我优化。"从某种意义上讲，这部《华为基本法》就是任正非开始追寻利用制度建立起一个基业长青的企业，一个可以一直向其"世界级"目标迈进的企业的起点。

到2017年，华为历经30年的发展，已经成为一家世界级的企业。年营业额近800亿美元，员工人数近20万人，服务全球运营商50强中的45家及全球1/3的人口。华为列入美国《财富》杂志世界企业100强，中国企业30强。

企业要获得快速发展，拥有一位优秀的企业家是不可或缺的前提；但企业要想获得持续发展，仅仅依靠一位优秀企业家之力是远远不够的。它必须拥有整套的超越个人因素的企业制度与企业文化，这才是企业持续发展的动力源。纵观华为的发展历史，不得不说，凝聚在《华为基本法》中的价值观、企业精神对华为成长与快速发展产生了极大的促进作用，也保障了华为从零成长为一家基业长青的世界级企业。

18.4.1　增强企业文化的激励作用

企业文化的激励作用可以从以下几个角度发挥：

1. 增强企业文化凝聚人心的功能

企业文化贯彻以人为本的理念，尊重员工的感情，在企业中创造一种团结友爱、相互信任的和睦气氛，这样，就能强化集体意识，在企业员工中形成强大的凝聚力。企业文化中共同的使命、愿景、价值观使企业员工形成了共同的目标和理想，也把企业看成一个命运共同体，把企业共同的目标看成个人发展的重要组成部分，这样就可以使企业员工思想统一、行动步调一致，这些，终能转化为员工为企业辛勤地付出。

2. 增强企业文化精神支柱的功能

随着社会经济的发展，在物质条件满足的基础上，精神需求越来越成为员工的主要需求，企业共同的价值观、远大的目标，使员工感到自己存在和工作行为的意义与价值，这种自我实现是最高的精神需求，在实践管理中，有些企业提出"幸福企业"的理念，这其实也会形成员工的一种精神支柱，这种满足与支柱会转化为激励员工的强大力量。

3. 增强企业文化矛盾调节的功能

在企业内各部门之间、管理层之间、员工之间，由于工作中的各种原因难免会产生一些矛盾，企业文化在某种程度上，能够促进这些矛盾的解决，并形成企业成员关系自我调节的良性机制。通过矛盾的调节，使企业内的人际关系达到一种平衡或和谐，使员工能够有良好的心态、愉快的心情投入工作，这对员工也会产生正面的激励。在以人为本的企业文化氛围中，员工间互相关心、互相支持，管理层对员工的关心，会让员工感到平等、尊重，这会促使员工振奋精神、努力工作。

4. 增强企业文化导向规范的功能

企业文化具有导向作用，它是一种观念，鼓励员工特定的行为，从而收获期望的结果，所以，企业文化对于员工的行为在精神层面、制度层面和物质层面都具有指导作用；同时，企业文化也有规范作用，它作为一种心理约束、制度约束，可以规范员工的行为，在精神层面的约束，对于员工来说，可能比物质方面的约束还有力。企业文化这种导向和规范的作用，使企业全体员工的行为受到积极引导，进而提高组织的理性程度与整体效率。这也会对员工形成正面的激励作用。

5. 增强企业文化社会影响的功能

企业文化中的一个关键点是企业的公众形象和品牌价值。企业文化不仅在企业内部发挥着重要的作用，同时，它也在外部通过媒体、公共活动等展示了对外形象，对社会产生了影响。优秀的企业文化不仅有助于企业成员成为社会精英，还会对社会产生积极影响。企业文化的传播对树立企业在公众中的形象有很大帮助，企业高大的对外形象对企业员工也有着积极的鼓舞作用，特别是企业文化建设取得成功，具有美誉度时，企业员工会产生强烈的荣誉感和自豪感，这会促使他们加倍努力，用自己的实际行动去维护企业的荣誉和形象。

综上，企业文化在凝聚人心、精神支柱、矛盾调节、导向规范、社会影响等各个方面以不同的角度对员工进行多层次的激励，不仅可以使企业增强物质激励效用、降低管理成本，最重要的是，企业文化的激励是深入的、长远的，它能对企业成员的行为产生巨大的影响，而且，这些激励、影响是物质激励所难以达到或难以替代的。

18.4.2 在企业文化建设的各个层面推进员工激励机制

前面阐述过，企业文化的内容包括物质层面、制度层面和精神层面。在企业文化的建设中，要将员工激励融入其中，这种融入也要与企业文化的各个层面相结合。

1. 非物质激励融入企业文化物质层面

在企业进行工作环境设计时，可以融入人性化的特点，为员工提供更多的人性化环境，让员工在企业工作时有一个舒适的工作场所。例如，员工餐厅、员工休息室、员工健身房、员工淋浴室、婴儿看护室、医护室等，还可以在工作环境布置，色彩选择等方面让员工感到温馨，减少工作压力。

2. 非物质激励融入企业文化制度层面

在企业进行制度和行业规范建设时，是非物质激励融入的最好时机。薪酬管理制度、绩效管理制度、员工关系管理制度等是企业文化制度中的一个关键点，薪酬、绩效的整体战略、水平确定、结构设计、操作流程等无一不内含了企业文化，所以在定期修订更新的薪酬、绩效、员工关系等管理制度中，要注意与企业文化的结合，在每一个制度的关键点中融入企业文化的精神。同时，企业行为规范的制定要紧紧围绕企业的目标、企业的社会责任、客户的利益等，并在对企业员工行为规范进行要求时，要明确、具体，形成对员工的行为约束。

3. 非物质激励融入企业文化精神层面

在企业文化进行精神层面的建设时，非物质激励中的战略思想可以融入其中，尤其是在企业价值观中可以强调对于薪酬或物质的观点，淡化物质利益，强调精神荣誉。

18.4.3 将员工激励融入企业文化建设路径

企业文化的建设，是一个逐步让员工接受并改造员工的过程，如何才能让员工由看到、到记住、到认同，最后再到行动，是一个完整的过程，这就是企业文化建设的基本路径。员工激励，尤其是非物质激励，不能直接以结果的形式强行与企业文化结合，必须要在企业文化建设中分步融入，才能保证员工激励与企业文化的完美融合。

第一步，企业文化认知

企业文化认知是指企业成员对企业文化的直观感受。在这一步，要将非物质激励的内容进行提炼、整理，融入企业文化的主要内容中，例如，企业的使命、愿景、价值观、经营理念、行为规范、规章制度等，形成企业文化手册；还可以将企业文化进行简化，形成让员工印象深刻的标语、口号，甚至是形象代言人、卡通玩具等，让全体员工能够直观地认识、感知到自己所在企业的文化。

第二步，企业文化认可

企业文化认可是指企业成员对企业文化的理解。在这一步，要将非物质激励以员工好接受的方式与企业文化一并对员工进行灌输。可以通过培训、研讨等方式对于企业文化进行不同层面的宣讲。宣讲的方式可以多种多样，不仅仅是各级管理层宣讲，还可以以拓展活动、知识竞赛、诗歌朗诵等员工能够接受、好理解的方式进行，也可以以比较严肃的方式进行，如背诵、考试等。通过这些方式，可以让全体员工理解自己企业的企业文化。

第三步，企业文化认同

企业文化认同是指企业成员对企业文化的接受。在这一步，将非物质激励的内容与员工取得认同，主要是要通过讨论、研讨等方式让员工能够表达对企业文化的接受，也可以通过征文、演讲、故事分享、成果汇报等方式，让全体员工认同自己企业的企业文化。

第四步，企业文化执行

企业文化执行是指企业成员将企业文化转变为自己的实践行动。在这一步，非物质激励最终转化为员工的动力。主要是通过行为落实、行为检查等方式让企业文化从理念转变成行动，让全体员工具体执行、体验自己企业的企业文化。通过坚持执行，将企业文化转化成的行动固化下来，形成行为习惯。

18.5 回顾与总结

在本章中，首先阐述了非物质激励，明确了非物质激励的定义、特点与类型。之后分析非物质激励在企业中的实践应用，因为非物质激励已经成为现代企业员工激励的一个重要方面。众多企业已经开始在非物质激励方面开展深入的实践应用，本章主要就非物质激励在员工奖励、员工个人成长、工作环境等方面的应用作了阐述，并列举了一些具体的应用实例。

另外，本章还阐述了非物质激励与企业文化的关系。非物质激励与企业文化是紧密结合、融为一体的。非物质激励要发挥作用，企业文化的建设是一个重要的途径。一定要将非物质激励融入企业文化建设中，通过充分发挥企业文化在凝聚人心、精神支柱、矛盾调节、导向规范、社会影响等各个方面的激励作用来促进企业文化与非物质激励的结合。此外，要注意的是，将非物质激励融入企业文化物质层面、制度层面、精神层面的建设中时，要避免企业文化建设中出现与非物质激励冲突的地方，同时，要在企业文化认知、认可、认同、执行等4个阶段不断融入。

第十九章
绩效管理的发展变革

- 哪些因素对绩效管理有影响?
- 环境正以什么样的方式变化?
- 绩效管理面临哪些变革挑战?
- 绩效管理自身如何发展变革?

19.1 不断变化的社会环境

19.1.1 VUCA 时代

📁 **案例 19.1** 一宗可疑疯牛病例如何引发全球经济"蝴蝶效应"？

美国气象学家爱德华·罗伦兹（Edward N.Lorenz）阐述了"蝴蝶效应"："一只南美洲亚马逊河流域热带雨林中的蝴蝶，偶尔扇动几下翅膀，可以在两周以后引起美国得克萨斯州的一场龙卷风。"其原因就是蝴蝶扇动翅膀的运动，导致其身边的空气系统发生变化，并产生微弱的气流，而微弱的气流的产生又会引起四周空气或其他系统产生相应的变化，由此引起一个连锁反应，最终导致其他系统的极大变化，也称之为"混沌学"。

在实际生活中，也有类似的案例。2003 年，美国发现的一宗可疑疯牛病例，引发了经济上的"蝴蝶效应"。美国发现一头牛疑似患上疯牛病，使美国总产值高达 1750 亿美元的牛肉产业和 140 万个工作岗位受到巨大冲击；之后，作为养牛业主要饲料来源的美国玉米和大豆业，也受到波及；继而，美国消费者对牛肉产品出现的信心下降，造成了美国国内餐饮企业的萧条；最后，恐慌情绪扩散到了全球，至少 11 个国家宣布紧急禁止美国牛肉进口，连远在大洋彼岸的中国居民都对西式餐饮敬而远之。

"蝴蝶效应""混沌学"的研究和实际案例预示着这个时代已经进入"VUCA"时代。

1. V: Volatility（易变性）

Volatility（易变性）代表社会环境和经济环境都在不断变化。农业有丰收年也有歉收年、纸媒行业从兴盛到杳无声息只有几年时间、快消品行业变化波动非常频繁、很多新兴行业兴起等。

2. U: Uncertainty（不确定性）

Uncertainty（不确定性）代表很多人力无法解决的问题，一旦来临，任何组织都无力抵抗。有人用"黑天鹅"这个词表达，代表的是小概率事件，但是每次都会带来毁灭性的影响。

3. C: Complexity（复杂性）

Complexity（复杂性）指组织机构甚至个人面对的外部边界变得复杂。过去企业面临的外部边界比较简单，主要是生产商、供应商和客户，但现在面临的外部边界不仅仅是本行业的利益相关者，还有跨行业的竞争对手，外部环境变得日益复杂。

4. A: Ambiguity（模糊性）

Ambiguity（模糊性）是指任何时候都没有办法准确把握一件事情的边界。所以企业管理者看到的不是清晰的概念，模糊性的复杂程度和难以管理在四者里是最高的。

19.1.2 技术革新

互联网、云计算、移动互联等新技术的革命，已经让日常生活产生了重大的改变，甚至带来了生活方式的转变，这也必然会对人力资源管理产生巨大冲击。

【思维拓展】微信改变生活

目前，中国智能手机用户数量已经位居全球第一，达到 13 亿。中国用户用量最多的前三个 App 是微信、QQ 和百度地图。微信从 2010 年策划至今几年的时间，已经覆盖中国 94% 以上的智能手机，月活跃用户达到 8.06 亿，用户覆盖 200 多个国家、超过 20 种语言。今天，我们可以通过微信发朋友圈、看朋友动态、沟通信息、发语音视频、购物、点菜、付款、收款、听课、看书、组织活动等，几乎覆盖了我们生活的全部。

类似微信这样的新技术应用还有很多，而且，还在不断革新，这对于人力资源管理人员也提出新的要求，对于这些新技术的掌握是首要要求，必须要对新技术应用有一定的敏感度，并随着企业的发展而适时将这些新技术应用于人力资源管理中。另外，人力资源管理人员也需要引进专业的综合性人才，他们既懂专业技术又掌握人力资源管理方法，这些人才对于推进新技术在人力资源管理中的应用是非常关键的。

19.1.3 新型组织出现

技术革新催生了新的行业，目前，一些国家倡导的新型行业，如新一代信息技术、节能环保、生物、新能源、新材料等，与传统行业相比，人才流动更加频繁，人才稀缺程度更高，员工年龄更趋于年轻化。

这些新型行业对于专业人才的需求非常强烈，有的不惜以重金从传统行业、学校或海外引进核心人才，对于专业接近的传统行业，部分核心人才就受到新型行业的冲击，在薪酬体系、绩效管理体系上，不得不进行调整，以避免核心人才的外流。

此外，近几年以来，行业的发展与变化也非常快，在新型行业中又不断涌现出细分行业，这些新型行业在不断改变着我们的生活，同时，也促使传统行业的业务转型。这样，在人才的融合与竞争上，传统业务面临的另外一个问题是人才的转型。通过改变薪酬策略、调整薪酬结构、重新制定绩效管理制度、创新员工激励办法等方式，来引导人才吐故纳新，这已经成为现代人力资源管理的重要课题。

19.1.4 新一代职业人

案例 19.2　一个招聘专员面临的困惑有哪些?

小张是一家企业的招聘专员,是一名拥有 3 年工作经验的 HR。又到了一年一度的招聘季,小张却越来越困惑:

一是,到面率越来越低。往往头天约好的 20 多个候选人,第 2 天只到一两个。他遇到越来越多各种奇葩的爽约理由。"路程太远""忘记了""心情不好""早上起不来""在职请不了假""公司有负面消息""天气好去逛公园了"等,有些理由都让小张感到震惊。

二是,候选人沟通时间长,反复爽约。电话邀约的时候说得好好的,对公司有了解、对岗位有兴趣、能接受工作地点、能接受薪资待遇。第 2 天,候选人无故爽约,再约还是不来,再约,对方说已经在别的公司入职了。小张虽然生气,但只能耐心地祝愿这样的候选人新工作顺利,因为后续还有可能再联系。

三是,即使是历经磨难招聘到了员工,有的只很短时间就悄悄离职了,连招呼都不打、离职手续也不办。小张小心地反复沟通,才问出一些让人难以理解的理由:"工作餐不好吃""觉得公司氛围不好""有新的更好的公司""厕所没有纸""没有 WIFI"等。

在企业的人员分布上,"60 后""70 后"多为企业的高层,"80 后"多为企业的中层,而占员工数量大多数的普通员工多为"90 后"。在一些新型行业中,员工更趋年轻化,可能高层、中层、员工都是"90 后",平均年龄只有 20 多岁。在这样的员工年龄结构中,人力资源的管理理念正在不断被更新;或者说,为了适应越来越年轻的新一代职业人,人力资源管理的很多观念、方法要不断更新。

"90 后"新一代职业人普遍具有年轻、活跃、勇于接受新事物、开放、独立等优点,但由于受独生子女、经济优越等成长环境的影响,也存在追求个人感受、责任心不强、依赖网络等问题。这一代职业人已经成为企业的主流员工,企业的人力资源管理也因此面临较大的挑战。原来发挥作用的激励方式对"60后""70后""80后"员工有效，但对"90后"不一定有效果。新一代职业人更注重被尊重、兴趣、工作环境、人际关系，更加注重个性化、公平感及参与度等非物质激励的因素。

19.1.5　走向国际化

随着中国经济实力的增强，已经从前些年的引入国外企业、学习吸收国外企业先进经验，转变为中国企业走出去、进行国际化转型，包括国际化业务的拓展、与海外企业的业务合作、股权引入外资、在海外上市等。中国企业业务的国际化发展，必然产生中国企业管理的国际化与人才的国际化，包括中国员工派驻海外、引进海外人才等。为了适应这一转变，人力资源管理人员必须要在国际化劳动政策、国际化人才管理、多元化企业文化环境等方面进行提升。

19.2　绩效管理面临的挑战

分析了VUCA时代、技术革新、新型组织出现、新一代职业人、走向国际化等对于人力资源管理带来巨大冲击的社会环境变化，可以看到，人力资源管理中的绩效管理也正在面临越来越大的挑战，总结起来包括：

1. 激励成本上升与企业效益兼顾的挑战

人力资源成本的增加、员工激励成本的上升已经成为一种不可逆转的趋势，前些年，仅靠工资、福利等短期激励就能有效激励员工，但近些年，全面激励已经成为主流趋势。随着经济的发展，竞争的加剧，中国企业的利润率也在逐步回归正常水平，甚至有一些新型行业和衰退行业的利润率都达不到正常值。成本增加与利润缩减这两者之间的空间越来越小，企业管理者、人力资源管理人员、绩效管理人员在这逐步缩小的空间中，感受到的压力就会越来越大。既要吸引人才、不断提升激励水平，又要控制成本、提高利润率，这已经成为薪酬和绩效管理所面临的最难解的课题，也是最主要的挑战。

面对这个挑战，最重要的是提高人力资源作为资本的利用率，即人作为资源所发挥的作用、给企业带来的效益产出要高于成本的支出，只有这样，才能支撑激励成本的不断上升，否则，就会走进恶性循环的怪圈，那就变成激励水平无力提升，吸引不到优秀的人才，创造不出更多的效益，进而也无法提升激励水平。既然激励成本增高是无法逆转的趋势，薪酬和绩效管理的重点就一定要转变到人工成本或者说激励成本的产出率上来。

2. 绩效管理难度增强的挑战

绩效管理面临的另外一个大的挑战是绩效管理的专业化程度、难度进一步提升。就像在本书中分享的很多企业管理实践，如绩效内涵增加、绩效方法种类增多、绩效个性化/差异化、绩效制度透明度增加、绩效管理中的员工参与等，这些都导致绩效管理专业化程度在不断增强。

加上新技术在绩效管理中的应用，如 E-HR 系统、云计算、大数据、移动互联等，绩效管理的手段在不断更新，融入了新的专业技术，这也使绩效管理的专业化程度进一步提升。

此外，传统的绩效管理技术在现实的环境中逐步遇到难以实施的问题，如传统的工作分析、工作评价，由于现实中企业的职位内涵调整变化速度非常快，工作分析、工作评价已经难以适应这种变化，往往会形成两张皮，规则一套、执行是另外一套。职位说明书成了被束之高阁的文件，现实执行中又随时随着市场作调整。这些传统绩效管理技术的失效，需要绩效管理人员不断适应并探索新的管理技术和方法，而要探索方法，必须要更加专业、对企业管理、人力资源管理、绩效管理有更全面的认识和理解，所以，绩效管理专业化增强是绩效管理人员面临的一个重要的挑战。

3. 绩效管理理念转变的挑战

绩效管理理念的转变主要源于社会环境的剧变，之前分析的 VUCA 时代、技术革新、新型组织出现、新一代职业人、走向国际化等，无一不体现了现代企业正在面对一个剧变的环境，从技术、行业到地域、业务，再到人，无一不在发生变化，在这样一个变化的环境中，绩效管理的理念转变必然成为一个很大的挑战。只有管理理念转变，才能跟上、不断改进、去探索更新的绩效专业技术与方法，绩效管理人员只有不断研究这些环境的变化，理解这些变化的内涵，理解真正的需求，才能有针对性地进行探索、设计。

19.3 绩效管理的发展趋势

案例 19.3 如何成功从 HR 传统六模块模式转型到 HR 三支柱模式？

HR 传统六模块模式，即将人力资源管理划分为人力资源规划、招聘配置、培训开发、薪酬福利、绩效考核、员工关系六个模块来进行管理的模式。

HR 三支柱模式，即通过构建共享服务中心（SSC）、人力资源业务伙伴（HRBP）和专家中心（COE）三个支柱对人力资源管理进行组织、流程再造，实现人力资源管理在企业管理中向战略伙伴、效率专家、变革先锋、员工后盾四大角色转变。

20 世纪 90 年代，IBM 公司基于美国人力资源管理专家戴维·尤里奇（Dave Ulrich）的思想，并结合实践提出了 HR 三支柱模式。IBM、GE、强生等一批国际企业对此模式进行了实践与探索。近些来年，中国的一些大型企业，如华为、腾讯、阿里等也在不断尝试向 HR 三支柱模式的转型。以下是一些分享：

阿里的政委体系：从 2003 年起，阿里逐步完善了 E-HR 系统，形成共享服务中心（SSC），并开始逐步在各事业群和业务部门配置"政委"，"政委"在工作上负责相应组织的全 HR 模块，形成独具特色的人力资源业务伙伴（HRBP）体系。

腾讯的 HR 三支柱：腾讯从 2010 年开始正式构建了专家中心（COE）、共享服务中心（SSC）和人力资源业务伙伴（HRBP）的 HR 三支柱组织架构，2014 年又将共享服务中心（SSC）升级为共享交付中心（SDC）。HR 管理的转型与升级响应并支撑了腾讯的快速发展与变化。

华为的 HR 三支柱：华为很早就全面引入 IBM 的 HR 三支柱模式，历经多年探索，2014年华为的 HR 三支柱模式日趋成熟。人力资源业务伙伴（HRBP）承接业务需求，融合并实施人力资源解决方案；专家中心（COE）提供专业化的支撑；共享服务中心（SSC）以服务为导向，实现 HR 服务的卓越运营。

19.3.1 绩效管理内涵在扩大

在近几年的管理实践中，绩效的内涵正由原来单一的绩效考核逐步扩大，形成了绩效管理的观念。

绩效内涵的扩大可以从两个方面看，一方面，企业管理者逐步将绩效管理和企业管理的更多层面结合，包括战略管理、计划管理、目标管理、员工管理等；另一方面，绩效已经从绩效考核上升为绩效管理，绩效已经不仅仅是考核、考评，绩效管理更是推进战略分解、目标管理、加强工作协同、增强员工凝聚力的重要手段。

此外，企业和员工逐步把非物质激励也包括在绩效管理范围内。尤其是员工认识到良好的工作环境、良性的晋升机会、个人的发展与成长、成就感的获得、良好的工作人际关系等，这些虽然不能直接转化为经济报酬，但它们也是企业给予员工报酬的一部分。

19.3.2 激励成本不断上升，更加注重激励与效益的关系

近年来，随着物价上涨、新技术新行业冲击以及劳动力结构的变化，人工成本正在不断上升。从企业的实践看，人工成本正以每年 8%—10% 的比例在不断增长。绩效管理内涵的扩大也导致企业管理者和员工都认识到全面激励的重要性。随着新一代职业人成为企业员工的主流，他们不仅要求企业提供有竞争力的薪资、福利，还要求企业有良好的人文环境、工作环境。

激励成本的不断上涨给企业人力资源管理和企业经营管理都带来了冲击。一方面，由于激励成本的不断上涨，使企业在人力资源的配置方面更加需要注意精细化和节约化，尽量减少人力资源的使用已经成为人力资源管理人员

的新课题；另一方面，由于激励成本的上涨，导致企业成本的增加，进而缩小了企业的盈利空间，降低了企业的竞争能力。在企业经营管理中，尤其是人力资源管理中，取得激励成本与企业效益的平衡也逐步成为管理的重要方面。

19.3.3 员工流动加剧导致绩效管理透明化增加

近年来，随着市场机制的不断深入，各行业的人才自由流动已经成为一个普遍的现象，这种流动也导致企业之间绩效管理的透明度增加，绩效体系、绩效流程、考核方法、激励方法等不再能够长期保密，随着人才流动，很快就被行业内的其他企业所熟知。

随着绩效管理的透明化，对于企业人力资源管理，尤其是绩效管理方面，提出了更多的挑战，如原有的绩效保密很难执行、绩效体系设计中要注重员工的参与、绩效流程和考核方法要注意内部和外部的公平问题等。

19.3.4 绩效管理逐步强调个性化和差异化

随着激励成本的逐步提高、绩效内涵的不断扩大，对绩效管理的要求也在不断提高。绩效管理逐步开始强调个性化、人性化和差异化，具体表现为绩效管理设计差异化、绩效方法多元化、以人为本的绩效管理等。

现代企业管理中，绩效管理的差异化已经逐步成为一种主流。在进行绩效管理体系设计时，力求避免"一刀切"和"照搬照用"，必须对绩效管理体系有深入的认识，并且结合企业的实际情况、员工情况，再参照行业人才供给情况、竞争对手情况、地区情况等进行综合考虑后，进行有针对性的绩效管理体系设计。

19.3.5 绩效管理中的长期激励和非物质激励得到广泛应用

在绩效管理中，长期激励和非物质激励已经在各行业的企业中得到广泛应用。近年来，各个企业都开始关注长期激励并将之应用在员工激励中，其中以股权、期权为主，形式分为全员持股计划、MBO、员工期权、核心人员持股；另外，长期激励领域也是现代企业管理创新的主要领域，阿米巴经营模式、扁平化管理、合伙人制度等均涉及对员工的长期激励机制。

同时，非物质激励也逐步成为企业员工激励的重要方式。在物质激励方面拼不过大企业的创业型小微企业里，非物质激励成为主要激励方法，全民创业趋势下，成就感、自我挑战、发展空间成为极强的激励因素，甚至超越了物质激励。新型的互联网企业，提供高薪的同时，还提供个性化工作时间、免费加餐、淋浴房、健身室、休息室、幼儿园、宠物中心等，这些非物质激励成为新型企业抢夺人才的重要手段。

19.4 回顾与总结

本章主要围绕绩效管理的环境、挑战及发展趋势展开阐述。

近年来，由于VUCA时代、技术革新、新型组织出现、新一代职业人、走向国际化等，绩效管理的外部社会环境已经发生巨大的变化。绩效管理正面临激励成本上升与企业效益兼顾、绩效管理难度增强、绩效管理理念转变等重大挑战。

在企业绩效管理的实践中，绩效管理内涵扩大、激励成本不断上升使企业更加注重激励与效益的关系、员工流动加剧导致绩效管理透明化增加、绩效管理逐步强调个性化和差异化、绩效管理中的长期激励和非物质激励得到广泛应用等方面是绩效管理近年来的主要趋势。

本章由于篇幅有限，只对绩效管理的环境、挑战和发展趋势进行了重点归集。其实，这里的每个要点都是一个很大的话题，值得绩效管理人员进行更加深入地探索与研究，也期望人力资源管理人员在未来能够在这些方向上投入更多的精力进行研究与实践，探寻更好的解决方案，进一步提升中国企业的绩效管理水平。

图书在版编目（CIP）数据

HR绩效管理从助理到总监/闫轶卿著.—北京：中国法制出版社，2018.12
（HR从助理到总监系列丛书）
ISBN 978-7-5093-9647-6

Ⅰ.①H… Ⅱ.①闫… Ⅲ.①企业绩效—企业管理 Ⅳ.①F272.5

中国版本图书馆CIP数据核字（2018）第174588号

策划编辑：潘孝莉
责任编辑：马春芳（machunfang@zgfzs.com） 封面设计：一本好书书籍设计

HR绩效管理从助理到总监
HR JIXIAO GUANLI CONG ZHULI DAO ZONGJIAN

著者/闫轶卿
经销/新华书店
印刷/三河市紫恒印装有限公司

| 开本/730毫米×1030毫米 16开 | 印张/19.25 字数/313千 |
| 版次/2018年12月第1版 | 2018年12月第1次印刷 |

中国法制出版社出版

书号 ISBN 978-7-5093-9647-6　　　　　　　　　　　　　　　定价：69.00元

　　　　　　　　　　　　　　　　　　　　　　　值班电话：010-66026508
北京西单横二条2号　邮政编码100031　　　　　传真：010-66031119
网址：http://www.zgfzs.com　　　　　　　　　编辑部电话：**010-66022958**
市场营销部电话：010-66033393　　　　　　　邮购部电话：**010-66033288**

（如有印装质量问题，请与本社印务部联系调换。电话：010-66032926）

01 老HRD手把手系列丛书

《老HRD手把手教你做招聘》
书号：978-7-5093-6528-1
定价：58.00元

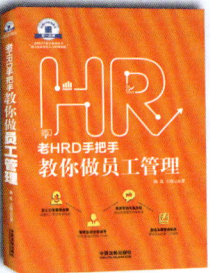

《老HRD手把手教你做员工管理》
书号：978-7-5093-6655-4
定价：56.00元

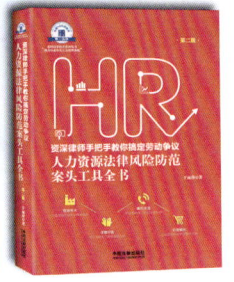

《资深律师手把手教你搞定劳动争议：人力资源法律风险防范案头工具全书（第二版）》
书号：978-7-5093-9340-6
定价：58.00元

《老HRD手把手教你做人力资源管理》
书号：978-7-5093-6657-8
定价：66.00元

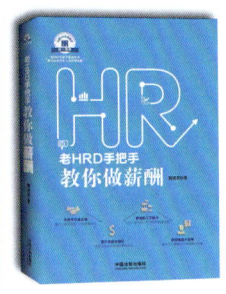

《老HRD手把手教你做薪酬》
书号：978-7-5093-6530-4
定价：58.00元

《老HRD手把手教你做培训》
书号：978-7-5093-6659-2
定价：59.00元

《老HRD手把手教你做企业文化》
书号：978-7-5093-6529-8
定价：52.00元

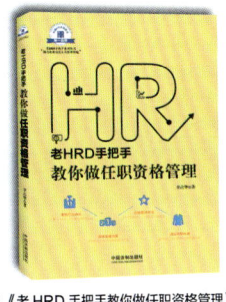

《老HRD手把手教你做任职资格管理》
书号：978-7-5093-6658-5
定价：49.00元

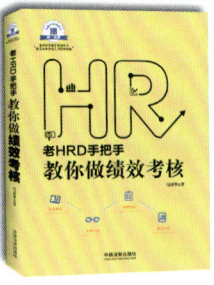

《老HRD手把手教你做绩效考核》
书号：978-7-5093-6710-0
定价：58.00元

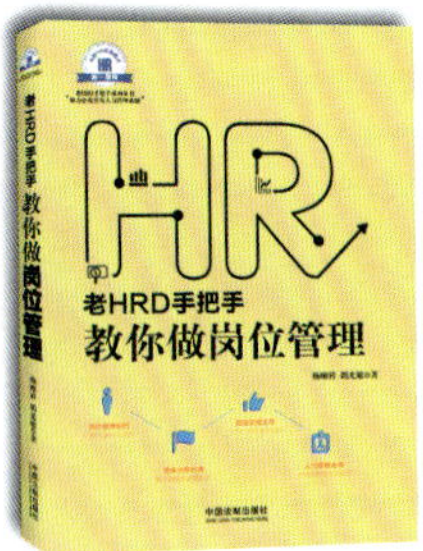

《老HRD手把手教你做岗位管理》
书号：978-7-5093-6650-9
定价：48.00元

02 名企HR最佳管理实践系列丛书

《名企人才招聘最佳管理实践》
书号：978-7-5093-7952-3
定价：69.00元

《名企绩效考核最佳管理实践》
书号：978-7-5093-9240-9
定价：59.00元

《名企人力资源最佳管理实践》
书号：978-7-5093-7954-7
定价：69.00元

《名企员工关系最佳管理实践》
书号：978-7-5093-7953-0
定价：66.00元

《名企员工培训最佳管理实践》
书号：978-7-5093-8172-4
定价：66.00元

《名企人力资源管控最佳管理实践》
书号：978-7-5093-8107-6
定价：59.00元

03 HR从助理到总监系列丛书

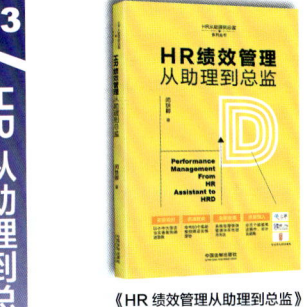

《HR绩效管理从助理到总监》
书号：978-7-5093-9647-6
定价：69.00元

《HR员工培训从助理到总监》
书号：978-7-5093-9615-5
定价：59.00元

04 名企 HR 经典管理案例系列丛书

《HR 员工激励经典管理案例》
书号：978-7-5093-9490-8
定价：49.00 元

《HR 劳动争议经典管理案例》
书号：978-7-5093-9632-2
定价：59.00 元

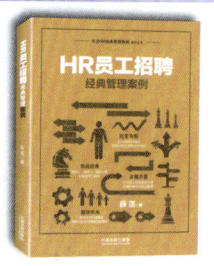

《HR 员工招聘经典管理案例》
书号：978-7-5093-9570-7
定价：59.00 元

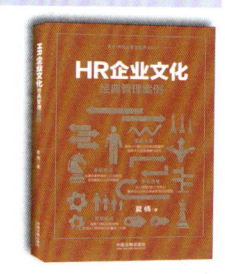

《HR 企业文化经典管理案例》
书号：978-7-5093-9628-5
定价：59.00 元

05 HR 管理整体解决方案丛书

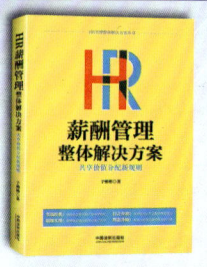

《HR 薪酬管理整体解决方案：共享价值分配新规则》
书号：978-7-5093-9379-6
定价：59.00 元

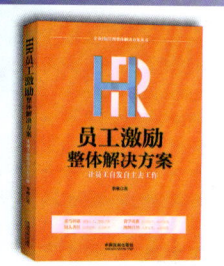

《HR 员工激励整体解决方案：让员工自发自主去工作》
书号：978-7-5093-9299-7
定价：59.00 元

《HR 人力资源实战整体解决方案：精彩案例全复盘》
书号：978-7-5093-6211-2
定价：59.00 元

06 其他

《企业人力资源管理全程实务操作（第三版）》
书号：978-7-5093-9793-0
定价：69.00 元

《绩效考核与薪酬激励整体解决方案（第三版）》
书号：978-7-5093-9787-9
定价：69.00 元

《深度绩效奖励全案》
书号：978-7-5093-9296-6
定价：49.00 元

《重新定义培训：让培训体系与人才战略共舞》
书号：978-7-5093-9753-4
定价：59.00 元

《名企核心人才培养管理笔记：为您揭开世界一流企业人才选用育留管理真经》
书号：978-7-5093-8316-2
定价：59.00 元

《HR 劳动争议案例精选与实务操作指引：125 个全真案例为您揭开打赢劳动争议案件的实战真谛》
书号：978-7-5093-9298-0
定价：59.00 元

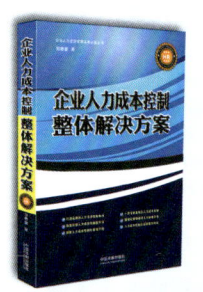

《企业人力成本控制整体解决方案》
书号：978-7-5093-6553-3
定价：58.00 元

《要想做好 HR 你要有两把刷子：如何搞定人力管理难题和防范管理风险》
书号：978-7-5093-6571-7
定价：66.00 元

《人力资源就该这么管：全方位构建老板与员工共赢的 HR 管理新体系》
书号：978-7-5093-8300-1
定价：59.00 元